东亚数字人文丛书
编委会

东亚数字人文丛书

守正与创新

中国边疆研究进展初论

朱尖 著

齊鲁書社

·济南·

图书在版编目（CIP）数据

守正与创新：中国边疆研究进展初论 / 朱尖著. -- 济南：齐鲁书社, 2022.12
（东亚数字人文丛书）
ISBN 978-7-5333-4642-3

Ⅰ. ①守… Ⅱ. ①朱… Ⅲ. ①边疆地区－地方史－研究进展－中国 Ⅳ. ①K928.1

中国版本图书馆CIP数据核字(2022)第217384号

责任编辑：刘　强
责任校对：赵自环　王其宝
装帧设计：亓旭欣

守正与创新：中国边疆研究进展初论
SHOUZHENG YU CHUANGXIN: ZHONGGUO BIANJIANG YANJIU JINZHAN CHULUN
朱　尖　著

主管单位	山东出版传媒股份有限公司
出版发行	齊魯書社
社　　址	济南市市中区舜耕路517号
邮　　编	250003
网　　址	www.qlss.com.cn
电子邮箱	qilupress@126.com
营销中心	（0531）82098521　82098519　82098517
印　　刷	山东临沂新华印刷物流集团有限责任公司
开　　本	710mm × 1000mm　1/16
印　　张	19.75
插　　页	3
字　　数	265千
版　　次	2022年12月第1版
印　　次	2022年12月第1次印刷
标准书号	ISBN 978-7-5333-4642-3
定　　价	58.00元

国家社科基金资助冷门“绝学”团队项目
“东北边疆古史谱系研究及数字人文平台建设”
（项目编号 21VJXT007）阶段成果

总 序

三代迄今，文明连贯，有各种文本记述，汗牛充栋；在东亚区域内，文翰一脉，不论国别，“衣冠唐制度，诗书汉文章”，典籍浩繁。微言大义、体裁完备的文献，给书写区域与国别，研究历史与现实提供了厚重支撑，同时，也对辨章学术、捭阖史实提出了更高的要求。在新的历史条件下，数字人文是弘扬传统的重要手段，也是现代与古典对话的成功表达。

历史的发展进程，正如先贤所感叹的“逝者如斯”。不同时期的东亚区域内，不断有古族、古国消逝于历史的长河之中。古典的“奉正朔”被近代的遵条约所取代，传统以“朝贡”维系的区域秩序，被现代以“边界”切割的国别所中止。

原本应该在动态视阈下回望的历史，伴随着条约体制的确立以及民族国家概念的明确，却被进行着刻舟求剑式的静止解读，由之带来了不同话语体系的异响与冲突。

作为历史上人类文明的典范区域，东亚地区的人们在交往、交流以及交融中，曾凝聚为一个生命体；在互学、互润、互鉴中，铸造了一个共同体。在世界格局发生重大变革的今天，摆在我们面前的课题是，在唯物主义史观指导下，尊重历史，克服话语体系中的主观因素，增进理解、加强合作、消泯矛盾、促进发展，共建人类命运共同体，这是一个时代命题。

回顾数千年的文明史，文本的载体经历了从甲骨、金石、简帛、纸质直到电脑与互联网的演进。而大道的得来，也经历了韦编三绝、读书破万卷到如今的数据清洗，人文学者始终保持着对“方法”的尊重及对“技术”的追求。1949 年，罗伯特·布萨神父在编制神学著作中的拉丁语词汇索引时，一筹莫展于繁琐复杂的资料，于是与 IBM 联手，尝试利用计算机解决难题，开启了人文计算的先河，并在随后的几十年间得到更多领域的垂青，计算机辅助人文研究渐成风尚。21 世纪以来，人类进入互联网时代，文本、图片等人文素材的呈现，普遍走向“电子化”。人文计算也从最初的语言学浸润到艺术学、历史学、地理学、文学等诸多领域，逐渐形成了自然语言处理、地理信息科学等新的分支，使“数字人文”的内涵愈加丰满，外延愈加包容。

与传统的人文研究相比，数字人文仍然是依赖于文献的研究。所不同的是，其所依凭的文献具备信息化与数据化的特点，超越了传统文科的研究能力，在组织方法与研究路径等方面存在巨大潜力，赋予人文学科更多、更有意义的“数字”外延。因此可以说，数字人文是传统人文学科为适应数字时代而产生的新范式。

我们既重视考据等传统的研究方法，也关注计算机等新兴的技术，并在研究材料与对象上融合应用，在不偏离传统人文学科的基础上，借助信息与数据技术，为研究提供新的路径。在坚持传统研究方法、夯实传承能力的同时，我们努力做好两方面的工作。一是将传统文献转换为结构化数据，并赋予其可计算性，将人文研究中的“定量”从一小部分拓展到文献全部，促进人文研究从传统到现代的递进；二是在“数字”与“人文”之间架好桥梁，推进低代码、零编程工作，使人文学者能够便捷地运用现代技术进行研究。

作为新兴交叉研究，数字人文的应用范围广泛，我们在研究中进行了具化。一方面，以“区域”作为限定。由于东亚区域属于同质文明：汉字的使用、儒学的遵从以及宗藩的秩序等，使其长期处于共同体之中，因而，我们以东亚为空间限制，应用电子化的文献进行纵深挖掘；另一方面，以历史学作为核心挈领，兼及天文等学科，侧重于东亚历史话语的书写与表达，使东亚历史在编纂体系与解释体系等层面科学化。

本丛书以“东亚”为核心凝聚，既呈现历史学、艺术学等单一学科成果，也展示数字人文等交叉学科成果。在推动丛书付梓的过程中，我们得到了山东大学、齐鲁书社以及学界同仁的支持，在此深表感谢，并期待就有关问题齐放与争鸣。

苗　威

2022 年 11 月于威海

试论中国边疆学“三大体系”建设

（代序言）

对中国边疆学的学科体系、学术体系和话语体系建设，最近几年虽然没有撰写专门的论文阐述自己的看法，但也一直在积极推动学界同仁参与有关的讨论，并在组稿和编辑过程中逐渐有了一些不成熟的想法。最近有时间促使我将以前零星的看法串联起来，并形成了相对完整的认识，现整理出来。一方面，求教于学界有志于此的同仁，希望有助于推动中国边疆学学科建设①；一方面，也代为我的合作博士后朱尖博士《守正与创新：中国边疆研究进展初论》一书的序言。

一、关于中国边疆学学科体系建设

中国边疆学学科体系的讨论由来已久，应该说涉及了有关学科建设的各个方面，但由于关注点不同，出现分歧并难以形成一致的意见是情理之中的。就中国社会科学院中国边疆研究所（下称“中国边疆研究所”）内部讨论而言，大家围绕中国边疆学学科体系的讨论实际上表现出三个不同层次：一是中国边疆学能否是一个学科的问题；二是中国

① 以往邢玉林、马大正、周伟洲、方铁、郑汕、李国强、邢广程等诸位先生对中国边疆学都有专论，为了完整展现笔者的认识，同时也因篇幅所限，非必要不做评述。

边疆学学科和中国边疆研究所研究的关系；三是中国边疆研究学科发展和研究所当前遇到的现实问题。仔细分析，这三者既有联系，但也有不同，放在一起讨论似乎是难以形成一致意见的。故而，下面想将其分开谈些粗浅的认识。

（一）关于中国边疆学能否是一个学科的问题

有关中国边疆学学科体系的思考在民国时期就已经出现了，当时有边政学和边疆学两种不同的提法，但也是混在一起的，并没有看到有学者做严格区分。当时不仅出现了很多名称中含有“边疆”的学会，不少高校也设置了边政系。新中国成立后，众多的学会和系的设置都取消了，如果不取消，可能中国边政学或中国边疆学的学科早已经形成。当然，历史不能假设，但结合现有的学科体系可以说明一个问题，即如果有专门的研究对象、研究队伍、形成了相关的理论和方法并有厚重的研究积累和影响，成为一个学科也不是不可能的。目前的历史学学科体系的划分，其下已经分出中国史、世界史、考古学三个一级学科，其成为一级学科的原因尽管是多方面的，但似乎有专门的研究对象、壮大的研究队伍和形成了学科有关的理论和方法并有重要影响和学术积累，应该是基础的条件。中国边疆学以中国边疆为研究对象，而中国边疆就面积而言，占到了国土面积的60%以上，海疆则是全部；就人文而言，多元的民族与文化不同于内地；就社会发展而言，既面临着稳定的问题，更有发展的压力；就自然环境而言，保护与开发是当前面临的重大问题；就国际关系而言，陆地有 14 个邻国，海疆毗邻亦有多国，需要研究的问题更多。当前，历史学、民族学、社会学、政治学、地理学、国际关系、海洋等学科和研究领域的学者虽然也从事中国边疆研究，但中国边疆仅仅是其研究对象的一部分，并非全部，且在其学科体系中并不是主流，更难以形成主流。而中国边疆学则是以中国边疆的整体作为研究对象，从理论上说是通过学界有志于此的学者们的努力能够形成其他学科不具备的特点，并通过融合其他有关学科的理论与方法形成独特的理论与方法。这是我认为中国边疆学能够成为一个独立学科的重要理由。至于中国边政学或中国边疆学的呼声早有，为何没有成为一个学科的原因，个人感觉是虽然社会各界都已经认识到了边疆研究的重要性，但中国边疆研究的研究队伍不够强大，学术积累也不够深厚，自己的学科体系不仅没有明确的定位，学术体系也尚未构建完成等，这些都是制约其成为一个学科的重要因素。当然，依靠行政部门的一纸文书而成为一个学科的例子也是存在的，但属于个案，并不具有普遍性。

（二）关于中国边疆学与中国边疆研究所研究领域的关系问题

尽管1983年成立的中国边疆史地研究中心在推动中国边疆研究的发展方面起到了重要作用，且已经由“研究中心”跻身为“研究所”，取得了和中国社会科学院其他研究所相同的身份，似乎体现着中国边疆研究所已有的研究领域已经得到了一定程度的承认，但尚不足以得到是一个学科的位置认定。对此，我们应该有以下两点清醒的认识：

1. 中国边疆研究所目前的研究并没有涵盖中国边疆学研究的全部内容，与中国边疆学学术体系建设的需要还有很大差距。

中国边疆研究所以往的研究尽管分为基础研究和现实研究两大类，但已有的基础研究成果尚不能为构建学术体系提供支撑，现实研究成果则往往不能公开发表，而更重要的是对学科定位尚不明确，内部存在分歧，难以形成合力。无论如何，对“中国边疆”的研究是中国边疆研究所存在的重要前提条件，也就是说，尽管历史学、民族学、政治学、国际关系等学科都在从事与“中国边疆”有关的研究，但只有中国边疆研究所的存在与发展和中国边疆学学科构成直接的因果关系，因此中国边疆学学科体系、学术体系和话语体系的建设是中国边疆研究所难以回避和亟须解决的问题。

2. 尽管在现有的研究范围上存在差距，但中国边疆研究所现有八个研究室的框架结构，应该说已经和中国边疆学学科的研究对象“中国边疆”形成完整的无缝对接了。

中国边疆研究所内部研究室的设置经过了由一个研究部、两个研究部到多个研究室的发展过程，尽管研究所内部对研究室研究内容和队伍建设尚没有一种成熟的认识，但东北、北部、新疆、西藏、西南、海疆、中国海洋史和国家与疆域理论八个研究室的框架结构，应该说在涵盖范围上就是当今中国边疆学的研究对象“中国边疆”的区域划分，基本涵盖了中国边疆的所有领域。值得注意的是，这个结构设计并非由中国边疆研究所内部提出，而是一个顶层设计的结果，体现着国家对中国边疆研究的需求。既然是顶层设计，而且与中国边疆学的研究对象“中国边疆”又是吻合的，那么中国边疆研究所科研工作的最高追求就应该是为了中国边疆学“三大体系”建设的完成，而能否完成这“三大体系”的建设不仅关乎中国边疆学学科建设，关乎中国边疆研究所的发展，更关乎中国边疆地区的稳定与发展。故而，中国边疆研究所和所属研究室研究工作的开展在“三大体系”建设来说是绕不开的重点。

（三）中国边疆学学科和中国边疆研究所目前状况分析

中国边疆学目前最好的状态就是在中国社会科学院内部被认定为历史学下的二级学科，中国边疆研究所成为中国历史研究院的六个研究所之一，而一些大学也设置了边疆研究的机构，中国社会科学院研究生院设立了中国边史系从事硕博研究生培养，云南大学、南京大学等也有边疆学的博士授予点。但是，这些做法基本是在历史学的大框架下展开的，一定程度上为中国边疆学学科体系定位带来了迷惑和困难。面对这些迷惑和困难，想方设法去适应是一个无奈却又是应该和必须做的选择，只是在适应过程中，我们不能完全放弃对中国边疆学学科的理想追求。因为我们从事的历史学研究和古代史研究所、近代史研究所等其他所有着不同的显著特点，同时对中国边疆现实问题的研究也是中国边疆研究所研究的主要内容。只有这样，中国边疆研究所的研究才有特点，才有存在的价值。因此，我完全同意在现有的历史学的大框架下谋求中国边疆研究所的发展壮大，但我们也要尝试着在具体研究中突破历史学的束缚，一方面在研究理论和方法上要整合多学科的理论和方法，形成自己的特色，另一方面在诸如研究生培养、研究队伍的整合等方面突出多学科综合的特点，为最终形成以“中国边疆”为研究对象的中国边疆学“三大体系”、稳定的研究队伍而做准备。实际上，中国边疆研究所现在已经形成了多学科构成的研究队伍，研究成果也呈现了多学科的特点，只是进一步明确研究方向、整合研究队伍是当前迫切需要做的工作。

总体而言，理想中的中国边疆学学科体系应该是以中国边疆为研究对象的独立学科。中国边疆研究所虽然目前的研究不能涵盖中国边疆学学科的所有领域，但构建中国边疆学三大体系是关乎其生存与发展的重大问题，而学科被承认需要有丰硕的研究成果、壮大的研究队伍和完整的理论体系做支撑。充分利用现有中国边疆研究所及其八个研究室的顶层设计，明确研究目标、形成合力是当前亟须解决的问题。

二、关于中国边疆学学术体系建设

如果说学科体系是关系到学科定位的问题，那么学术体系则是事关一个学科内部体系结构、理论与方法等的建构问题。中国边疆作为一个研究对象，从目前的情况看，涉足这一研究领域并取得一定成果的大致有历史学、政治学、社会学、民族学、地理学及国际关系、海疆等研究方面的学者，出版的与学科学术体系有关的论著大致提出了中国边疆学、中国边疆政治学、中国边疆社会学、中国边政学等诸多说法，但似乎中国边疆学、中国边疆政治学、中国边政学和我们讨论的关系密切。

1. 有关中国边疆学学术体系的讨论。以邢玉林在《中国边疆史地研究》1992 年第 1 期刊出的《中国边疆学及其研究的若干问题》和郑汕的《中国边疆学概论》为代表。前文主张用“中国边疆学”的名称，以与“中国边疆史地学”进行区分，并进而认为，“它必然与中国历史学、中国政治学等学科发生横向性的跨界关系……也必然与相应的学科如区域经济学、区域地理学等发生横向性的跨界关系……又不能不使中国边疆学与民族学、民族史学、民族语言学等学科发生横向性的跨界关系……又必然与国际法学、外交学、海洋学等有关学科发生横向性的跨界关系”，进而提出“人的历史活动应是贯穿中国边疆学体系的主线”，学术体系的建设应该遵循四个原则，“传统的边疆研究与现代的边疆研究的贯通，脱离传统的边疆研究就等于割断了历史，现代中国边疆学的建设也就失去了根基”；“中国边疆学研究与外国边疆学研究的成果相融合”；“中国边疆学与其他学科的渗透”；“突出应用边疆学的地位”。[①] 后者则在认为中国边疆学是“包括了政治、经济、军事、国防、民族、宗教、外交、历史、地理等多学科、多领域的知识”的“一门系统学科”认识基础上，从筹边观、疆域、边界、周边关系、边政、边务、边防、边民社会等方面做了系统建构。[②]

对于中国边疆学的内涵，邢玉林先生给出了由中国理论边疆学、中国应用边疆学、中国边疆地理学、中国边疆历史学、中国边疆学史等五大部分构成的学术体系结构，而马大正先生则给出了中国边疆历史学、中国边疆政治学、中国边疆经济学、中国边疆人口学、中国边疆文化学及中国边疆民族问题研究等六大部分构成的学术体系。[③] 此外存在一些其他不同的说法。

2. 有关中国边疆政治学学术体系的讨论。中国边疆政治学是以吴楚克、周平为主提出的概念。前者立足于民族学、政治学，提出“中国边疆政治学”概念，但并未对中国边疆政治学的学术体系做出完整

① 邢玉林：《中国边疆学及其研究的若干问题》，《中国边疆史地研究》1992年第1期。

② 参见郑汕：《中国边疆学概论》，云南人民出版社2012年版。

③ 参见马大正：《关于中国边疆学构筑的学术思考》，《中国边疆史地研究》2016年第2期。

阐述，其代表性成果是《中国边疆政治学》①，而后者的代表作也称为《中国边疆政治学》，则立足于政治学提出构建中国边疆政治学，并从边疆政治、边疆形成与发展、边疆社会与人民、边疆政治制度与政府、边疆开发与建设、边疆民族与宗教、边疆社会组织及其管理、边疆社会与政治稳定、边境的维护与管理、边疆安全与防御、边疆的治理等构建中国边疆政治学的学术体系。②

3. 有关中国边政学学术体系的讨论。中国边政学，民国时期已经有人论证，今人坚持此种说法的则主要是罗崇敏，其代表作就是在博士学位论文的基础上修订出版的《中国边政学新论》。从“新论”的书名上即可以看出是有意区别于民国时期的边政学，其关注点是边疆地区的政治与经济。③

4. 有关中国边疆社会学学术体系的讨论。这是云南师范大学毕天云从社会学角度提出的认识，代表作是《中国边疆社会学》，基本上是仿照社会学的框架建构在“社会学”基础上增加了“边疆”二字而构建的学术体系。④

此外有特殊边疆学、一般边疆学等说法，但尚未见到其建构的学术体系。

上述这些探讨对中国边疆学学术体系的构筑具有奠基和启迪作用，研究分歧的出现是学者的目的和建构标准不同，不能用对错进行评判。以下笔者试图从研究对象的界定、中国边疆研究的发展及现实情况出发，谈点不同的认识，希望有助于讨论的深入。

对于研究对象的界定，有一个从中国边疆史地研究到中国边疆研究

---

① 参见吴楚克：《中国边疆政治学》，中央民族大学出版社 2005 年版。

② 参见周平主编：《中国边疆政治学》，中央编译出版社 2015 年版。

③ 参见罗崇敏：《中国边政学新论》，人民出版社 2006 年版。

④ 参见毕天云：《中国边疆社会学》，云南人民出版社 2017 年版。

或称为中国边疆学的发展过程。而对中国边疆史地研究，以往也有“中国边疆史地学”的提法，由中国边疆史地研究中心组织出版的几套丛书“前言”中即称“中国边疆史地学”，并对其研究的范围有如下界定：“中国边疆史地学研究范围广泛，举凡边疆史地理论、中国历代疆域、边疆民族、治边政策、边疆开发、边疆文化、边疆外交、边疆政教、边疆海岛、边疆人物、边疆考古、边疆历史地理和近代边界变迁等，都在研究之列。”① 现在《中国边疆史地研究》杂志的用稿范围也基本是依据此界定来确定的。但是现有的中国边疆研究或称为中国边疆学已经明显超出了“中国边疆史地学”的研究范围，基础研究（中国边疆历史研究）和应用研究（中国边疆现实问题研究）并重不仅仅是中国边疆研究所确立的研究格局，更是中国边疆稳定与发展的现实需要对中国边疆研究提出的要求，也是当前我国中国边疆研究呈现的明显特点。林文勋在为《中国边疆史地研究》百期纪念而撰写的《从边疆史地到边疆学》一文中对中国边疆史地研究与中国边疆学的关系给出了“边疆史地研究作为边疆学的源而非流”② 的结论。我赞同这一认定，并进而认为中国边疆史地研究（或称为中国边疆基础研究）不仅是中国边疆学的“源”，更是中国边疆学得以存在的基础和核心。

基于中国边疆学是研究中国边疆的一门学科的认识，而当前的中国边疆研究又可以分为历史与现实两大部分，我个人主张中国边疆学学术体系的建设应该以中国边疆历史的研究为基础展开，其原因主要有两个：一是中国边疆是从历史上形成的，且“现实是历史的延续”，很多的现实问题由历史因素所造成，单纯的针对现实问题的研究如果忽视历史就难以得出客观的结论，边疆现实问题研究也不能离开边疆历史的研

---

① 李大龙：《都护制度研究》，黑龙江教育出版社 2003 年版，《“边疆史地丛书”序》，第 1 页。

② 林文勋：《从边疆史地到边疆学》，《中国边疆史地研究》2016 年第 2 期。

究，中国边疆历史研究是基础，这也是上述有关中国边疆政治学、中国边疆学的著作都无法回避对中国边疆历史阐述的原因。二是当今中国边疆是历史长期发展的结果，学界对中国边疆研究的关注也首先发端于历史学界，且有了一定的学术积累，政治学、社会学、军事学等领域学界的介入尽管出版了阐述相关理论与方法的专门性著作，但也是近些年的事情，中国边疆学学科溯源只能是属于历史学分支的中国边疆史地研究。因此，虽然对中国边疆历史的研究和中国边疆现实的研究构成了中国边疆学学术体系的两大支撑，但对中国边疆历史的研究是中国边疆学的基础，或称为基石，对中国边疆现实问题的研究则是在基础研究上的进一步拓展。中国边疆历史的研究也是中国边疆研究所的立足点，此或许也是中国边疆研究所能够成为中国历史研究院一个研究所的重要理由。

毋容置疑，中国边疆不仅是中国边疆学研究的对象，也是历史学、民族学、人类学、社会学、政治学、地理学等学科的研究对象，故而从交叉学科的角度，提出在中国边疆学下设置中国边疆历史学、中国边疆民族学、中国边疆政治学等也是符合情理的，只是尚需要进一步论证中国边疆学与这些“学”及这些“学”本源学科三者之间的关系。笔者倒是认为不妨省去这些繁琐的论证，在确立中国边疆学为一级学科的前提下讨论中国边疆学的学术体系建设。

从研究类别上看，当前的中国边疆研究可以分为历史研究与现实研究，或称为基础研究和应用研究两大部分，这是对中国边疆学学术体系建构认定的基本。无论是对中国边疆历史还是现实的研究，都可以援用政治学、历史学、经济学、文化学、军事学、民族学、宗教学、社会学、地理学、法学、国际关系等学科的理论与方法展开，但中国边疆学对中国边疆的研究是在中国国家视阈下展开的，其研究有别于这些学科的研究，具有特点。如中国边疆研究所对中国边疆历史的研究，和古代史、近代史、世界史等研究所的研究虽然同属于历史学研究，但研究的对象、研究的视角和研究的目的各有特点，即便研究对象都是中国边疆历史，其关注点和研究目的也是存在差别的。也就是说，虽然同属于运用政治学理论与方法的研究，中国边疆学借用政治学理论与方法对中国边疆政治的研究属于中国边疆学的组成部分，突出的是中国边疆的特点，且在研究的同时要借鉴其他学科的理论和方法进行综合探讨，并非简单地在"中国政治学"中加入"边疆"二字。

中国边疆学以中国边疆为研究对象，举凡与中国边疆政治、经济、社会、文化、地理、宗教、对外关系等有关的内容都是其研究范围。中国边疆学学科体系的建设鉴于中国边疆研究已有的学科体系，建议在历史学下谋求成为一级学科，学术体系建设大致可以分为两种不同的途径：

其一，如上述邢玉林和马大正先生的思路，从研究性质切入，在中国边疆学下可分中国边疆理论学、中国边疆政治学、中国边疆民族学、中国边疆地理学、中国边疆与周边关系学、中国海疆与海洋研究……

其二，从研究性质切入，但兼顾中国边疆研究所现有的研究室设置构建学术体系。中国边疆学是一级学科，其下二级分为中国边疆历史（基础）研究、中国边疆应用（现实）研究，三级则可以按照研究所的研究室结构分为中国边疆学理论研究、东北边疆研究、北部边疆研究、新疆边疆研究、西藏研究、海疆研究、海洋史研究。每个具体研究方向既包括历史研究也包括现状研究，是对某个区域的综合研究。

两种途径各有所长，前一种途径在中国边疆学下的二级乃至三级学科的名称更具有学术体系的特色，不足是容易和政治学、民族学、地理学等混淆，需要强调自身的中国边疆学特点。后一种途径则是分支学科的划分区域性特点比较明显，并且照顾到了中国边疆研究所研究室的设置，不足之处是在研究理论和方法上各分支学科之间具有很多的类同性。

权衡上述两途之长短，我倾向于主张中国边疆学学术体系由一体、两足、八分支构成，即中国边疆学是一级学科，其下有中国边疆历史（历史）学、中国边疆应用（现状）学两足支撑，研究的具体展开则是进一步划分的中国边疆学理论研究、中国东北边疆研究、中国北部边疆研究、中国西北（新疆）边疆研究、中国西藏研究、中国西南边疆研究、中国海疆研究、中国海洋史研究等八个分支体系。

三、关于中国边疆学话语体系的建设

学科的存在既是学术研究进一步发展的需要，更是经济社会发展的需要。中国边疆学学科建设对于中国边疆研究的重要作用自不待言，而满足经济社会发展的需要是中国边疆学学科建设中中国边疆话语体系的建设应该实现的目的。

当前中国边疆研究遇到的问题和挑战主要来自四个方面：一是国内一般民众乃至不少学者受到历代王朝史观和“民族国家”影响下形成的“汉人”史观的影响，对中国边疆尤其是历史上存在的边疆族群与政权的归属存在模糊认识。二是国外学界长期以来存在一种脱离中国历史来探讨中国边疆的做法，而随着出版的有关论著翻译为中文在国内出版，被不少学者视为圭臬，进而对国内学界认识中国边疆造成了严重影响。三是相邻国家出于凝聚民心的需要而构建的“国史”往往将在中国边疆历史上存在的民族或政权纳入其“国史”，不仅让邻国民众对历史上中国边疆的认识出现了误导，甚至造成了相邻中国边疆地区广大民众对居住地区历史的误读。四是境内外分裂势力相互勾结，出于分裂中国的目的，利用“民族国家”观念故意歪曲有关的中国边疆历史，对国内外一般民众认识中国边疆历史与现状都造成了误导。

中国边疆话语体系建设不仅要回答中国边疆是什么、从哪里来、向哪里发展的问题，更要回答当前国外学界乃至一般民众在中国边疆历史和现实众多问题上的质疑。比如，在传统的历代王朝话语体系下如何定位中国边疆在其中的位置？历史上存在于中国边疆地区的众多族群和政权的历史是属于中国历史还是邻国历史？如何认识和看待西方学者提出的“长城以北非中国”、“骑马民族国家”、“内陆亚洲”及“新清史”所认为的清朝“满洲国家”等。这些问题都是中国边疆学应该给予回答的问题。毋庸置疑的是，1840 年爆发的鸦片战争不仅导致中国大片领土的丧失，而且摧毁了中国人的文化自信，魏源在《海国图志》中提出的“师夷长技以制夷”思想尽管代表了开明的知识分子希望学习西方在军事技术上的长处以发愤图强的良好意愿，但近代以来中国经济社会的一系列变革已经充分证明“中体西用”只不过是张之洞等洋务派的一个梦想而已，结果不仅是中国社会变革，就是有关以历代王朝为体系构建起来的中国历史乃至中国边疆的传统话语体系也受到了西方史学及“民族国家”观念的严重冲击。当今学界，虽然“浩如烟海”经常被国人用于形容中国古籍众多、文化底蕴深厚，中华文明没有中断过也成为国人夸耀历史传统悠久的有力证据，而现实情况是“在解读中国实践、构建中国理论上，我们应该最有发言权，但实际上我国哲学社会科学在国际上的声音还比较小，还处于有理说不出、说了传不开的境地”①。这既是中国哲学社会科学研究面临的现状，更是包括中国边疆研究在内我国历史学研究的现实状况，而改变这一状况的有效手段就是包括中国边疆研究在内的中国历史话语体系的建构并逐渐完善。

就当今的中国边疆研究而言，将有国界存在的黑龙江、吉林、辽宁、内蒙古、甘肃、新疆、西藏、云南、广西等九省区及海疆的全部视为中国边疆涵盖范围的观点，是有历史学背景的多数学者的一般认识，而近些年来随着政治学、军事学、经济学等学科背景的学者积极参与中国边疆研究，虽然促成了中国边疆研究的繁荣，但引发了关于中国边疆

① 习近平：《在哲学社会科学工作座谈会上的讲话》，新华网（http：//www.xinhuanet.com//politics/2016-05/18/c_1118891128_4.htm），访问时间：2020 年 3 月 10 日。

内涵的讨论，其结果是出现了对中国边疆的不同解读，在显现多学科特征的同时，出现了更多分歧。也就是说，在何为中国边疆这一基本问题上，出现了不同版本的话语解读，让完善的中国边疆学话语体系建设更凸显任重道远。

关于中国边疆学话语体系都包括哪些内容，从逻辑上讲，举凡与中国边疆有关的研究领域，都应该有符合中国边疆实际的话语体系，但从学科和中国边疆稳定与发展的需要来说，应该有一些关于中国边疆基本问题的话语体系建设。笔者在《新时代边疆学研究的热点与前沿问题》一文中对新时代中国边疆学研究的热点和前沿问题做了系统阐述，所言及的中国边疆话语体系建构、多民族中国形成与发展的理论建构、东亚传统天下秩序的理论建构、中国传统治边思想及其实践、海疆的形成与发展、中国边疆学学科体系建设等前沿问题①，基本应该属于中国边疆学话语体系建设的核心内容，不妨在此再做进一步阐释。

1. 中国边疆话语体系的建设。这是中国边疆学话语体系的基本内容之一，该话语体系要回答的问题是关于中国边疆的类似人生的三大哲学问题，即中国边疆是什么，中国边疆从哪里来，中国边疆发展的终极目标是什么。就目前已有的研究成果而言，“中国边疆是什么”尽管还存在一些因为学科背景不同而造成的认识分歧，诸如在中国边疆的认定上既有上述九个省区的说法，也有高边疆、利益边疆、战略边疆等提法，更有“建构论”和“实在论”的认识，但毕竟已经得到了学界重视，相关讨论在不断深入。对于其他两个问题的探讨则并没有得到学界重视。因此，就中国边疆话语体系建设来讲，相关的探讨还属于刚刚开始，距离话语体系建构完成及完善还有相当长的路要走。

2. 多民族国家中国形成与发展的话语体系建构。多民族国家形成

---

① 李大龙：《新时代边疆学研究的热点与前沿问题》，《云南师范大学学报（哲学社会科学版）》2019 年第 1 期。

和发展于中华大地上，传统认为中国有着悠久的历史，历代王朝更替构成了中国历史发展的主线，由此不仅形成了“二十四史”构成的正史系统，更是形成了历代王朝支撑起来的传统话语体系。1951 年 5 月 5 日，《光明日报》发表了白寿彝先生的《论历史上祖国国土问题的处理》，提出放弃“历代皇朝的疆域为历代国土的范围”的做法，主张“用中华人民共和国的国土范围来处理历史上的国土问题”。[①] 该文虽然直接指出了以历代王朝支撑起来的中国历史话语体系存在的问题，并引发了国内学界对“历史上中国”的讨论，但历代王朝史观和“民族国家”观念的影响并没有得到彻底改变，中国边疆及在中国边疆地区生息繁衍的族群、政权的历史依然是中国通史的附属部分，而历代王朝在边疆地区设置管理机构也依然被视为边疆地区融入中国历史的主要标志，以至于如何认定边疆政权的历史归属等成为制约话语体系自圆其说的学术难点。因此，在中华大地乃至东亚或亚洲的视阈下客观阐述中华大地上所有人群和政权在多民族国家中国形成与发展中的贡献，才是多民族国家中国形成与发展的话语体系建构应该达到的目的。

3. 东亚传统“天下秩序”形成与发展过程的建构，或者称为中国与周边关系话语体系建设。在东亚历史上存在着以“中国”为中心的“天下秩序”，近代以来关于这一政治体系的探讨为中国学界所忽略或否认。是美国学者费正清提出“中国的世界秩序”和日本学者滨下武志提出“朝贡贸易体系”等之后，才促成了中国学界对“天下秩序”的重新关注。从目前已经出版的论著看，不仅出现了“宗藩关系”“藩属关系”“朝贡贸易关系”“封贡关系”等不同的概念，对其形成与发展轨迹的解读也存在严重分歧，而面对“一带一路”倡议提出后国外出现的质疑之声，更是难以做出令人信服的解答。因此，有关东亚传统“天下秩序”形成与发展话语体系的建设，不仅关系到对中国历史及中

---

① 白寿彝：《论历史上祖国国土问题的处理》，《光明日报》1951 年 5 月 5 日。

国与周边国家关系史的客观认识，而且关乎中国与周边国家关系健康发展现状，故而也是中国边疆学话语体系的基本内容。

4. 中国传统治边思想及其实践话语体系建设。“中国”与“边疆”、“华夏”与“夷狄”之间的关系不仅仅是困扰历代王朝统治者的关键问题，也是当今中国边疆学学科研究的基本问题，由此也决定了中国传统治边思想及其实践也成为中国边疆学话语体系建设的基本内容。受到当今“民族国家”观念的影响，外国学界长期存在将“边疆”独立于“中国”之外进行探讨的做法，而国内也有学者打着从“边疆看中国”的旗号做着相同的事情，完全忽视了在中国传统治边思想中虽然有“中国”与“边疆”、“华夏”与“夷狄”的区分，但是这一区分是在“大一统”之“天下”或“华夷一体”前提下进行的，在屡屡提及“严华夷之辨”的同时“用夏变夷”也被历代王朝具体实践着，并最终促成了多民族国家中国疆域以及中华民族的形成与发展，而这是在“民族国家”或从“边疆”视角难以看清楚的。中国传统治边思想及其实践话语体系不仅要回答“中国”与“边疆”、“华夏”与“夷狄”何以成为“一体”的过程，也要回应国外学者难以解答的一系列疑问。

5. 海疆及海洋话语体系的建设。《山海经》尽管充斥着难以为今人所理解的描述，但证明“海”的概念在中华大地上出现很早，“四海”“海内”“海外”等词汇中的“海”并没有准确所指，但也已经成为古籍表达“天下”或理想中“中国”四至的标志。而“楼船将军”频繁出现在记载汉朝历史的《史记》和《汉书》中，说明中华大地上的古人对海的利用与开发最晚在汉代已经成熟地应用于军事领域。1984 年《联合国海洋法公约》出台，12 海里领海和 200 海里专属经济区成为多数国家划分海洋权益的重要标尺，由此也带来了中国在海疆界定和海洋权益保护方面的一系列问题，有关海疆及海洋话语体系的建设由之不仅成为中国边疆学话语体系的重要组成部分，也是迫切需要满足的现实需要。

6. 中国边疆学学科话语体系建设。特纳的“边疆学”为美国开发西部提供了重要的学术支撑，“中国边疆学”概念尽管在民国时期才出现，当今学界对“中国边疆学”的学科建设还处于探索之中，但中华大地上的古人对“边疆”早有清晰的认识和解读，并形成了一系列处理边疆问题的理论和方法。归纳其特点，并在此基础上确定中国边疆学学科体系，明确其学术体系，进而构建完善的话语体系，不仅是学科发展的需要，更是中国边疆地区稳定与发展的需要。

四、中国边疆学“三大体系”建设亟须应对的问题

以上所述只是针对中国边疆学“三大体系”建设的粗浅看法。就现状而言，中国边疆学研究虽然已经取得了显著成就①，但距中国边疆学“三大体系”建设的要求还存在较大差距。这主要体现在以下几个方面：

（一）中国边疆学学科定位亟待明确

如前所述，中国边疆学发端于历史学下的中国边疆史地研究，但随着政治学、民族学、社会学、经济学及国际关系诸多学科学者的加入，中国边疆学的学科定位出现了较大分歧，而我国的学科体系中不仅没有其明确的学科定位，甚至都没有其名称，新世纪以来边疆稳定与发展问题凸显，又导致中国边疆学学科发展和现实需求之间形成了巨大差异，明确中国边疆学的学科定位迫在眉睫。综观已有的论著，分歧的出现是基于不同的学科背景导致的切入视角和学科建设目的不同，上述所言中

---

① 对新中国成立以来中国边疆研究进行综述或评述的论著较多，可参见厉声、李国强主编：《中国边疆史地研究综述（1989—1998年）》，黑龙江教育出版社2002年版；马大正：《当代中国边疆研究（1949—2014）》，中国社会科学出版社2016年版，以及《中国边疆史地研究》2009年第3期刊载的“庆祝中华人民共和国成立60周年专栏”和2018年第2期刊载的“新世纪中国边疆研究回顾与展望”组稿。

国边疆学、中国边疆政治学、中国边疆社会学等提法的出现就是其表现。① 尽管存在较大分歧，作为研究对象的“中国边疆”大体还是一致的，通过进一步深入讨论，实现内部整合虽然存在很大难度，但也存在一定的可能性。即便是短期内难以形成共识，甚至在“中国边疆学”下难以实现完全的整合，但明确各自对“中国边疆”研究的定位，尝试在不同学科下确立中国边疆研究在现有学科体系下的位置，对于中国边疆学学科发展无疑都是有益的。

（二）中国边疆学学术体系亟待整合

就当前的中国边疆研究而言，多学科理论与方法的应用对于中国边疆研究繁荣无疑是必需的，这不仅是学科发展的需要，更是我国边疆地区稳定与发展的迫切需要。多学科学者的介入尽管有助于我们从不同视角对中国边疆的历史与现实进行全方位的探讨，但是在“百花齐放”和“百家争鸣”之后作为一个完整研究对象的“中国边疆”则依然需要学界给出一种综合的符合中国边疆实际的客观认识，这是中国边疆当前和今后稳定与发展的需要。多年来，在“交叉”学科的鼓动下，中国边疆多学科研究的态势已经形成。遗憾的是，尽管都是对“中国边疆”的研究，“合”的态势并不明显，“分”的趋势却已经显现，而中国边疆面临的诸多问题需要破解，国民对中国边疆知识的需求需要满足，国外学者对中国边疆历史的歪曲需要回应，因此对当前介入中国边疆研究的诸多学科进行整合，进而形成相对完善的中国边疆学体系既是学科发展的学术需要，更是中国边疆稳定与发展的现实需要。

---

① 中国边疆学的提出最初是为了和中国边疆史地学相区分，参见邢玉林：《中国边疆学及其研究的若干问题》，《中国边疆史地研究》1992 年第 2 期。中国边疆政治学、中国边疆社会学的提出则是希望依附于政治学、社会学构建中国边疆研究学科，参见吕文利：《新世纪中国边疆学的构建路径与展望——兼论中国边疆理论的三个来源》，《中国边疆史地研究》2019 年第 2 期。

（三）中国边疆学基础理论研究亟待加强

中国边疆的形成与发展、中国边疆的内涵及特点、中国疆域的形成与发展、中国治边思想的形成与发展、中国“大一统”思想的形成与发展、历代王朝治边政策的继承与发展、传统以“中国”为中心藩属体制的形成与发展、边疆与中国疆域的形成与发展、中国边疆治理机构的继承与发展、中国边疆治理体系和治理能力的现代化等，这些方面的研究都应该属于中国边疆学的基础理论研究的主要问题。从目前的情况看，尽管在“中国边疆”概念、中国疆域史、藩属体制、历代边疆管理机构等方面已经取得了很大进展，但由于视角、理论与方法上存在明显差异，在这些研究方面尚没有形成具有符合中国边疆研究实际的为多数学者所赞同的具有中国边疆学鲜明特点的主流观点。这种情况的存在，和中国边疆学具有多学科学界介入所出现的“交叉学科”的特征有关，也体现出当前的中国边疆学研究尚未形成自己的基础理论与方法。缺乏明确的学科边界和鲜明的基本理论与方法的中国边疆学，期盼通过某一单位或个人的努力在现有的学科体系下获得一个显著位置的可能性是微乎其微的。

（四）中国边疆学研究队伍亟待整合壮大

中国边疆学学科的存在与发展需要依靠一支稳定并不断壮大的研究队伍。尽管有学者提出了“中国边疆研究学术共同体”的概念①，但难以否认少、散、乱还是当前我国中国边疆学研究队伍呈现的鲜明特征。少，是指专门从事中国边疆研究的科研人员少。目前，国内与中国边疆研究有关的机构，除了中国社会科学院中国边疆研究所、中国藏学研究中心、陕西师范大学西北边疆研究院等少数有正式编制的实体机构，很多都属于非实体或人数很少的科研机构，而作为专职从事中国边疆研究

① 参见孙勇、孙昭亮：《中国边疆研究学术共同体巡检述略》，《新疆师范大学学报（哲学社会科学版）》2018 年第 3 期。

的中国边疆研究所尽管有 60 个编制，目前在编的研究人员也只有 40 人左右。散，是指从事中国边疆研究的科研人员分散在全国各地尤其是边疆省区的科研单位和高校教师队伍中，北京、昆明、成都虽然相对集中，但也分散在不同的单位。乱，不仅是指从事中国边疆研究的学者分属不同单位、具有不同的学科背景且关注点多不相同，也指缺乏一个协调机构，基本是处于各自为战的状态。新世纪之初，中国边疆研究所（当时称中国边疆史地研究中心）通过申请“东北边疆历史与现状系列研究工程”、“新疆项目”及“西南项目”等国家社会科学基金特别项目的方式曾经对中国边疆研究队伍的凝聚起到了一定作用，但随着这些项目的完成，中国边疆学研究队伍之间的联系目前只有依靠相关研究单位举办的全国性学术讨论会来维持了，不仅难以满足“三大体系”建设的需要，就是与维持中国边疆研究正常发展的需求都存在很大差距。2019 年成立的中国历史研究院被赋予了“团结凝聚全国广大历史研究工作者”① 的重任，隶属于该院的中国边疆研究所理应承担起“团结凝聚”中国边疆学研究队伍的任务，但从该所研究能力和多年的实践效果看也难以满足中国边疆学学科发展的需要。民国时期全国性的边疆学会的兴起对中国边疆研究的重要推动作用则为当今中国边疆学研究队伍的“团结凝聚”提供了一种新的思路，即创立全国性的中国边疆研究学会，以实现国内边疆研究队伍的凝聚整合，为“三大体系”建设提供队伍支持。

（五）中国边疆学基本知识的普及亟待加强

中国边疆学研究不仅面临着学科建设的艰巨任务，而且面临着国人对中国边疆学基本知识的现实需求。尽管中国边疆学话语体系建设尚未

① 《习近平总书记致中国社会科学院中国历史研究院成立的贺信》，新华网（http：//www. xinhuanet. com/politics/leaders/2019-01/03/c_1123942672. htm），访问时间：2020 年 3 月 2 日。

完成，但对中国边疆历史进行歪曲宣传不仅已经成为“疆独”“藏独”“台独”乃至“港独”等分裂势力蛊惑民众的重要手段，而且成为一些邻国构建其“国史”瞄准的目标。在这种情况下，建立和完善有关中国边疆的话语体系，尤其是完善历史上边疆族群及其所建政权在多民族国家中国形成与发展过程中所发挥重要作用的话语体系，不仅是中国边疆学话语体系的重要内容，也是当今中国边疆地区稳定和发展以及争夺国际话语权的现实需要。可以说，中国边疆学基本知识的普及已经迫在眉睫。

总之，中国边疆学“三大体系”建设既有学科发展的需要，也是国家边疆治理体系和治理能力现代化及边疆地区稳定和发展的现实需求。鉴于中国边疆学研究根植于中国边疆形成与发展的历史长河之中，可以借鉴多学科的理论与方法在历史学下谋求发展壮大，故而中国边疆历史（历史）学是其立足的基石，而中国边疆应用（现状）学则是其有别于历史学下其他学科独有的创新点，是其进一步发展壮大的基础。在此学科定位下的中国边疆学学术体系建设，既可以按照研究的性质展开，也可以按照区域分类，而话语体系建设则需要围绕中国边疆学的基本问题进行。中国边疆学学科建设虽然是近年来学界探讨和关注的热点话题，但以少、散、乱为特点的研究队伍难以维持中国边疆学的正常发展，将其“团结凝聚”为“中国边疆研究学术共同体”的问题还是明显的。这不仅是中国边疆学学科发展的需要，更是构建中国边疆学“三大体系”以满足中国边疆稳定和发展的艰巨任务。

2022 年 4 月 19 日于北京

目　录

图　次

表　次

第一章

引　言

一、研究背景

我国边疆研究历史悠久、传统优良、成果丰硕。马大正先生用“千年积累，百年探索，四十年实践”① 来概括其发展历程，并指出自清中叶以来，中国边疆研究在不同的历史时期曾出现三次研究高潮：19世纪中叶至19世纪末，西北边疆史地学的兴起标志着中国边疆研究第一次高潮。20世纪20年代至40年代边政学的提出与展开，是第二次中国边疆研究高潮的突出成就。20世纪80年代，中国边疆研究实现了两个突破：一是由近代边界问题的狭窄范围，发展成了以中国古代疆域史、中国近代边界沿革史和中国边疆研究史三大研究系列为重点的研究格局；二是突破了史地研究的范围，将中国边疆历史与现状相结合，形成了成果众多、选题深化、贴近现实的特点，这两个突破标志着第三次研究高潮出现。新世纪前后我国边疆研究又获得了巨大的发展，可以说是第三次研究高潮的进一步丰富和提升时期，抑或是第四次研究的高

---

① 谭洪安：《改革开放四十年名家访谈系列——马大正：西域“行者”》，《中国经营报》2018年10月20日；马大正：《中国边疆学构筑是当代中国学人的历史担当》，《云南师范大学学报（哲学社会科学版）》2019年第1期。

潮。这一时期，学术研究向纵深方向进一步发展，学科体系已初步形成，并展示出了广阔的发展前景和巨大的发展潜力。①

本书主要以改革开放 40 年作为重要的时间段展开研究。② 40 年来中国边疆研究在学术研究、学科建设、人才培养、政策咨询等众多领域均取得了丰硕成果，已然成为一个新的学术增长点和学科突破点。这正与 2016 年 5 月 17 日习近平总书记在哲学社会科学工作座谈会上的讲话指出的“要加快发展具有重要现实意义的新兴学科和交叉学科，使这些学科研究成为我国哲学社会科学的重要突破点”③ 高度一致。放眼现阶段中国边疆研究，可以说是异彩纷呈、百家争鸣，不同学科背景、不同研究方法、不同关注领域的学人，都积极投身边疆研究的大潮中，表现出强劲的发展态势。习近平总书记在党的十九大报告中指出：“加大力度支持革命老区、民族地区、边疆地区、贫困地区加快发展，强化举措推进西部大开发形成新格局，深化改革加快东北等老工业基地振兴，发挥优势推动中部地区崛起，创新引领率先实现东部地区优化发展，建立更加有效的区域协调发展新机制。……加快边疆发展，确保边疆巩固、边境安全。坚持陆海统筹，加快建设海洋强国。”④ 这一论述又进一步为新时代的中国边疆发展、治理和边疆研究提出了新要求。

经过 40 年的发展，我国的边疆研究虽然取得了突出成就，但是关

---

① 马大正：《关于构筑中国边疆学的断想》，《中国边疆史地研究》2003 年第 3 期。

② 本书的研究前半部分以数据统计和内容分析为主，鉴于数据存在一定的滞后性，故选了重要的时间节点作为研究时段，一方面改革开放 40 年极具代表性，另一方面本书的撰写时间在 2020 年至 2021 年前后，给数据滞后问题留出一定的时间和空间。

③ 习近平：《在哲学社会科学工作座谈会上的讲话》（2016 年 5 月 17 日），人民出版社 2016 年版，第 23 页。

④ 习近平：《决胜全面建成小康社会　夺取新时代中国特色社会主义伟大胜利——在中国共产党第十九次全国代表大会上所作的报告》，人民出版社 2017 年版，第 32~33 页。

于边疆研究的一些基础问题，依然存在很多不足，缺乏共识。目前我国边疆研究尚没有独立的学科支撑，而是依附于其他学科；边疆的基本内涵和性质问题，不同学者之间依然存在分歧；边疆研究的学者群体复杂多样，核心作者群体人数较少，人才培养梯队建设稍显不足，学术共同体尚未形成；专门的边疆研究学术平台、学术组织和学术阵地都相对较少，多数情况下分散在其他学科组织之下。

新时代，我国边疆研究要有新作为，面对中国边疆研究的 40 年发展和未来期待，我们有必要在重要的时间节点，系统回顾我国边疆研究的阶段性发展状况，指出我国的边疆研究到底发展到何种程度，在不同环节特点如何、存在哪些问题，未来边疆研究的深化发展需要注意什么，多学科融合背景下中国边疆学学科发展路径是什么。以上系列问题，通过对边疆研究成果的文献计量分析之后，都一定程度可以得出答案或者提供一些思路。本书并非完全依托文献计量学进行的统计分析，在后半部分笔者结合前文的分析评论，以及学科发展现状，进一步就未来中国边疆研究进展展开了系统思考，同时对新时期学科融合发展的大背景下，中国边疆学学科发展亦进行了探讨。整个书稿不仅总结过去，提出了问题，亦对未来发展提出了新思路。当然，笔者的研究只是基于一个视角的观察，肯定存在很多不足。基于以上思考和架构，故本书取名《守正与创新：中国边疆研究进展初论》。

二、数据来源和研究方法

随着科技尤其是信息技术的进步，国内的文献计量应用从数据库（系统）的建设开始向具体的多学科领域不断拓展。20 世纪 80 年代，随着计算机网络和信息技术的快速发展，基于文献计量学的各类数据库等系统平台相继立项建设。1989 年中国科学院文献情报中心与中国学术期刊电子杂志社联合出版了中国科学引文数据库（CSCD）。1996 年中国科技信息研究所发布了中国科技论文与引文数据库（CSTPCD）。

1998年南京大学中国社会科学研究评价中心研制开发了中国社会科学引文索引数据库（CSSCI）。1999年由清华大学和清华同方共同发起组建了中国知网数据库（CNKI），集成了期刊、学位论文、会议论文、重要报纸等文献资源，同时提供引文数据和分析，并且内容和功能仍在不断拓展。此外由中国人民大学书报资料中心研制的人民大学复印资料全文数据库，是目前国内权威的人文社会科学专题文献资料库；超星公司开发的全球最大的中文在线图书馆超星电子图书数据库，万方公司开发的万方数据知识服务平台，重庆维普资讯有限公司开发的维普资讯全文期刊数据库等都是代表性数据库平台。其中，中国社会科学引文索引数据库和人民大学复印资料全文数据库为专门的人文社科类数据库系统。这些数据库的建设为文献计量工具和手段的现代化奠定了必要的基础，大大推进了中国文献计量学的快速发展。在具体的应用方面，从已有的研究成果看，文献计量学的发展早已不再局限于上述的情报学、图书馆学领域，而是涉及教育学、医学、生物学、农学、管理学、计算机科学、心理学、社会学、数学、历史学、科技管理等众多学科领域，尤其在人文社科方面已有相关理论性专著出版问世。① 总体来说，我国文献计量学在应用研究方面取得了很大的进步，文献计量指标被广泛用于评价科学生产力，评价学科关键人才、科研成果、期刊质量，还用于评价国家、地区或科研机构的科技水平与影响力。

本书前半部分的研究，将以文献计量学基本理论和方法为指导，以浙江大学刘启元、叶鹰开发的文献题录信息统计分析工具（SATI3.2版本）②，社会网络分析工具（UCINET）、可视化工具（NetDraw）等相关分析软件为技术手段，借助于中国知网数据库（CNKI）、中国知网引文

① 蒋颖：《人文社会科学领域文献计量学研究》，社会科学文献出版社2013年版。

② 刘启元、叶鹰：《文献题录信息挖掘技术方法及其软件SATI的实现——以中外图书情报学为例》，《信息资源管理学报》2012年第1期。

数据库（CCD）、中国社会科学引文索引数据库（CSSCI）主流文献数据库；在分析工具无法处理的环节，则主要以人工干预手段进行。基于以上方法和手段，通过数据挖掘、信息处理、图谱绘制等手段和量化指标来表明当代中国边疆研究的文献产出量、变化特点，知识体系，研究队伍与核心作者，主要学术机构、分布区域与特点，研究文献的情报源与特征，文献的被引、影响力，等等状况，进而对当前我国边疆研究进展提出思考。具体在产文量分析章节，主要依托中国知网进行主题检索，对我国边疆的整体研究情况、不同区域研究情况、陆地边疆省区研究情况等，进行逐个检索，并分析比较，尽可能最大限度去彰显我国边疆研究产文量的发展趋势和特点。在中国边疆研究的知识体系分析章节，为了更为准确分析中国边疆研究的热点和知识体系问题，对数据样本进行了限定，主要来源于三组数据：第一组数据来自中国社会科学引文索引数据库（CSSCI），本数据库的数据起始时间为 1998 年；第二组数据来源于中国边疆研究专业期刊《中国边疆史地研究》杂志刊载文献，主要从中国知网（CNKI）中提取；第三组数据来源于中国知网收录博士、硕士学位论文数据。在作者群体、学术机构、学术阵地分析章节，主要是在检索关键词下基于中国知网核心期刊的载文数据。在被引文献分析章节主要基于中国引文数据库中的被引数据。

本书的文献数据来源的时间段为 1979 年至 2018 年，即改革开放之后的 40 年时间。但在文章内部部分章节因研究需要时间段有所调整，主要是在研究热点章节，在该章中将会具体说明。整体上所有数据都没有离开 1979 年至 2018 年这 40 年的跨度范围。需要说明的是，数据截止时间选在 2018 年存在一定的滞后性，有几个方面的原因：首先，最为主要的原因是在 2019 年前后中国知网开始大量收录外文文献，在主题检索时一些主题相关的中、外文文献会交织在一起，使得文献数量和准确度有所下降；其次，1979 年至 2018 年作为改革开放大背景下的 40 年是一个重要的时间阶段，这一阶段是我国边疆研究的又一次热潮期，即前文马大正先生所说的“四十年实践”阶段，对这一阶段进行统计分析具有一定的整体性和代表性；再次，中国知网数据存在一定的时间延迟，一些期刊和学术集刊等文献的收录存在滞后性，即 2018 年的数据，需等待到 2019 年中下段，乃至 2020 年才会基本更新完毕，为了使数据更为全面科学，故将检索时间后延。本书数据的检索时间段集中在 2020 年 5 月至 10 月，根据撰写的阶段不同，章节有一定的区别，在具体章节中不再一一标注。

需要指出的是，笔者只是文献计量分析方法的学习尝试者，对文献计量的研究方法和分析工具的使用能力还存在一些欠缺，只是在具体章节一些标准的确定方面借助了文献计量学科的理论，并使用了一些分析软件。由于中国边疆研究的复杂性和样本筛选的多样性，本书很多工作还是依托主流数据库和人工干预手段进行。总之，本书肯定还会存在一些不足，还请学界同仁批评指正。

三、相关研究问题回顾

我国的边疆研究始于边疆史地研究，其研究范围集中在近代边界问题。20 世纪 80 年代，当时以中国社会科学院中国边疆史地研究中心（现称中国边疆研究所）为代表的一批边疆研究机构相继成立，有关中国边疆研究的大量著述出版发表，引领了中国边疆研究的新热潮。改革开放 40 年，中国边疆研究产出了一大批研究成果，其中学术总结和学术史研究是重要内容之一。基于本书的研究旨趣，这里笔者主要对两个方面的学术史展开梳理总结：其一主要就中国边疆研究学术史展开定性分析的成果，尤其是一些长时段的总结分析进行梳理说明；其二主要就运用文献计量学方法对中国边疆研究进行统计分析的成果进行梳理说明。

中国边疆研究的学术史定性分析的成果，目前表现为两大方面的内容：其一为中国边疆研究的整体性回顾和总结，其中包括全面回顾和阶段性总结；其二为中国边疆学术史的局部研究，包括区域性边疆研究的总结，专题研究总结，研究者、研究机构和专业刊物的总结与分析等。

在中国边疆研究的整体性回顾和总结方面，早在20世纪90年代初中国社会科学院中国边疆研究中心的吕一燃就发表了《中国边疆史地研究的回顾和展望》一文，对在马克思主义指导下的中国边疆史地研究状况进行了分类总结回顾，同时对未来的进一步研究提出了六点建设性的意见。① 随后马大正于1996年发表《二十世纪的中国边疆史地研究》一文，分三个阶段进一步系统地回顾了20世纪的中国边疆史地研究状况。② 后来马大正又与刘逖以著作的形式系统梳理总结了20世纪的中国边疆研究情况。③ 20、21世纪之交，邢玉林对1989年到1998年中国古代疆域理论问题进行了回顾与展望④；厉声、李国强进一步增加篇幅和内容，以著作的形式对同一时段的中国边疆史地研究进行了综述⑤；周伟洲通过笔谈回顾90年代以来中国边疆史地研究状况，并提出四点注意事项，指出在世纪之交中国边疆史地研究具有重大的意义⑥；2004年章永俊对鸦片战争前后的中国边疆史地研究情况及该时期的史书编写问题进行了回顾与探讨⑦。随

---

① 吕一燃：《中国边疆史地研究的回顾和展望》，《中国边疆史地研究》1991年第1期。

② 马大正：《二十世纪的中国边疆史地研究》，《历史研究》1996年第4期。

③ 马大正、刘逖：《20世纪的中国边疆研究——一门边缘学科的演进历程》，黑龙江教育出版社1997年版。

④ 邢玉林：《1989年—1998年中国古代疆域理论问题研究综述》，《中国边疆史地研究》2001年第1期。

⑤ 厉声、李国强主编：《中国边疆史地研究综述（1989—1998年）》，黑龙江教育出版社2002年版。

⑥ 周伟洲：《世纪之交中国边疆史地研究的回顾与展望》，《中国边疆史地研究》2001年第1期。

⑦ 章永俊：《鸦片战争前后的中国边疆史地研究》，《史学理论研究》2004年第3期；章永俊：《论鸦片战争前后中国边疆史地研究热潮中的史书编纂》，《史学史研究》2004年第2期。

后厉声在以往的研究基础上进一步拓展，以中国边疆史地研究的第三次高潮为背景，总结了改革开放以来中国边疆史地研究学科的繁荣与发展①；2012年云南人民出版社出版了郑汕所著《中国边疆学概论》，书中从学科体系的角度对我国边疆研究进行了全面的总结和理论规划②。2014年厉声与李国强合作主编了《中国边疆史地研究综述》，从西北边疆史地研究、海疆史研究、东北边疆研究、北部边疆研究、中国边疆与周边地区关系史研究、边疆史视野下西藏研究、中国历史疆域问题研究、西南边疆史研究八个方面对60年来中国边疆史地研究状况进行了全面总结。③ 这八部分的文章此前已由不同作者撰写，在《中国边疆史研究》2009年第3期“庆祝中华人民共和国成立60周年专栏”刊发。④ 近年马大正先生先后出版或发表了《热点问题冷思考：中国边疆研究十讲》⑤《新世纪以来中国学者对中国边疆学构筑的探索》⑥《当代中国边疆研究（1949—2014）》⑦《中国边疆学构筑札记》⑧《当代中国边疆研究（1949—2019）》⑨ 等多部（篇）边疆研究史或涉及边疆

① 厉声：《改革开放30年来中国边疆史地研究学科的繁荣与发展——兼述中国边疆史地研究的第三次研究高潮》，《中国边疆史地研究》2008年第4期。

② 郑汕：《中国边疆学概论》，云南人民出版社2012年版。

③ 厉声、李国强主编：《中国边疆史地研究综述》，黑龙江教育出版社2014年版。

④ 这8篇综述分别是：厉声、贾建飞《60年来西北边疆史地研究的回顾与展望》，吕文利《新中国成立60年来北部边疆研究评述》，于逢春《60年来东北边疆研究论衡》，张永攀《边疆史视野下西藏研究60年》，方铁《西南边疆史研究60年的回顾与展望》，李国强《新中国海疆史研究60年》，刘清涛《60年来中国历史疆域问题研究》，孙宏年《中国边疆与周边地区关系史研究60年》。

⑤ 马大正：《热点问题冷思考：中国边疆研究十讲》，上海辞书出版社2013年版。

⑥ 马大正：《新世纪以来中国学者对中国边疆学构筑的探索》，邢广程主编：《中国边疆学（第3辑）》，社会科学文献出版社2015年版，第315~349页。

⑦ 马大正：《当代中国边疆研究（1949—2014）》，中国社会科学出版社2016年版。

⑧ 马大正：《中国边疆学构筑札记》，中央广播电视大学出版社2016年版。

⑨ 马大正：《当代中国边疆研究（1949—2019）》，中国社会科学出版社2019年版。

研究回顾性质的著述，对我国边疆研究历程进行了系统全面的总结。其中，《热点问题冷思考：中国边疆研究十讲》中专门设置四讲探讨了“边疆研究的研究”，对我国边疆研究的趋势、边疆学学科构筑、台湾学者中国边政研究、当代中国边疆研究的几个问题多个方面进行总结和评述。《新世纪以来中国学者对中国边疆学构筑的探索》则对21世纪以来十余年学界关于边疆学学科构筑问题进行了回顾与总结。《当代中国边疆研究（1949—2014）》《当代中国边疆研究（1949—2019）》则是专门性的边疆研究学术史的整理巨著，全书分绪论、综论、分论、展论四大板块，共18章67万余字，全面系统地梳理了当代中国边疆研究的发展历程，不仅是一部边疆研究学术史专著，也是一部集创新性、科学性、权威性为一体的中国边疆学经典之作，不仅总结了60余年边疆研究具体内容和过程，也为中国边疆研究深化发展指明了方向。

在中国边疆学术史的局部研究方面，具体可细分为五部分内容。第一为区域性边疆研究的总结，如方铁的《西南疆域史研究综述（1989—1998）》①，龙木、林荣贵对历代王朝北部边疆经略及与北部边疆各族关系研究的总结②，于浏洋对改革开放以来中国东北边疆历史与现状研究的综述③，封磊对近十年来清代西北边疆史地研究述评④，王振刚对21世纪以来当代云南边疆问题研究的述评⑤，等等。第二为边疆专题研

---

① 方铁：《西南疆域史研究综述（1989—1998）》，《中国边疆史地研究》2001年第4期。

② 龙木、林荣贵：《历代王朝北疆经略及与北疆各族关系研究（1989—1998）》，《中国边疆史地研究》2001年第3期。

③ 于浏洋：《改革开放以来中国东北边疆历史与现状研究综述》，《中国商界（下半月）》2010年第11期。

④ 封磊：《近十年来清代西北边疆史地研究述评》，《伊犁师范学院学报（社会科学版）》2013年第3期。

⑤ 王振刚：《新世纪以来当代云南边疆问题研究述评》，《中国边疆史地研究》2016年第2期。

究的总结，如马大正对中国古代边疆政策研究的综述①，马大正对1978年以来中国近代边疆问题研究的述评②，刁书仁对中朝边界沿革史研究的总结③，张宗海对中俄边界沿革史研究的总结④，段金生对20世纪三四十年代的中国边疆研究及其发展趋向的总结⑤，汪洪亮对民国时期（1931—1948）的边政与边政学的系统研究⑥，等等。第三为相关边疆研究者的学术研究总结，如樊明方《宋教仁与中国边疆史地研究》⑦，牛海桢《徐松及其西北边疆史地研究》⑧，王文光和龙晓燕《论梁启超早期的中国边疆民族史研究》⑨，王振刚《学界对民国学人西南边疆问题著述研究综述》⑩，马大正《我与中国边疆学》⑪ 等。第四为研究机

① 马大正：《中国古代边疆政策研究综述（上）》，《中国边疆史地研究导报》1989年第3期；马大正：《中国古代边疆政策研究综述（下）》，《中国边疆史地研究导报》1989年第4期。

② 马大正：《1978年以来中国近代边疆问题研究述评（上）》，《中国边疆史地研究》1994年第3期；马大正：《1978年以来中国近代边疆问题研究述评（下）》，《中国边疆史地研究》1994年第4期。

③ 刁书仁：《中朝边界沿革史研究》，《中国边疆史地研究》2001年第4期。

④ 张宗海：《中俄边界沿革史研究》，《中国边疆史地研究》2001年第4期。

⑤ 段金生：《20世纪三四十年代的中国边疆研究及其发展趋向》，《中国边疆史地研究》2012年第1期。

⑥ 汪洪亮：《民国时期的边政与边政学（1931—1948）》，人民出版社2014年版。

⑦ 樊明方：《宋教仁与中国边疆史地研究》，《西北大学学报（哲学社会科学版）》1991年第4期。

⑧ 牛海桢：《徐松及其西北边疆史地研究》，《甘肃教育学院学报（社会科学版）》2000年第2期。

⑨ 王文光、龙晓燕：《论梁启超早期的中国边疆民族史研究》，《中南民族大学学报（人文社会科学版）》2008年第5期。

⑩ 王振刚：《学界对民国学人西南边疆问题著述研究综述》，《中国边疆史地研究》2010年第4期。

⑪ 马大正：《我与中国边疆学》，《中国边疆史地研究》2013年第4期。

构的总结分析，如李国强对中国边疆史地研究中心 20 年来科研成就的综述[①]，林文勋、罗群等对云南大学的中国边疆学学科建构的回顾与展望[②]，等等。第五为专业期刊的总结分析，主要指的是对《中国边疆史地研究》杂志的总结分析，如李国强《关于海洋史与海疆史学术界定的思考——兼贺〈中国边疆史地研究〉出刊百期》[③]，周伟洲《〈中国边疆史地研究〉杂志百期刊行寄语》[④]，李大龙《立足历代治边理论与实践，推动中国边疆话语体系构建——〈中国边疆史地研究〉百期感言》[⑤] 等。

进入新时代，边疆问题研究重要性进一步凸显，学科发展也进入新的阶段，学界进一步对边疆学问题展开了系统的总结与思考。为响应和落实党的十九大报告提出"加快构建中国特色哲学社会科学"的指导思想，推动新时代中国边疆学学科体系、学术体系、话语体系构建，《中国边疆史地研究》编辑部分别与《烟台大学学报》编辑部、陕西师范大学中国西部边疆研究院联合举办了"新时代中国边疆学学术讨论会"，主要围绕着"中国边疆研究的内涵和特征""中国边疆学学科话语体系建构"议题展开，部分研究成果已经刊发在了《中国边疆史地研究》2018 年第 3 期上。为庆祝中华人民共和国成立 70 周年，《中国边疆史地研究》还组织刊发了"新世纪中国边疆研究回顾与展望"系

---

① 李国强：《在探索中开拓中国边疆史地研究的新局面——中国边疆史地研究中心 20 年来科研成就综述》，《中国边疆史地研究》2003 年第 3 期。

② 林文勋、罗群、潘先林：《云南大学的中国边疆学——基于学科建构的回顾与展望》，《中国边疆史地研究》2015 年第 3 期。

③ 李国强：《关于海洋史与海疆史学术界定的思考——兼贺〈中国边疆史地研究〉出刊百期》，《中国边疆史地研究》2016 年第 2 期。

④ 周伟洲：《〈中国边疆史地研究〉杂志百期刊行寄语》，《中国边疆史地研究》2016 年第 2 期。

⑤ 李大龙：《立足历代治边理论与实践，推动中国边疆话语体系构建——〈中国边疆史地研究〉百期感言》，《中国边疆史地研究》2016 年第 2 期。

列学术总结。此外，李国强、罗中枢、周伟洲、许建英、邢广程、马大正、李大龙、姚大力、林文勋、孙勇、孙宏年、吕文利、周平、方铁、冯建勇、吴楚克、王振刚、高福顺、汪洪亮等学者先后也以专题论文的形式展开回顾总结和分析探讨（其中部分学者发表成果多篇）。

中国边疆研究的总结与思考，在传统定性研究的同时，一些学者借助于文献计量学和知识图谱绘制等多学科的分析方法展开了量化分析。文献计量学这一概念最早由英国计算中心的普理查德（Alan Pritchard）于1969年提出，但是相关理论的应用是在半个多世纪前的1917年就已经出现。一般认为1917年科尔（F. T. Cole）和伊尔斯（N. B. Eales）对比较解剖学刊物刊载的论文进行定量统计研究是文献计量学应用的肇始，但当时只是统计目录学的范畴。在随后的20余年，诸学者相继发现并提出了洛特卡定律（1926）、布拉德福定律（1934）、齐普夫定律（1935），三大定律的发现为文献计量学的诞生奠定了坚实的基础。后来美国情报学家尤金·加菲尔德（Eugene Garfield）精心编制《1961年遗传学引证索引》，为文献计量学的发展树立了新的里程碑。此后文献计量学的应用研究便蓬勃开展起来。多年来，随着学科的发展，国内外的文献计量学应用研究涉及众多领域。从目前的研究来看，文献计量学的应用领域极为广泛，可以用来评价某一学科的发展现状，为制定下一步发展规划提供依据；也可以评估某个国家或者地区科研发展状况，有助于了解其在国际相关领域研究前沿的位置和影响；还可以用于科研评价，从宏观视角预测某一学科的发展趋势等。文献计量学相关理论与方法在20世纪70年代被引入我国，随后研究便迅速开展起来，涌现出一批重要的学者和研究机构，也出版发表了一批重要研究成果，使得文献计量学成为一个重要学科。近年来我国文献计量学研究的选题范围不断拓宽，既有理论研究和方法探讨，又有广泛的应用研究。有关文献计量学应用的研究大量出现，极大地促进了学科发展，同时借助文献计量学方法的交叉研究，也对其他学科的学科体系和学术体系建设产生了积极的推动作用。

文献计量学引入中国边疆研究分析方面已经有数年的时间，学者们主要依托中国知网（CNKI）、中国社会科学引文索引数据库（CSSCI）、人大复印报刊资料数据库、国家社科基金和教育部人文社科基金项目数据库等数据，从成果和立项数据分析的角度，对我国边疆研究进行总结，并提出建议。早在2013年唐超便以国家社科基金和教育部人文社科项目边疆研究立项信息为对象，利用高频关键词构建“案例—属性”矩阵，并以此为基础利用SPSS软件进行因子分析、聚类分析、多维尺度分析，发现边疆研究领域的12个具体研究热点、7个研究范式和2个研究层面，为开展边疆研究提供参考。① 朱尖、苗威依托CSSCI数据库，运用文献计量学方法，借助文献题录分析工具（SATI）、社会网络分析软件（UCI-NET）及其内置可视化工具（NetDraw）对我国边疆研究论文的年产文量、来源期刊、基金资助、作者队伍、高产作者、研究机构、研究热点、经典文献等问题进行了系统分析。② 杨琳亦基于文献计量法，对我国边疆问题研究展开了分析，涉及论文数量、学术关注趋势、核心研究机构、核心作者、关键词共现、核心作者研究方向等内容。③ 马元喜依据中国知网数据，借助CiteSpace软件对中国边疆研究的前沿热点分布及发展趋势进行了分析。④ 张高原亦借助CiteSpace软件，依据CSSCI数据对中国边疆研究的发展脉络、前沿热点、发展趋势等方面作了统计分析。⑤

---

① 唐超：《我国边疆研究的热点与范式探析——以国家社科基金和教育部人文社科项目立项信息为对象》，《武警学院学报》2013年第5期。

② 朱尖、苗威：《中国边疆研究的文献计量分析》，《云南师范大学学报（哲学社会科学版）》2015年第1期。

③ 杨琳：《基于文献计量法的边疆问题研究》，《红河学院学报》2017年第4期。

④ 马元喜：《中国边疆研究的前沿热点分布及发展趋势分析——基于CNKI刊源（1999—2019）的文献计量统计》，《西藏民族大学学报（哲学社会科学版）》2020年第3期。

⑤ 张高原：《近年来我国边疆研究发展脉络及理论前沿——基于CSSCI（1998—2018）的知识图谱分析》，《西南民族大学学报（人文社科版）》2020年第6期。

除了以上针对边疆研究成果进行的专门数据分析，还有一些学者就某一研究方向或某一对象展开了数据分析。边疆治理研究最受关注。曹李海、李月明分析了边疆治理研究的认知谱系与深层机理。① 马琳娜基于科学文献计量视角对中国边疆治理研究的发展态势作了分析与展望。② 王齐齐基于文献计量方法对边疆治理研究进展、前沿问题作了总结与展望。③ 王家斌、荆蕙兰基于 CNKI 期刊数据，分析了我国边疆治理研究的现状、热点与趋势。④ 专业期刊所刊成果的梳理，有戴豫君、刘晖对《中国边疆史地研究》2010—2012 年载文进行的统计与评介⑤，朱尖、苗威对《中国边疆史地研究》（包括《中国边疆史地研究导报》）创刊至 2013 年所有刊载文献的全面分析⑥。边疆研究的热点和前沿问题近年来颇受关注。李大龙参考读秀学术搜索著作数据，并以中国知网检索论文为样本展开分析，其关注点主要是新时代中国边疆研究热点和前沿问题。⑦ 朱尖借助中国知网数据，以研究成果的关键词分析

---

① 曹李海、李月明：《边疆治理研究的认知谱系与深层机理探究》，《实事求是》2018 年第 2 期。

② 马琳娜：《中国边疆治理研究的发展态势分析及展望——基于科学文献计量视角》，《西藏民族大学学报（哲学社会科学版）》2020 年第 6 期。

③ 王齐齐：《边疆治理研究的文献计量考察：进展、前沿与展望》，《西藏民族大学学报（哲学社会科学版）》2021 年第 1 期。

④ 王家斌、荆蕙兰：《回顾与展望：我国边疆治理研究的现状、热点与趋势——基于 CNKI 期刊的文献计量分析》，《西南民族大学学报（人文社会科学版）》2021 年第 2 期。

⑤ 戴豫君、刘晖：《〈中国边疆史地研究〉2010—2012 年载文统计与评介》，《中国边疆史地研究》2013 年第 3 期。

⑥ 朱尖、苗威：《中国边疆史地研究现状分析——基于〈中国边疆史地研究〉（1988—2013 年）的计量统计》，《中国边疆史地研究》2015 年第 3 期。

⑦ 李大龙：《新时代边疆学研究的热点与前沿问题》，《云南师范大学学报（哲学社会科学版）》2019 年第 1 期。

为中心对中国边疆研究的学术热点、特征与边疆内涵认知问题作了探讨。[①] 此外，还有个别关于学位论文的专门研究，诸如刘洋以中国社会科学院大学（研究生院）中国边疆历史系 2010—2020 年学位论文为例，对相关学位论文的研究领域、热点问题、学术价值等特点进行了总结和展望。[②]

通过以上学术史梳理可以发现，中国边疆研究整体性回顾和总结有着一定的规律性，每五年到十年就会有学者自发性地进行系统的总结，每一次的总结相对上一次都在内容和时间跨度上进行拓展和深化，并且每一次在总结的同时都对未来进行规划和设想，使得边疆研究的学术史和学科建设不断丰富、全面。中国边疆的学术史的局部研究呈现研究纵向更加深入、研究横向不断拓展的特征，研究的内容不局限于边疆史地研究的回顾与总结，同时向相关专题研究、研究者、研究机构和学术出版物等领域拓展，多学科的分析方法也不断介入。可以说从边疆史地研究综述不断向边疆学研究综述拓展，学术史逐渐全面化、体系化。中国边疆研究学术史的整理是极为重要的，这些成果的出现不仅仅是“功在当代”，更重要的是“利在千秋”，为后学点亮了一盏明灯，指引了方向；也为相关职能部门提供了判断与决策依据。

四、研究目标和意义

本书将在产文量、知识体系、作者、学术机构、阵地、经典文献六个维度下，对我国边疆研究 40 年发展状况进行一次全方位系统的回顾，

---

① 朱尖：《中国边疆研究学术热点、特征与边疆内涵认知——以研究成果关键词分析为中心》，邢广程主编：《中国边疆学》第 13 辑，社会科学文献出版社 2020 年版，第 70～86 页。

② 刘洋：《近年来中国边疆研究学位论文的分析与展望——以中国社会科学院大学（研究生院）中国边疆历史系 2010—2020 年学位论文为例》，邢广程主编：《中国边疆学》第 13 辑，社会科学文献出版社 2020 年版，第 324～342 页。

并对新时期多学科融合视角下的边疆学学科发展提出思考，一定程度能够为边疆研究机构、研究者和潜在研究者提供一个快速了解和把握我国边疆研究现状的途径，也为相关职能部门提供判断和决策依据，对新时期“中国边疆学”学科构建起到一定助推作用。

本书在数据分析的基础上，对当前中国边疆研究进展作了总结，并从中国边疆研究的重要性和时代重任、人才和学术机构在边疆研究中的重要作用、牢牢把握我国边疆研究话语权的重要性、坚持边疆史地研究的基础地位同时要积极开展历史与现状的融合性研究、明确中国边疆学研究对象和知识体系、中国边疆学学科归属等方面对未来中国边疆研究进展作了思考。尤其探讨了新文科背景下的中国边疆学发展问题，指出中国边疆学与新文科之间的耦合关系，并对新文科背景下中国边疆学人才培养路径和学科发展作了思考。相关学术总结和理论思考，尤其对新文科等学科融合背景下的中国边疆学学科发展探讨，将有助于中国边疆研究方面的人才培养和研究的深化。而中国边疆研究成果数据分析的几个问题的探讨，则有助于相关边疆问题研究成果数据分析的准确性和完善化。

本书主要以目前主流的数据库为样本来源，运用相关软件和数据处理工具，在文献计量学理论框架下，进行计量统计与分析，将各种定性的文字通过量化指标得以彰显。研究方法和数据库本身相对客观、科学，所以基于此得出的数据以及基于数据的分析也是相对客观、科学的，能够较为准确地把握目前我国边疆研究以及学科建设的整体状况和发展趋势。① 基于此，本书也是中国边疆研究的一次跨学科研究尝试，文献计量学应用到人文社科领域的时间还不长，目前的研究成果并不多，运用到中国边疆研究统计整理方面的成果更是鲜有出现。本书将是一次尝试，为当代中国边疆研究的研究（研究史）拓展全新的视角。

---

① 需要指出的是，本书的撰写并未完全依托文献计量学方法和工具，鉴于中国边疆研究的复杂性，在具体分析时进行了主观判断，目的是追求更大程度的准确性。

第二章

中国边疆研究成果产出与特征

改革开放以来的中国边疆研究取得长足发展，有学者称之为“四十年实践”① 期，这一时期我国的边疆研究成果大量产出并基本呈不断增长趋势。这里主要从中国边疆研究整体和区域方向产文、中国陆地省区边疆主题研究产文两个方面，对改革开放以来我国边疆研究的产文量变化情况进行系统统计分析。

本章的统计分析，主要依托中国知网全文献数据库，基于较为宏观的思路和处理原则，得出的数据主要是反映一种趋势。首先，依据中国知网，在高级检索中，选择“文献”，进行“主题”检索，检索范围包括期刊文献、学位论文、报纸文献、辑刊文献和会议文献五种类型，时间选定 1979 年 1 月 1 日至 2018 年 12 月 31 日，更新时间不限，勾选同义词扩展。其次，节选了两个方面的关键词进行检索，一是整体的边疆研究，包括边疆核心关键词、陆地边疆不同区域和海疆研究；二是具体陆地边疆省区的研究。再次，将检索的文献样本借助于 EXCEL 办公软件，进行处理生成曲线图。最后，对这些文献的学科分类、关键词和文献类型进行总结梳理，并根据各自特征作分析说明。在产文量趋势、类别统计分析的基

---

① 马大正：《中国边疆学构筑是当代中国学人的历史担当》，《云南师范大学学报（哲学社会科学版）》2019 年第 1 期。

础上，进一步对这一阶段中国边疆研究产文量所呈现的特征进行总结。

一、中国边疆研究整体问题和区域方向产文统计分析

中国边疆研究整体问题和区域研究产文主要是依据上文的检索标准，分别以“边疆”“疆域”“治边”“东北边疆”“北部边疆”“西北边疆”“西南边疆”“海疆”为主题检索词①，鉴于主题检索指的是无论是直接研究还是相关研究，涉及该主题的文献都会被收录，涵盖的文献范围最大，囊括了“关键词”和“题名”检索范围，故以此标准能够在宏观上了解我国边疆研究的大致趋势。当然，主题检索也存在一定的缺陷：一方面，主题检索不同领域存在一定的重复性，比如“边疆”主题检索，涵盖范围大，一定程度囊括区域边疆的文献内容；另一方面，主题检索涵盖范围广，会涉及一些其他主题交叉的研究，比如民族问题研究会和边疆有着很大主题关联性。

（一）“边疆”主题检索

“边疆”主题是中国边疆研究最核心的主题检索内容，主要是研究文献中涉及边疆问题的所有文献，其涵盖范围是最广的。通过上文的检索标准，对中国知网中“边疆”主题文献产出量检索整理结果如下图（二—图 1）。

“边疆”主题检索共涉及文献 16421 篇。从图 1 曲线图可以发现，“边疆”主题检索文献在改革开放以来虽然整体呈现增长的趋势，但也有其阶段性特点。具体可以新世纪（21 世纪）作为分水岭，在此前，年最高文献量未超过 200 篇，平均年度文献量约百篇，但在此后则突飞猛进，上升速度极高，2015 年达到年产文量峰值 1406 篇，随后虽有所回落，但基本处于高位水平，当然近年的回落可能跟数据延迟存在一定

① “沿边”“边界”“周边”也是重要的主题检索词，鉴于当前成果数量不具代表性，暂不作统计分析。

的关系。从学科发展的角度看，进入新世纪，尤其是近十年时间，边疆研究呈现极为繁荣的景象。

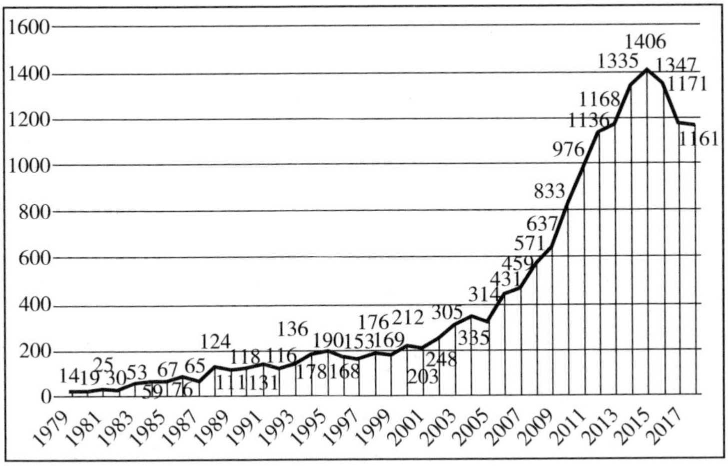

二—图 1　中国边疆研究“边疆”主题文献产文量曲线图

“边疆”主题检索期刊类型是文献最主要来源，文献量达到 12873 篇；学位论文次之，文献量达到 1850 篇，其中硕士 1344 篇、博士 506 篇；报纸文献 581 篇；越来越多的学术辑刊成为边疆研究的重要学术阵地，文献量达到 562 篇；会议论文达到 555 篇，以国内会议为主，有 492 篇，国际会议有 63 篇。①

“边疆”主题检索文献涉及的学科类型近 20 种，通过梳理发现，相对靠前的学科主要有：历史（3652 篇）、民族（2053 篇）、公共管理（1740 篇）、教育（1507 篇）、政治（1322 篇）、区域经济（539 篇）、农业经济（537 篇）、军事（418 篇）、文学（361 篇）、新闻传播（341

① 需要指出的是，此组数据是单独根据不同文献类型的再检索，各类型文献数相加高于“边疆”主题检索总文献量，原因可能是单独检索时数据有所增加，但整体增加量不大。下文相应主题检索也不同程度存在这种情况，不再一一说明。

篇）、理论经济学（333 篇）、社会（328 篇）、文化（315 篇）、法学（273 篇）、国民经济（239 篇）等。

“边疆”主题检索文献涉及的高频关键词有：边疆（681 次）、边疆民族地区（615 次）、边疆地区（298 次）、云南（269 次）、少数民族（268 次）、边疆治理（246 次）、清代（227 次）、对策（206 次）、民族地区（206 次）、新疆（189 次）、西南边疆（170 次）、国家认同（132 次）、民国时期（125 次）、边疆少数民族地区（113 次）、发展（104 次）等。需要特别说明的是，除了主题关键词“边疆”，“边疆”主题检索文献，最核心关注的问题是边疆民族地区，核心关注时段集中在清代和民国时期，核心的关注省区是云南和新疆。

（二）“疆域”主题检索

边疆依附疆域而存在，所以疆域问题是边疆研究的基础，基本上所有疆域研究都不同程度与边疆关联。故“疆域”问题研究属于边疆研究的重要组成部分。通过上文相关标准，对中国知网中“疆域”主题文献产出量检索整理结果如下图（二—图 2）。

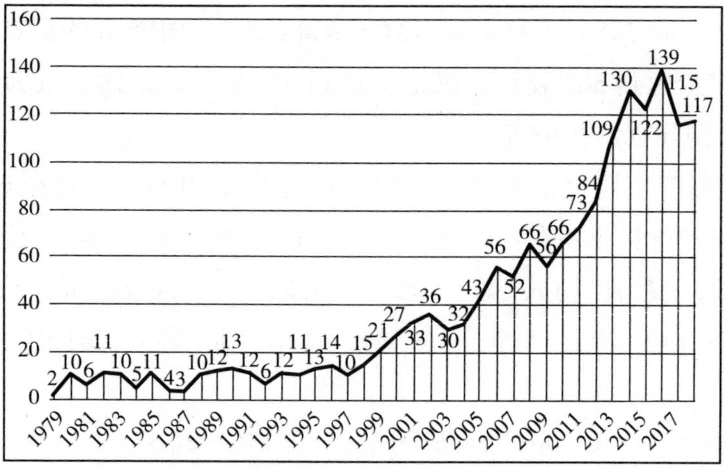

二—图 2　中国边疆研究“疆域”主题文献产文量曲线图

“疆域”主题检索共涉及文献 1597 篇。从图 2 曲线图可以发现，“疆域”主题检索文献增长的趋势与上文“边疆”主题文献类似，只是文献总量是其十分之一的水平。21 世纪以前，年最高文献量未超过 20 篇，平均年度文献量约 10 篇，新世纪以来则快速增长，2016 年达到年产文量峰值 139 篇，随后基本处于高位水平。

“疆域”主题检索期刊文献占比最大，文献量达到 1203 篇；学位论文其次，文献量为 225 篇，其中硕士 127 篇、博士 98 篇；报纸文献 66 篇；学术辑刊文献量为 57 篇；会议文献 45 篇，其中国内会议 37 篇、国际会议 8 篇。可以看出“疆域”研究问题在人才培养方面博士占比较大，整体层次较高。

“疆域”主题检索文献涉及的学科类型 10 余种，相对靠前的学科主要有：历史（584 篇）、民族（112 篇）、地理（102 篇）、教育（97 篇）、政治（90 篇）、公共管理（58 篇）、新闻传播（37 篇）、法学（36 篇）、考古（31 篇）、军事（20 篇）、商业经济（17 篇）等。

“疆域”主题检索文献涉及的高频关键词有：疆域（123 次）、边疆治理（26 次）、中国（23 次）、边疆（23 次）、中国疆域（19 次）、政区（15 次）、清代（14 次）、疆域空间（13 次）、变迁（12 次）、国家疆域（11 次）、高句丽（11 次）、中华民族（10 次）、民族国家（10 次）、民族（9 次）、中国边疆学（9 次）等。需要特别指出的是，“疆域”主题检索文献最核心关注的问题是边疆治理，核心关注时段是清代，高句丽作为古代的边疆民族和民族政权，成为疆域问题研究最为关注的边疆政权。

（三）“治边”主题检索

边疆研究的根本问题在于总结历史上的治边经验，为今天的边疆治理能力与治理体系现代化提供借鉴，从而实现边疆的有效治理和边疆的稳定与发展。习近平总书记明确指出“治国必治边”，显然治边是国家治理的重要组成部分。“治边”问题研究算得上是边疆研究的最直接问题之一。对中国知网中“治边”主题文献产出量检索整理结果如下图（二—图 3）。

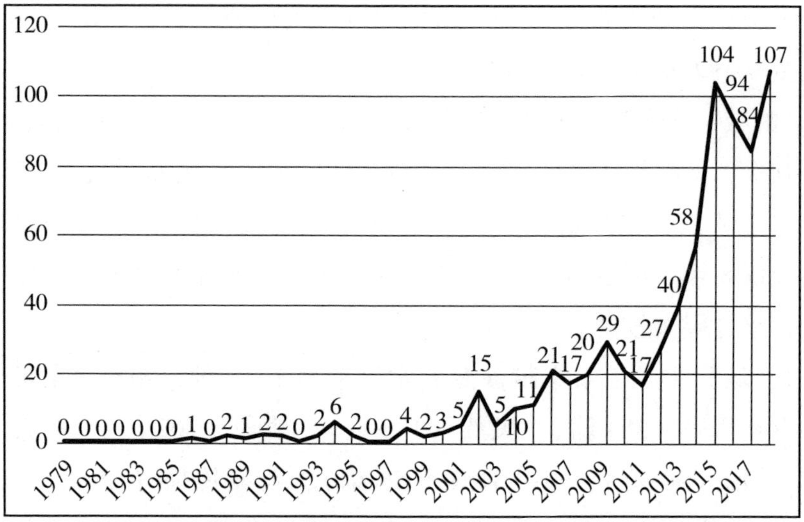

二—图 3　中国边疆研究“治边”主题文献产文量曲线图

“治边”主题检索共涉及文献 712 篇，由于边疆和疆域以及区域边疆等问题都不同程度涉及治边的探讨，所以“治边”主题检索文献量并不大。从图 3 曲线图可以发现，“治边”主题文献在 2013 年之前都处于低位徘徊，此后进入了快速增长期，一跃从 20 篇上下增至百余篇。之所以出现这一情况，有着极为特殊的背景。2013 年 3 月 9 日，习近平总书记在参加十二届全国人大一次会议西藏代表团审议时，首次明确提出了“治国必治边、治边先稳藏”的重要战略思想，这一战略思想不仅对推进西藏稳定与发展具有重要的指导意义，对我国新时期的边疆治理也有极强的指导作用。习总书记这一治边稳藏战略思想提出之后，引起学界巨大反响，成为学术热点课题。随之，各大报刊刊发了一大批治边研究成果，极大地促进了边疆研究的深入。党的十九大报告再次强调了边疆问题的重要性："加大力度支持革命老区、民族地区、边疆地区、贫困地区加快发展，强化举措推进西部大开发形成新格局，深化改革加快东北等老工业基地振兴，发挥优势推动中部地区崛起，创新引领率先实现东部地区优化发展，建立更加有效的区域协调发展新机制。……加快边疆发展，确保边疆巩固、边境安全。坚持陆海统筹，加快建设海洋强国。"① 又进一步为新时代的中国边疆发展、治理提出了新要求。所以，自 2013 年以来"治边"问题研究成为边疆研究的重要热点和亮点。相信在未来的发展中，"治边"问题研究依然会被学界持续关注。

"治边"主题检索期刊文献量最多达到 430 篇；其次是报纸文献为 152 篇；学位论文 103 篇，其中硕士 79 篇、博士 24 篇；学术辑刊文献量为 18 篇；会议文献 9 篇，其中国内会议 8 篇、国际会议 1 篇。可以发现"治边"主题检索文献除了期刊，报纸文献占比较大，这与其他主题检索文献量特点稍显不同，主要原因正是上文笔者分析的习总书记的治边思想的提出和影响，使近年报纸理论版块大量登载了有关治边问题的评论。

"治边"主题检索文献涉及的学科类型 10 余种，相对靠前的学科主要有：历史（287 篇）、民族（113 篇）、公共管理（109 篇）、政治（76 篇）、军事（25 篇）、法学（21 篇）、公安（9 篇）、教育（8 篇）、理论经济学（7 篇）等。

"治边"主题检索文献涉及的高频关键词有：边疆治理（33 次）、治边思想（30 次）、治边（28 次）、治边方略（19 次）、治边政策（15 次）、治理（15 次）、清代（15 次）、西藏（12 次）、云南（9 次）、中

---

① 习近平：《决胜全面建成小康社会　夺取新时代中国特色社会主义伟大胜利——在中国共产党第十九次全国代表大会上所作的报告》，人民出版社 2017 年版，第 32~33 页。

原王朝（9次）、清朝（8次）、明朝（8次）、松筠（8次）、边政（8次）等。可以发现，除了检索核心词，治边研究的核心问题为治边思想和策略问题。李大龙先生在《新时代边疆学研究的热点与前沿问题》一文中，在通过数据分析新时代边疆研究热点问题的基础上，总结了中国边疆研究的前沿问题，其中特别强调了“治边思想的形成与发展”是当前边疆研究的前沿问题之一，指出“历代治边思想及实践内容宏富，历来是边疆研究前沿和重点，其中的很多思想和实践活动依然需要总结，这不仅是当前我国边疆治理现代化的迫切需要，更是边疆研究学科发展的需要”①。这表明了新时期治边思想研究的重要意义，也一定程度印证了学术发展趋势。此外，治边研究核心关注的时代是清代和明代，核心关注省区为西藏和云南。治边研究中特别突出了一个人物——松筠，其为清朝乾隆、嘉庆、道光时期的一位蒙古族大臣，担任过军机大臣和多部尚书，先后任库伦办事大臣、驻藏大臣等职，两度出任伊犁将军，曾总督陕甘、湖广、两江、两广、直隶，他一生的大部分时间在边疆度过，有着丰富的治理边疆的经验，是清朝的治边名臣，对当时的边疆稳定与发展做出过积极的贡献②，成为治边研究关注的重要人物。

（四）“东北边疆”主题检索

“东北边疆”主题检索，指的是文献中涉及东北边疆主题的研究问题，主要是我国东北边疆主题的历史与现状研究。东北边疆是我国东北区域研究的重要课题，涉及历史时期的东北边疆治理，当今的东北边疆开发开放、乡村振兴、民族问题、社会问题，以及东北亚区域合作等。对中国知网中“东北边疆”主题文献产出量检索整理结果如下图（二—图4）。

---

① 李大龙：《新时代边疆学研究的热点与前沿问题》，《云南师范大学学报（哲学社会科学版）》2019年第1期。

② 牛小燕：《论治边名臣松筠》，中央民族大学博士学位论文，2006年。

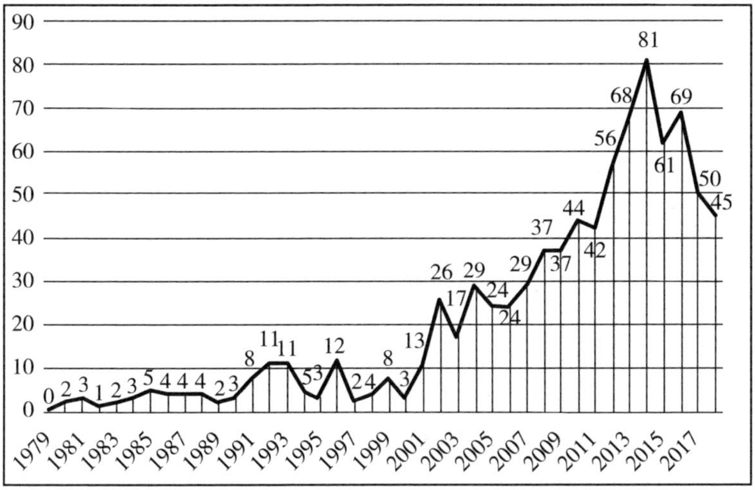

二—图4　中国边疆研究“东北边疆”主题文献产文量曲线图

“东北边疆”主题检索共涉及文献851篇。从图4曲线图可以发现，“东北边疆”主题文献在2001年之前都处于低位徘徊，年均不到10篇，2001年之后研究文献虽有所增加，但也在低位徘徊，真正出现快速增长的时段是2011年之后，自2014年起，又有所回落。整体看，“东北边疆”主题文献产文量处于上升的趋势，但相对不稳定。

“东北边疆”主题检索期刊文献量最大，达到517篇；其次是学位论文264篇，其中硕士146篇、博士118篇；学术辑刊文献量为27篇；会议文献26篇，其中国内会议18篇、国际会议8篇；报纸文献17篇。需要指出的是，东北边疆研究学位论文占比较大，且博士论文与硕士论文量差距较小，同时东北边疆研究会议文献中国际会议占比较大，一定程度表明东北边疆研究在人才培养方面层次稍高，国际交流相对活跃。

“东北边疆”主题检索文献涉及的学科类型近15种，相对靠前的学科主要有：历史（501篇）、民族（67篇）、政治（41篇）、公共管理（26篇）、文化（22篇）、地理（22篇）、理论经济（21篇）、区域经济（21篇）、考古（20篇）、教育（15篇）、国民经济（10篇）、社会（10

篇）等。这里考古学科占比较多是东北边疆研究的一个突出特征。

“东北边疆”主题检索文献涉及的高频关键词有：清代（53次）、东北（43次）、东北边疆（41次）、边疆（31次）、东北地区（22次）、边疆危机（14次）、清末（14次）、黑龙江（14次）、移民实边（13次）、清朝（12次）、唐代（10次）、中国东北（10次）、移民（10次）、明代（9次）、边疆治理（8次）等。东北边疆关注的核心时段依然是清代，此外唐代和明代也是重要时段。核心关注的领域是边疆危机和移民实边问题，核心关注的省区是黑龙江。

（五）“北部边疆”主题检索

“北部边疆”主题检索，指的是文献中涉及北部边疆或北疆主题的研究问题。横向比较看，北部边疆问题研究是所有边疆问题研究中产文量最少的领域。原因可能是历史时期的北部边疆与西北和东北密切相关，在其他主题中已经被囊括；北部边疆的现状研究涉及面相对窄，相应省区少、周边国家少，也不同程度造成研究文献较少。对中国知网中“北部边疆”主题文献产出量检索整理结果如下图（二—图5）。

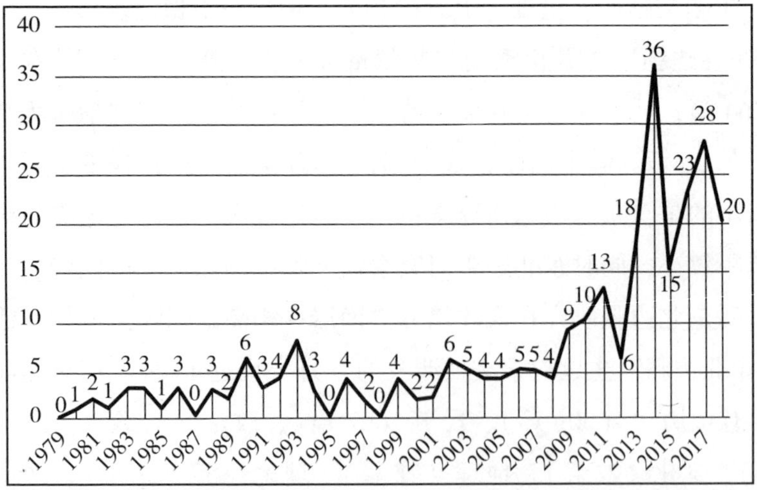

二—图5　中国边疆研究“北部边疆”主题文献产文量曲线图

“北部边疆”主题检索共涉及文献268篇。从图5曲线图可以发现，“北部边疆”研究一方面整体文献量小，另一方面长时间热度不高，真正被关注是近年的事情，但关注的持续性也不强，文献量很快回落。总之，可以认为“北部边疆”热度不够，但这并不代表北部边疆不重要，北部边疆范围辽阔，历史时期北部游牧族群和中原农耕族群之间的互动，可以说是中国历史发展的主流，也一定程度上决定着中国古代历史的轨迹走向；当今的北部边疆又是以蒙古族人口为最多的多民族聚集区，区域资源丰富，发展潜力巨大。北部与蒙古和俄罗斯接壤，是“中蒙俄”经济走廊建设的大通道区域。未来中国边疆研究的“北部边疆”视角还需加大力量。

“北部边疆”主题检索期刊文献195篇；报纸文献28篇；学位论文26篇，其中硕士16篇、博士10篇；学术辑刊文献12篇；会议文献7篇，均为国内会议。需要指出的是，北部边疆研究报纸文章相对较多，这一特征与上文“治边”主题相同，主要是近年党中央对北部边疆发展提出了一些战略，引发了一些报纸报道和评论。此外，北部边疆研究没有国际会议文献，仅从本研究的数据看，一定程度反映北部边疆研究国际交流不强。

“北部边疆”主题检索文献涉及的学科类型有15种之多，相对靠前的学科主要有：历史（76篇）、政治（32篇）、民族（25篇）、公共管理（20篇）、新闻传播（10篇）、军事（8篇）、地理（6篇）、区域经济（5篇）、考古（4篇）等。

“北部边疆”主题检索文献涉及的高频关键词有：北部边疆（25次）、明代（7次）、清代（7次）、唐朝（5次）、北魏（5次）、汉代（4次）、影响（3次）、内蒙古（3次）、中国边疆（3次）、边疆政策（3次）、边疆治理（3次）、经略（3次）、治理（3次）、因俗而治（3次）等。北部边疆关注的核心时段集中在明代和清代，但也呈现北部边疆的新特征——关注时段还有唐代、北魏和汉代，显然北部边疆关注唐代和汉代应该与同时期北部游牧政权突厥和匈奴有着密切的关系，而关注北魏主要是因为作为鲜卑人拓跋氏建立的民族政权，通过迁都改革统一北方，极大地促进了边疆民族与内地人口的融合，是边疆研究的重要个案。

（六）“西北边疆”主题检索

“西北边疆”主题检索，涉及不同历史时期西北边疆问题，西北边疆相较于其他的区域边疆存在一定的特殊性，因为历史时期西北边疆变动明显，也相对复杂，而当今并没有明确的“西北边疆”概念，多被“新疆问题”所替代。对中国知网中“西北边疆”主题文献产出量检索整理结果如下图（二—图6）。

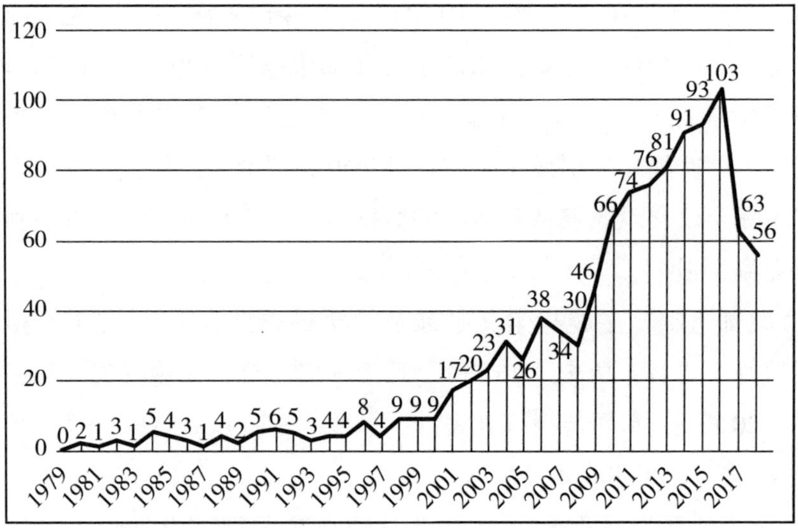

二—图6　中国边疆研究“西北边疆”主题文献产文量曲线图

“西北边疆”主题检索共涉及文献1060篇。从图6曲线图可以发现，“西北边疆”研究热度在近十年快速兴起，2016年到一个峰值，随后有所回落。一般学界探讨“西北边疆”主题时，讨论的重点集中在新疆地区，但历史时期的中国疆域是不断盈缩变化的，自然西北边疆不局限在新疆或者说西域地区。尤其是丝绸之路开辟以后，西域、中亚乃至欧洲与中原建立了密切的联系，除了西域诸民族政权，还一定程度涉及中亚乃至欧洲地区，形成了区域联动性。所以目前学界研究古代中国将视阈不断拓展至中亚和西欧地区，出现“东部欧亚”“欧亚草原”等概念。但须明确的是，扩大视野是为了研究的客观与全面，这一过程中一定要明确古代中国与东亚世界乃至东部欧亚的界限问题，要将“东部欧亚”看作一种联系网络和宏观视野，不能一味追随域外汉学理论架构，更不能陷入其中。所以在新时期“陆上丝绸之路”倡议的背景下，应该进一步强化西北边疆问题的研究。

“西北边疆”主题检索期刊文献 585 篇；学位论文 401 篇，其中硕士 220 篇、博士 181 篇；学术辑刊文献 43 篇；会议文献 24 篇，其中国内会议 18 篇、国际会议 6 篇；报纸文献 8 篇。需要指出的是，“西北边疆”研究学位论文占比较大，其中博士论文与硕士论文相比差距较小，表明西北边疆研究人才培养数量大、层次高。

“西北边疆”主题检索文献涉及的学科类型近 20 种，相对靠前的学科主要有：历史（618 篇）、民族（101 篇）、政治（87 篇）、公共管理（57 篇）、地理（43 篇）、教育（42 篇）、新闻传播（23 篇）、理论经济学（23 篇）、区域经济（19 篇）、军事（16 篇）、考古（13 篇）、社会（13 篇）等。

“西北边疆”主题检索文献涉及的高频关键词有：西北边疆（70 次）、边疆（51 次）、新疆（50 次）、清代（45 次）、西北（44 次）、民国时期（27 次）、西北开发（19 次）、民族关系（17 次）、边疆安全（17 次）、南京国民政府（17 次）、民国（16 次）、民族政策（15 次）、近代（14 次）、晚清（12 次）、研究（12 次）等。“西北边疆”关注的核心时段高度集中在清代和民国时期，“西北边疆”主题出现“边疆安全”高频关键词，这表明西北边疆问题的特殊性和复杂性。

（七）“西南边疆”主题检索

“西南边疆”主题检索文献，主要内容是西南边疆（大致是今天的云南、贵州、四川、广西等省区）的历史与现状问题，涉及面较广。对中国知网中“西南边疆”主题文献产出量检索整理结果如下图（二—图7）。

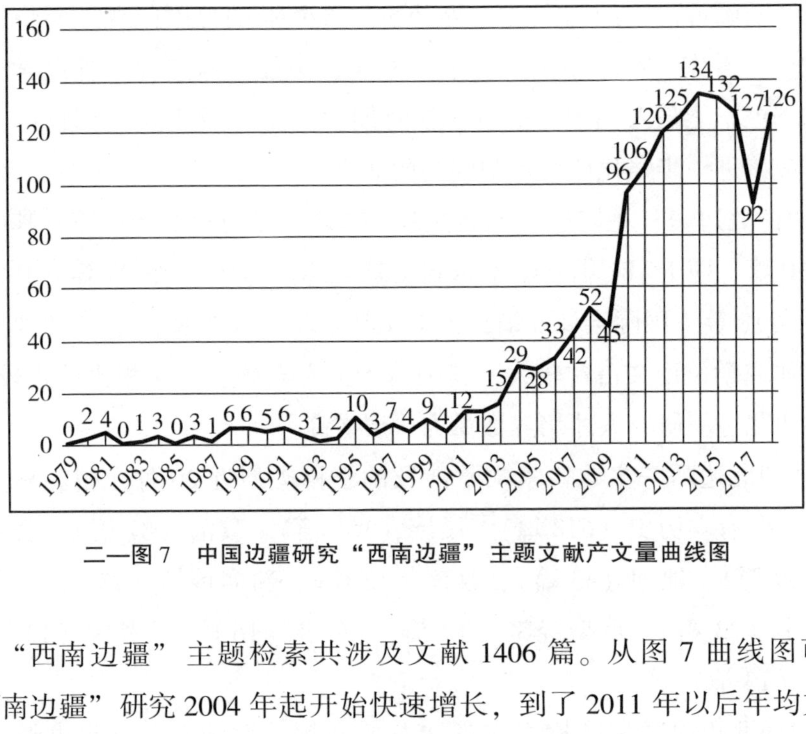

二—图7　中国边疆研究“西南边疆”主题文献产文量曲线图

“西南边疆”主题检索共涉及文献1406篇。从图7曲线图可知“西南边疆”研究2004年起开始快速增长，到了2011年以后年均文献产出量都在百篇以上，虽然在2017年有所波动，但整体处于高位水平，成为目前区域边疆研究的重要热点领域。西部边疆涉及的区域范围广，使得西南边疆与其他几个区域相比研究文献较多。这一情况与西南地区高校和研究机构众多也密不可分。

“西南边疆”主题检索文献来源包括期刊、学位论文、辑刊、报纸和会议5种类型。其中期刊文献916篇；学位论文342篇，其中硕士

196 篇、博士 146 篇；学术辑刊文献 85 篇；会议文献 47 篇，其中国内会议 43 篇、国际会议 4 篇；报纸文献 16 篇。

“西南边疆”主题检索文献涉及的学科类型近 20 种，相对靠前的学科主要有：历史（586 篇）、民族（244 篇）、政治（105 篇）、教育（104 篇）、公共管理（99 篇）、农业经济（49 篇）、社会（43 篇）、区域经济（41 篇）、理论经济（36 篇）、语言（27 篇）、宗教（24 篇）、地理（22 篇）、文化（19 篇）等。

“西南边疆”主题检索文献涉及的高频关键词有：西南边疆（168 次）、云南（70 次）、边疆（46 次）、西南边疆民族地区（32 次）、明代（31 次）、少数民族（31 次）、清代（27 次）、西南（26 次）、土司制度（25 次）、边疆治理（23 次）、影响（23 次）、民国时期（23 次）、抗战时期（22 次）、西南地区（22 次）、边疆民族地区（20 次）。“西南边疆”研究关注的核心省区是云南省，核心时段高度集中在明代和清代，这与当时的边疆政策“土司制度”的实行和“改土归流”有着密切的关系，所以“土司制度”也是西南边疆研究高度关注的边疆治理政策。此外，民国时期特别是抗战时期的西南边疆问题也是关注的焦点。

（八）“海疆”主题检索

“海疆”主题检索文献，与陆地边疆对应，主要内容是我国海洋边疆研究的文献。海疆问题相对复杂，涉及的内容和学科多样，比较突出的问题是中国历代的海洋认知、海疆治理，也包括古今的海洋开发和海权维护等问题。无论是历史学、政治学、法学，还是经济学等学科，都有海疆问题的研究。但是此处的海疆主题检索涉及面相对较窄，一些关于“钓鱼岛”“南海”的维权和开发文献并没有涵盖进来。由于涉及学科的复杂性，一些文献很难区分，不应该都纳入海疆文献范畴。当然，为了更为清楚相关研究的情况和趋势，这里节选了“钓鱼岛”问题的研究情况进行辅助说明。对中国知网中“海疆”主题文献产出量检索整理结果如下图（二—图 8）。

“海疆”主题检索共涉及文献 967 篇。从图 8 曲线图可知海疆文献在近 10 年出现了快速增长的趋势，随后有所回落，波动较大。从曲线图看，海疆研究呈现阶段性波动，这应该是与相关海洋争端有着密切关系的，在文献快速增长的几年里，基本都有南海和钓鱼岛问题凸显的背景。这一特征在下文钓鱼岛研究文献产出量变化现象中更为突出。

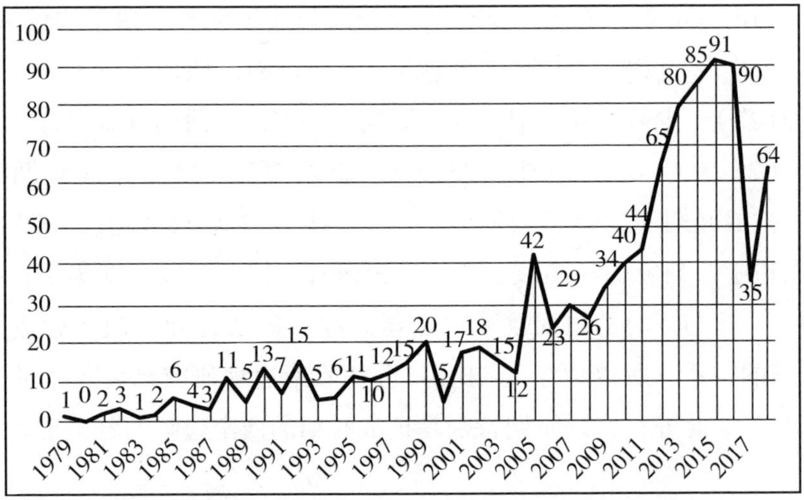

二—图 8　中国边疆研究“海疆”主题文献产文量曲线图

“海疆”主题检索期刊文献 771 篇；学位论文 84 篇，其中硕士 56 篇、博士 28 篇；报纸文献 54 篇；会议文献 28 篇，其中国内会议 22 篇、国际会议 6 篇；学术辑刊文献 30 篇。

“海疆”主题检索文献涉及的学科类型约 20 种，相对靠前的学科主要有：历史（274 篇）、军事（98 篇）、政治（70 篇）、海洋（40 篇）、法学（33 篇）、农业经济（33 篇）、地理（27 篇）、文化（19 篇）、教育（18 篇）、图书情报档案（18 篇）、交通运输经济（17 篇）等。与陆地边疆不同的是，海疆研究在学科领域方面有着自身的特点。

除了历史学科，海疆研究重点涉及学科是军事、法学等，这主要是因为很多学者从国防和国际法角度展开研究去捍卫国家海疆权益。此外，海疆研究有一些比较特殊的学科领域，比如农业经济和图书情报档案学科，主要是绿色海疆、海洋渔业、海疆历史文献资料、海疆数据库、海疆万里数字文化长廊等相关问题的研究。

“海疆”主题检索文献涉及的高频关键词有：海防（30次）、海疆（22次）、清代（15次）、海权（13次）、海疆史（11次）、南海（10次）、海疆史料（10次）、明代（9次）、边疆（9次）、山东（9次）、明清（8次）、海洋（8次）、台湾（8次）、晚清（7次）、海疆地区（7次）等。“海疆”高度关注的问题是海防，已经超越了检索关键词的频率；核心关注的时段集中在清代和明代；关注的核心省区是山东和台湾；海疆史和海疆史料是海疆研究的重要内容，这与上文学科中涉及海疆历史文献资料相呼应，一定程度表明海疆研究中文献资料的重要性。

为了更好地佐证海疆相关研究的情况，下文笔者对海疆研究领域中较为重要的“钓鱼岛”问题研究文献进行了梳理（见二—图9）。

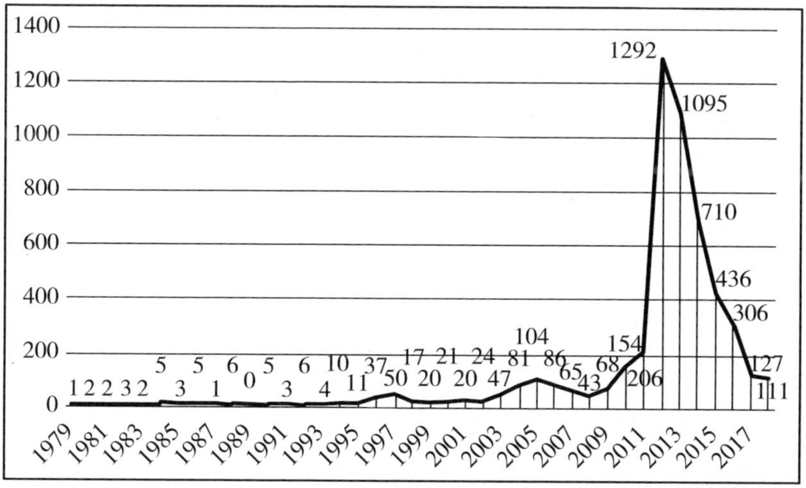

二—图9　“钓鱼岛”主题文献产文量曲线图

可以发现，同阶段以“钓鱼岛”为主题的文献量高达5189篇。整体看，在2011年之前文献量都处在较低的水平，自2012年起出现了井喷式的增长，随后则很快回到较低的水平。这清楚地表明钓鱼岛问题研究有着极大的偶然性，跟时政有着密切的关系。所以“钓鱼岛”问题涉及的政治学学科文献最多，达到2378篇。

二、中国陆地省区边疆主题研究产文统计分析

中国陆地省区边疆主题文献，主要指的是中国陆地边疆九省区的边疆主题研究文献。鉴于边疆研究在边疆省区相关研究中很难区分，如果以“＊＊省（区）边疆”为关键词检索，则涉及文献量极少。这里笔者采取了主题检索为“边疆”并且在第二主题检索中依次输入边疆省区关键词的方法进行检索，这样涵盖面相对较大，同时检索文献的研究主题依然聚焦在边疆上。当然这种检索方式是存在缺陷的，诸如涉及边疆地区的具体研究尤其是个案研究，有可能不被收录。好在这里是对趋势的统计，是从宏观上对边疆省区边疆研究问题做一种直观了解。笔者将从东北边疆省区开始，采取逆时针的顺序，将逐个省区情况进行说明。需要指出的是，从边疆涉及的领域看，边疆省区不局限于陆地九省区，还应包括海南、香港、澳门和台湾等省区，鉴于以后者为对象进行的边疆主题研究文献量不多，这里并未列入，而是以陆地九省区为个案。陆地九省区不同地区也有其特殊性，比如辽宁、甘肃和广西三省区，虽然甘肃是边疆省份，但边界线较短，有些时候不将其完全纳入边疆省区讨论之中；而辽宁和广西涉及陆海两个方面，同时其发展水平相对较高，显得其具备的“边疆性”并不明显。考虑到陆地边疆九省区的一致性和整体性，这里均纳入讨论。

（一）“黑龙江”边疆主题检索

“黑龙江”边疆主题检索共有文献590篇，年均近15篇，文献量整体较小。从产文量曲线（二—图10）看，基本呈上升趋势，但波动较

大，2012 年至 2016 年的 5 年间处于高位水平，近年来下降明显。

“黑龙江”边疆主题检索期刊文献 405 篇；学位论文 135 篇，其中硕士 86 篇、博士 49 篇；会议文献 24 篇，其中国内会议 20 篇、国际会议 4 篇；报纸文献 17 篇；学术辑刊文献 9 篇。

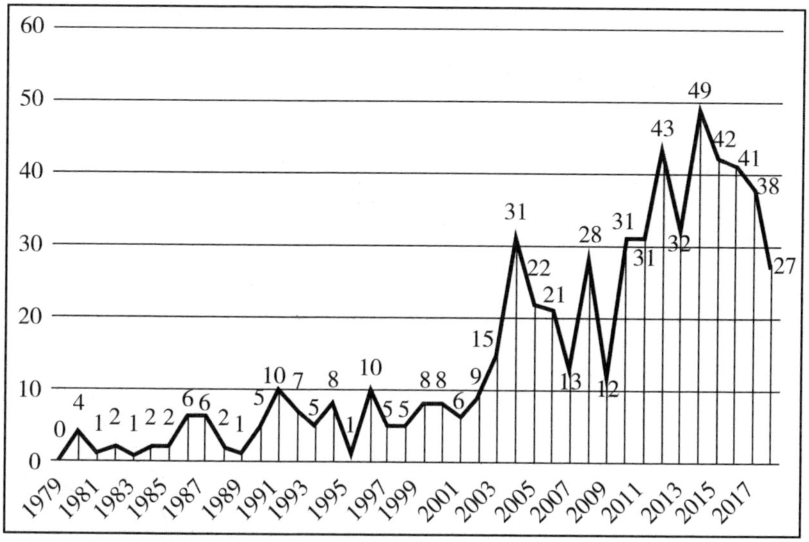

二—图 10　“黑龙江”边疆主题文献产文量曲线图

“黑龙江”边疆主题检索文献涉及相对靠前的学科主要有：历史（213 篇）、民族（32 篇）、文化（30 篇）、农业经济（26 篇）、政治（26 篇）、区域经济（22 篇）、国际贸易（20 篇）、理论经济（17 篇）、教育（17 篇）、新闻传播（14 篇）、公共管理（14 篇）、旅游经济（13 篇）、国民经济（12 篇）、地理（12 篇）等。从涉及学科看，黑龙江边疆研究除了一般的特征，其农业经济和国际贸易学科尤为突出，这与黑龙江农垦和农业大省以及对俄贸易是分不开的。此外，旅游经济学科是黑龙江边疆研究发展较快的学科。

“黑龙江”边疆主题检索文献涉及的高频关键词有：清代（38

次）、黑龙江（24 次）、东北（17 次）、黑龙江省（15 次）、边疆（11 次）、黑龙江流域（10 次）、东北地区（10 次）、俄罗斯（10 次）、东北边疆（9 次）、清末（8 次）、移民实边（8 次）、开发（7 次）、清末民初（7 次）、清朝（7 次）、边疆文化（6 次）等。“黑龙江”边疆研究高度关注时段是清代，集中在清末，这与清末东北的边疆危机密不可分。此外，黑龙江边疆研究关注的热点在移民实边和边疆开发方面。

（二）“吉林”边疆主题检索

“吉林”边疆主题检索共有文献 320 篇，年均不到 10 篇，文献量较小。从产文量曲线（二—图 11）看，整体呈上升趋势，前期产文量处于较低水平，近 10 年产文量上升明显。

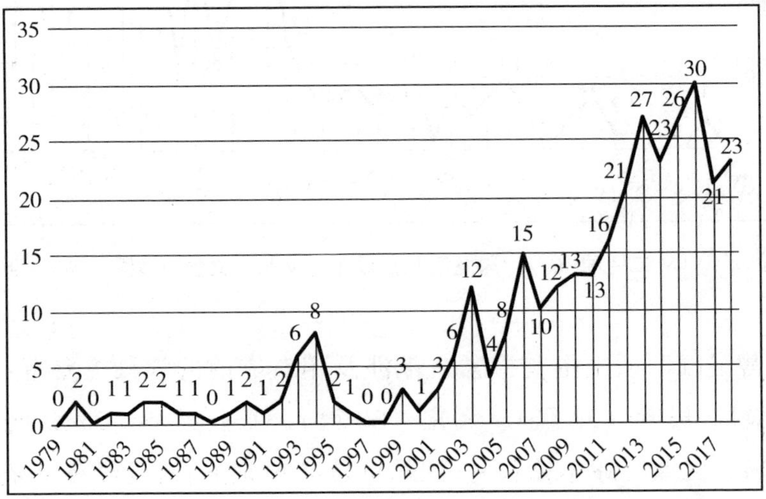

二—图 11 “吉林”边疆主题文献产文量曲线图

“吉林”边疆主题检索期刊文献 168 篇；学位论文 112 篇，其中硕士 59 篇、博士 53 篇；学术辑刊文献 26 篇；报纸文献 9 篇；会议文献 5 篇，其中国内会议 3 篇、国际会议 2 篇。学位论文占比较大，且博士论文篇数较多。

“吉林”边疆主题检索文献涉及相对靠前的学科主要有：历史（153篇）、考古（43篇）、民族（16篇）、区域经济（10篇）、政治（9篇）、教育（7篇）、地理（7篇）、理论经济（7篇）、生物（6篇）、公共管理（6篇）、图书情报档案（6篇）、文化（5篇）等。从涉及学科看，吉林边疆研究除了一般性特征，其考古和生物学科尤为突出，这一情况主要是源于吉林大学边疆考古研究中心在边疆考古研究和人才培养方面做出的卓越贡献。该中心下设史前考古研究室、历史考古研究室、人类学研究室、考古DNA实验室4个子机构，所以涉及生物学科。

“吉林”边疆主题检索文献涉及的高频关键词有：清代（30次）、东北（15次）、东北地区（12次）、清末（11次）、移民实边（7次）、边疆危机（7次）、边疆（5次）、分子考古学（5次）、吉林省（5次）、八旗驻防（5次）、移民（5次）、东北新政（5次）、晚清（4次）、社会变迁（4次）等。可以看出与“黑龙江”边疆主题相似，吉林边疆研究高度关注时段集中在清代，尤其是清末；吉林边疆研究热点直接凸显在移民实边、边疆危机、东北新政等方面，清末的东北边疆危机与边疆治理问题是吉林边疆研究的重点。此外，分子考古学的高频出现与吉林大学边疆考古研究中心研究成果密不可分。

（三）“辽宁”边疆主题检索

“辽宁”边疆主题检索共有文献72篇，东三省中文献量最小，这也是为什么前文笔者专门提到辽宁省“边疆性”不强的原因。历史时期辽宁这一区域多设置郡县等行政机构直接管辖，很多时候并不是严格意义上的边疆区域，近代至今辽宁地区发展水平相对较高。虽然近年存在东北老工业基地衰落、东北经济发展落后的情况，但辽宁依然是东北发展的领头羊。从产文量曲线（二—图12）看，辽宁边疆问题研究基本不具典型性，也没有规律性可言，基本是波动状态。

“辽宁”边疆主题检索学位论文35篇，其中博士23篇、硕士12篇；

期刊文献 24 篇；学术辑刊文献 8 篇；会议文献 4 篇，其中国内会议 3 篇、国际会议 1 篇；报纸文献 1 篇。学位论文占比最大，且博士学位论文篇数多于硕士学位论文，这是与其他主题所不同的。这一定程度反映出辽宁边疆问题的不具代表性，因为学位论文涉及面广，所以相关文献量较大。

“辽宁”边疆主题检索文献涉及相对靠前的学科主要有：历史（28 篇）、考古（16 篇）、民族（6 篇）、政治（5 篇）、公共管理（3 篇）等。历史和考古学科占据主流。

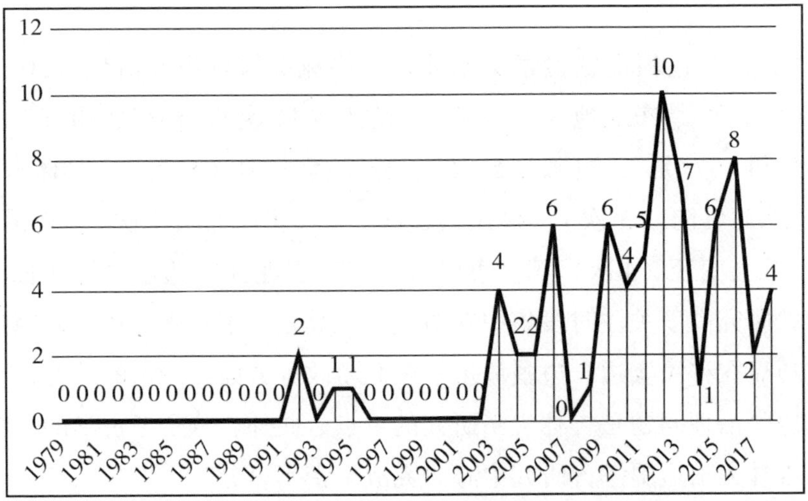

二—图 12 “辽宁”边疆主题文献产文量曲线图

“辽宁”边疆主题检索文献涉及的高频关键词有：清代（9 次）、辽西地区（5 次）、满文档案（4 次）、边疆（4 次）、安东都护府（3 次）、隋唐时期（3 次）、东北地区（3 次）、东北（2 次）、体质人类学（2 次）等。可以看出，“辽宁”边疆主题关注时段也集中在清代，但又有其自身的突出特征，即关注唐代的边疆经略，这从“安东都护府”和“隋唐时期”高频出现可以看出，这与隋唐时期东北边疆治理应该有密切的关系。

（四）“内蒙古”边疆主题检索

“内蒙古”边疆主题检索共有文献583篇，年均约15篇。从产文量曲线（二—图13）看，整体呈上升趋势，前期产文量处于较低水平，从2006年起至今呈现快速上升的趋势，近两年产文量有所下降。

“内蒙古”边疆主题检索期刊文献344篇；学位论文175篇，其中硕士101篇、博士74篇；报纸文献32篇；学术辑刊文献19篇；会议文献13篇，其中国内会议12篇、国际会议1篇。

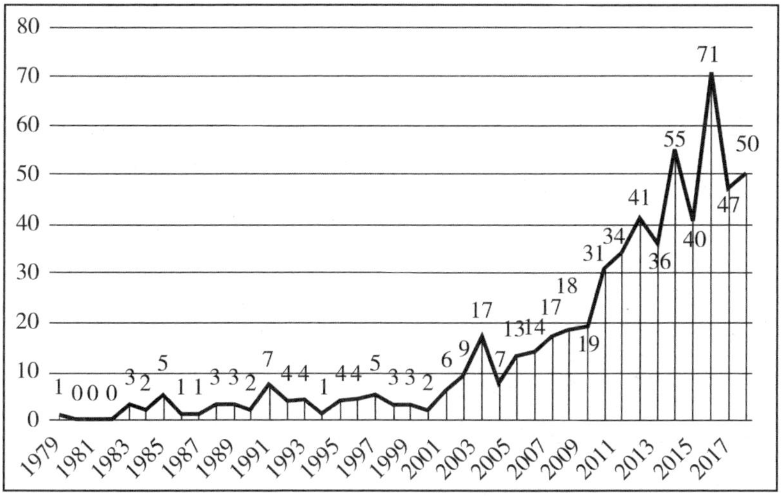

二—图13　“内蒙古”边疆主题文献产文量曲线图

“内蒙古”边疆主题检索文献涉及相对靠前的学科主要有：历史（119篇）、民族（68篇）、公共管理（58篇）、政治（47篇）、教育（38篇）、区域经济（37篇）、考古（32篇）、军事（19篇）、新闻传播（16篇）、农业经济（15篇）、公安（14篇）、工业经济（13篇）、国民经济（9篇）、地理（9篇）、国际贸易（8篇）等。

“内蒙古”边疆主题检索文献涉及的高频关键词有：内蒙古（31次）、边疆民族地区（17次）、边疆少数民族地区（13次）、少数民族

(13次)、清代（12次)、边疆（11次)、民族地区（8次)、内蒙古地区（8次)、中国共产党（6次)、移民（5次)、民族政策（5次)、影响（5次)、民族问题（5次)、南京国民政府（5次)、资源开发（5次）等。可以看出内蒙古边疆研究高度关注时段是清代，民族问题是内蒙古边疆研究的核心内容。2019年7月15日至16日，习近平总书记在考察内蒙古自治区时指出："内蒙古地处祖国北部边疆，自然和生态资源十分丰富，民族文化多姿多彩，发展潜力巨大，战略地位重要。要深刻认识内蒙古是我国北方重要生态安全屏障，是祖国北部边疆安全稳定屏障，是我国重要的农畜产品生产基地和粮食主产省区，是我国重要能源和战略资源基地，是我国向北开放重要桥头堡，是我国民族区域自治制度的发源地，是模范自治区，在党和国家事业发展全局中具有重要地位。"① 总书记对内蒙古的定位，明确了新时代内蒙古的北部边疆战略地位，也为未来内蒙古的发展指明了方向。相信未来内蒙古北部边疆问题研究定会进一步深化发展。

（五）"甘肃"边疆主题检索

"甘肃"边疆主题检索共有文献187篇，文献量较小。从产文量曲线（二—图14）看，2016年之前整体呈上升趋势，前期产文量处于较低水平，近两年产文量有所减少。

"甘肃"边疆主题学位论文131篇，其中硕士71篇、博士60篇；期刊文献49篇；会议文献5篇，均为国内会议；学术辑刊和报纸文献各1篇。甘肃边疆研究文献类型的突出特点是学位论文量超过期刊文献量，这一情况与辽宁边疆文献类型特点相似，这可能是因为这两个省份的"边疆性"不强，而学位论文研究内容全面，相关研究都会涉及，故占比大。

---

①《内蒙古自治区党委关于贯彻落实习近平总书记考察内蒙古重要讲话精神的决定》，http：//nm. people. com. cn/n2/2019/0824/c196667-33283703. html。

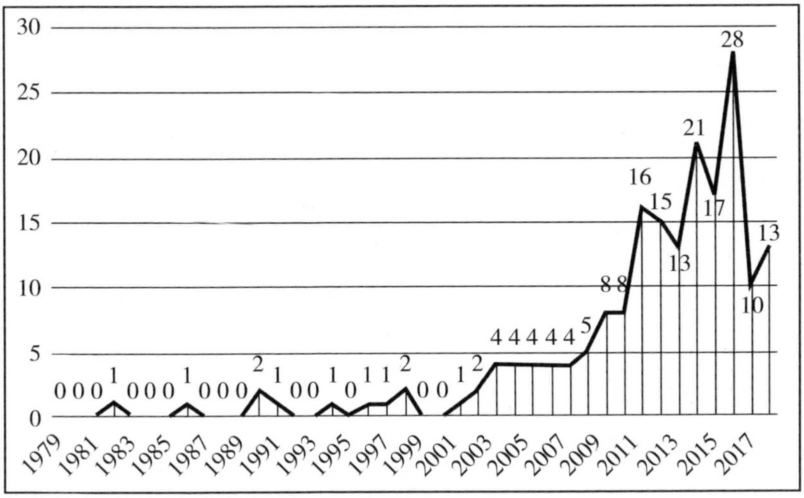

二—图 14 “甘肃”边疆主题文献产文量曲线图

“甘肃”边疆主题检索文献涉及相对靠前的学科主要有：历史（119 篇）、民族（18 篇）、政治（15 篇）、教育（14 篇）、公共管理（5 篇）、理论经济（5 篇）、社会（4 篇）、地理（4 篇）等。

“甘肃”边疆主题检索文献涉及的高频关键词有：民国时期（12 次）、民国（9 次）、西北（9 次）、新疆（9 次）、河西走廊（9 次）、西北边疆（8 次）、清代（7 次）、明代（7 次）、西北开发（6 次）、边疆（5 次）、近代（5 次）、民族关系（4 次）、治理（4 次）、近代化（4 次）、教育（4 次）等。甘肃边疆研究高度关注时段是民国时期，这和其他多个省区有所不同。甘肃边疆研究多与西北边疆、新疆密切结合，河西走廊、西北开发和民族关系是甘肃边疆问题的核心关注点。

（六）“新疆”边疆主题检索

“新疆”边疆主题检索共有文献 1987 篇，年均近 50 篇，文献量较大。“新疆问题”是我国边疆研究的重要方面，无论是历史研究还是现实关切，新疆有效治理和稳定发展都将是研究的主要内容。从产文量曲线（二—图 15）看，2000 年之前产文量处于较低水平，此后，产文量整体呈上升趋势，2015 年达到峰值，随后有所回落。

“新疆”边疆主题检索期刊文献 1444 篇；学位论文 415 篇，其中硕士 267 篇、博士 148 篇；学术辑刊文献 45 篇；报纸文献 40 篇；会议文献 43 篇，其中国内会议 38 篇、国际会议 5 篇。

“新疆”边疆主题检索文献涉及相对靠前的学科主要有：历史（557 篇）、民族（232 篇）、公共管理（212 篇）、政治（166 篇）、教育（117 篇）、军事（103 篇）、区域经济（63 篇）、农业经济（63 篇）、文学（53 篇）、新闻传播（45 篇）、文化（42 篇）、地理（39 篇）、城市经济（36 篇）、法学（35 篇）、社会（34 篇）等。新疆边疆问题研究除了历史学科，民族、公共管理、政治、教育和军事学科占比也较大。原因是一方面新疆有效治理和稳定是新疆边疆研究的重点，另一方面军事学科占比大的原因是新疆生产建设兵团研究成果占有一定比例。

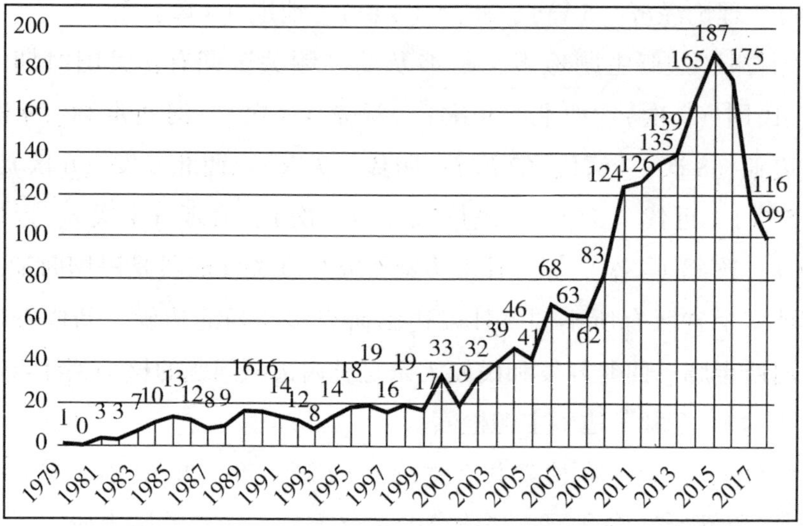

二—图 15 “新疆”边疆主题文献产文量曲线图

“新疆”边疆主题检索文献涉及的高频关键词有：新疆（185次）、边疆（70次）、清代（65次）、西北边疆（31次）、边疆治理（28次）、兵团（26次）、边疆民族地区（25次）、边疆地区（24次）、屯垦戍边（24次）、清朝（23次）、国家认同（22次）、发展（21次）、少数民族（20次）、民族地区（19次）、新疆生产建设兵团（18次）等。可以看出，新疆边疆研究高度关注时段是清代，关注的核心内容是边疆治理、屯垦戍边、国家认同、边疆发展、民族等问题。

（七）“西藏”边疆主题检索

“西藏”边疆主题检索共有文献765篇。习近平总书记提出“治国必治边、治边先稳藏”的重要战略思想，表明“西藏问题”在边疆治理和国家治理中的重要地位。“西藏问题”涉及的领域较广泛，此处的检索结果面相对较窄，仅是在边疆主题下又涉及西藏的文献。从产文量曲线（二—图16）看，西藏边疆研究基本呈上升趋势，尤其在2000年之后，产文量明显上升，近年有所波动。

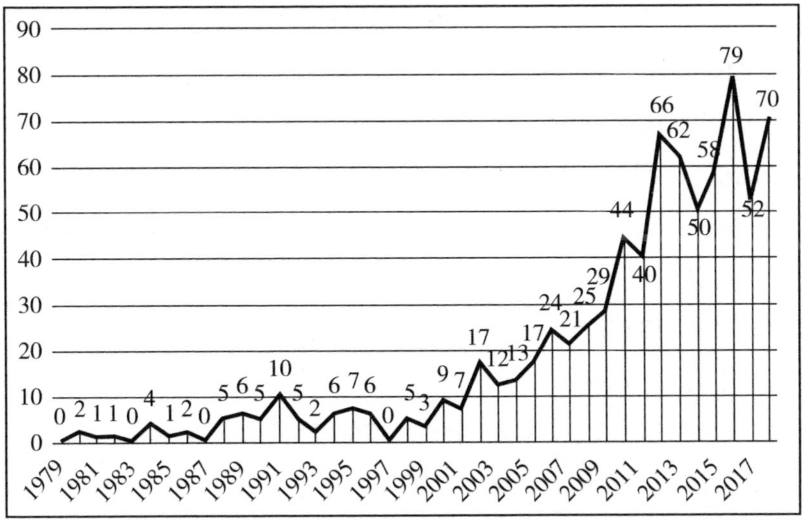

二—图16 “西藏”边疆主题文献产文量曲线图

“西藏”边疆主题检索期刊文献449篇；学位论文220篇，其中硕士127篇、博士93篇；学术辑刊文献41篇；会议文献34篇，其中国内会议31篇、国际会议3篇；报纸文献21篇。

“西藏”边疆主题检索文献涉及相对靠前的学科主要有：历史(316篇)、民族（145篇）、公共管理（105篇）、政治（76篇）、教育(26篇)、区域经济（25篇）、法学（18篇）、文学（16篇）、新闻传播（15篇）、宗教（14篇）、地理（12篇）等。可以发现，除了历史学科，民族、公共管理和政治是西藏边疆问题研究涉及的重点学科。此外，宗教学科是西藏边疆研究所独有的。

“西藏”边疆主题检索文献涉及的高频关键词有：西藏（57次）、边疆（34次）、民国时期（25次）、边疆治理（24次）、边疆民族地区(16次)、国民政府（15次）、民族政策（15次）、南京国民政府（14次)、清代（14次）、民国（13次）、清朝（12次）、西南边疆（12次)、民族关系（11次）、治理（11次）、近代（10次）等。可以看出，西藏边疆研究高度关注时段是民国时期和清代，关注的核心内容是边疆治理和民族关系等问题。

（八）“云南”边疆主题检索

“云南”边疆主题检索共有文献2490篇，年均60余篇，是陆地边疆省区边疆主题研究最多的地区，可以看出云南边疆研究力量的突出，这一点与上文中研讨的西南边疆主题类似。从产文量曲线（二—图17）看，云南边疆研究基本呈上升趋势，尤其在2005年之后，产文量快速增长，近年有所下降。

“云南”边疆主题检索期刊文献1790篇；学位论文464篇，其中硕士310篇、博士154篇；学术辑刊文献91篇；会议文献91篇，其中国内会议82篇、国际会议9篇；报纸文献54篇。

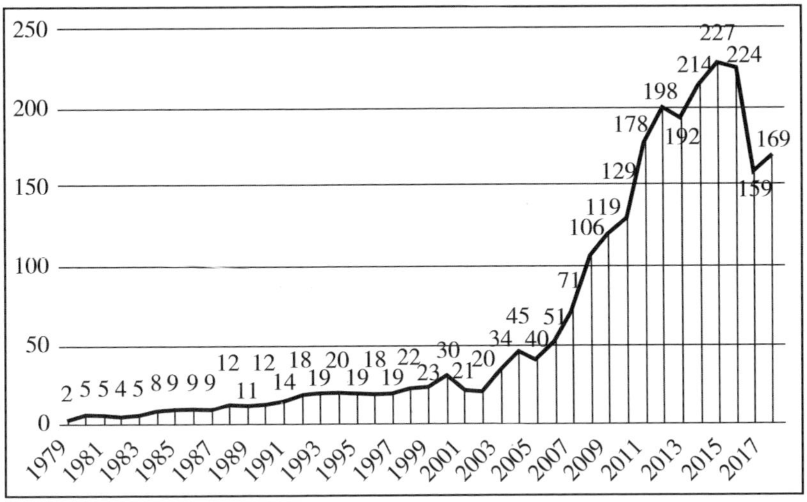

二—图 17 “云南”边疆主题文献产文量曲线图

“云南”边疆主题检索文献涉及相对靠前的学科主要有：历史（586 篇）、民族（490 篇）、公共管理（365 篇）、教育（260 篇）、政治（213 篇）、区域经济（101 篇）、农业经济（93 篇）、社会（73 篇）、文化（47 篇）、理论经济（40 篇）、新闻传播（38 篇）、公安（36 篇）、宗教（35 篇）、法学（35 篇）、图书情报档案（28 篇）等。可以发现，除了历史学和民族学科，公共管理、教育、政治、区域经济也是云南边疆问题研究涉及的重点学科。

“云南”边疆主题检索文献涉及的高频关键词有：云南（268 次）、边疆民族地区（122 次）、西南边疆（91 次）、边疆（86 次）、少数民族（68 次）、云南边疆（47 次）、民族地区（44 次）、对策（41 次）、边疆地区（37 次）、边疆治理（37 次）、清代（35 次）、国家认同（31 次）、明代（28 次）、发展（27 次）、治理（26 次）等。云南边疆与西南边疆紧密结合，高度关注时段是清代和明代，关注的核心内容是边疆治理、民族关系和国家认同等问题。

（九）“广西”边疆主题检索

“广西”边疆主题检索共有文献613篇，产文量处于中等水平。从产文量曲线（二—图18）看，广西边疆研究前期文献量极少，近10年基本呈快速上升趋势，近6年波动较大。

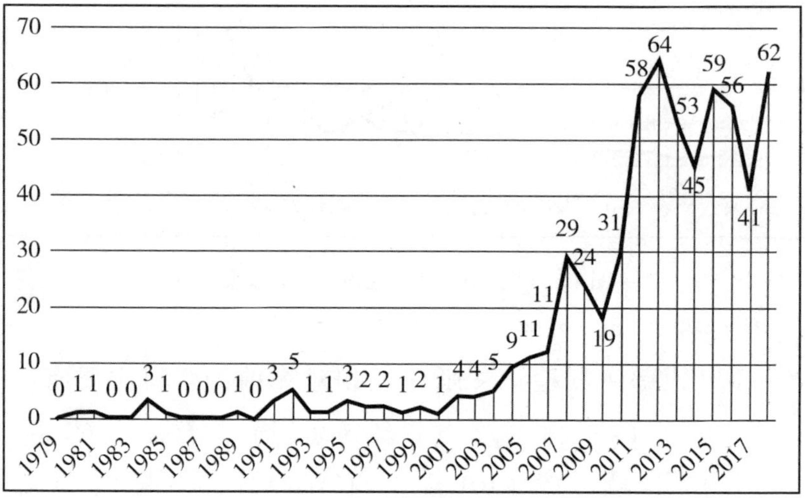

二—图18 “广西”边疆主题文献产文量曲线图

“广西”边疆主题检索期刊文献403篇；学位论文161篇，其中硕士97篇、博士64篇；会议文献24篇，其中国内会议22篇、国际会议2篇；学术辑刊文献16篇；报纸文献9篇。

“广西”边疆主题检索文献涉及相对靠前的学科主要有：历史（202篇）、民族（83篇）、公共管理（60篇）、政治（48篇）、区域经济（39篇）、教育（29篇）、理论经济（26篇）、农业经济（19篇）、社会（19篇）、地理（16篇）、文化（15篇）、旅游经济（12篇）等。可以发现，除了历史学科，民族、公共管理、经济、政治是广西边疆问题研究涉及的重点学科。

“广西”边疆主题检索文献涉及的高频关键词有：广西（59次）、

边疆地区（25 次）、边疆（24 次）、清代（24 次）、边疆民族地区（23 次）、西南边疆（23 次）、广西边疆地区（21 次）、西南边疆民族地区（12 次）、云南（12 次）、民族地区（10 次）、边疆治理（10 次）、土司制度（9 次）、边疆开发（9 次）、明代（8 次）、近代（8 次）等。广西边疆研究高度关注时段是清代、明代和近代，其研究内容与云南有着密切联系，关注的核心内容是边疆治理、土司制度和边疆开发等问题。

三、中国边疆研究成果产出特征总结分析

基于以上关于改革开放以来中国边疆研究产文量趋势与类别的详细梳理和分析说明，现将中国边疆研究的产文特征总结分析如下。

第一，产文量整体特征与横向比较。从上文的中国边疆整体研究产文状况、区域方向产文状况和中国陆地省区边疆主题研究产文状况的统计，可知 1979 年至 2018 年中国边疆研究产文量所呈现的最突出特征是逐年上升。但 40 年间也有其阶段性特点，基本上在前 20 余年产文量处于较低的水平，21 世纪以来增长迅速，尤其是近 10 年是快速增长的阶段，近 3 年整体文献量有所回落，仅有少数省区（如西藏和广西）呈现上升趋势。数据回落可能存在数据延迟的因素，但是数据延迟主要体现在近一年的成果产出中，其中原因仅从产文量曲线还难以判断，尚需时间检验。

从产文量横向比较看，在中国边疆研究整体和区域方向产文状况方面，“边疆”主题检索因主题直接对应，涵盖的文献自然最多，占绝对优势。除了“边疆”主题检索，“疆域”主题检索是产文量较多的领域。此外，西南边疆、西北边疆和海疆也是产文量较多的研究领域。北部边疆主题是目前研究比较薄弱的领域，治边问题研究成为目前边疆研究的前沿问题。

在中国陆地省区边疆主题研究产文方面，云南边疆主题是所有陆

地边疆省区产文最多的，其次是新疆地区。云南的产文量大应该与该地区的研究力量和明清至民国时期云南边疆治理成效突出有一定的关系，而新疆产文多的原因很大程度上在于新疆一定程度上替代了西北的角色，同时新疆稳定问题研究成果横向比较产出量大。但是二省区近年来产文情况都出现了明显的回落。其他陆地边疆省区内蒙古、西藏、黑龙江和广西产文趋势基本类似，但黑龙江近3年产文量下降明显。甘肃和辽宁产文量相对较低，一直都处于低位水平，上文已述这两个省份有着极强的特殊性，这是因为二省的“边疆性”不够强导致的。

第二，产文量文献类型特征。从上文的统计可知，当代中国边疆研究产文类型主要是期刊文献、学位论文文献、集刊文献、报纸文献和会议文献5种。其中，期刊论文占绝对优势，是边疆研究最具代表性的学术阵地。其次产文较多的类型是学位论文，学位论文的多少尤其是博士论文的占比，能够反映出我国边疆研究在人才培养方面取得的成绩，同时学位论文的研究主题也一定程度代表着目前学科发展的趋势和前沿问题。需要指出的是，我国边疆研究人才培养虽起步较晚，但在培养人才的数量尤其是博士数量上取得了突出的成绩。这里笔者仅就“边疆”主题检索情况，做一个对比说明。首先，从发展趋势看，边疆主题研究的学位论文在1993年才出现，此后的10年基本处于较低的水平，很多年份为0，直到2002年以后开始快速增长。需要注意的是，早期的学位论文多属于历史地理学、国际关系、民族学、经济学等学科，只是其研究主题涉及边疆问题，真正题名中含有“边疆”字眼的专题性研究2002年才开始出现。可以说，近10多年的时间里，我国边疆研究的人才培养取得了较为突出的成就。其次，从横向比较看，边疆研究的学位论文占比相对适中，从上文的统计可知，“边疆”主题检索总文献量为16421篇，其中同等条件下检索到的学位论文为2069篇，占总文献量的12%，其中博士论文为537篇，占学位论文的25%。

此外，中国边疆研究文献来源占比较大的类型有学术辑刊文献、会议文献和报纸文献三类。其中，学术辑刊文献是目前学界较为流行的针对某一个学术领域公开出版的以书代刊论文集，很多边疆研究专题辑刊持续出版，在业内产生了重要影响。比如，中国社会科学院中国边疆研究所主办的《中国边疆学》、云南大学西南边疆少数民族研究中心主办的《西南边疆民族研究》、四川大学社会发展与西部开发研究院主办的《华西边疆评论》、吉林大学边疆考古研究中心主办的《边疆考古研究》、南京大学元史研究室民族与边疆研究中心主办的《元史及民族与边疆研究集刊》、中央民族大学中国边疆民族历史与地理研究基地主办的《中国边疆民族研究》等。会议文献数表明，我国边疆研究会议论文较少，尤其是国际会议论文占比更不大，这不利于我国边疆研究的国际化和话语体系构建。报纸文献因其敏锐性和实效性特点，存在随着边疆时事变化而波动的情况。

第三，产文量的学科来源特征。总体上看，当代中国边疆研究涉及的学科较多，属于多学科交叉研究领域，也是哲学社会科学的新兴学科。习近平总书记在“5·17讲话”中强调“要加快发展具有重要现实意义的新兴学科和交叉学科，使这些学科研究成为我国哲学社会科学的重要突破点”①。显然，当代中国边疆研究属于具有重要现实意义的新兴学科和交叉学科，也已经成为我国哲学社会科学的重要突破点。具体从学科分布看，首先，历史学科在中国边疆研究所涉及学科中占绝对优势，前文梳理的研究领域、区域边疆、边疆省区研究历史学科发文量都在第一位，这彰显了目前中国边疆研究中历史研究的基础地位，也牵扯出当前关于中国边疆学科学术性或归属的探讨。仅从已有的文献看，一

① 习近平：《在哲学社会科学工作座谈会上的讲话》（2016年5月17日），人民出版社2016年版，第23页。

方面，中国边疆学应该是以边疆历史学为基础的交叉学科；另一方面，中国边疆学若非一级学科，其学科归属还应是历史学科。其次，中国边疆研究相对重要的学科还有民族学、政治学、管理学、经济学等，这些学科内容与我国边疆地区多是民族分布区关系密切，也与边疆有效治理和边疆稳定发展等问题密不可分。

第四，产文的主要研究热点聚集。首先，中国边疆研究关注的核心时段是清代，此外关注的重要时段是民国、明代、唐代、汉代等。笔者以为，关注核心是清代，是因为清代是我国大一统王朝最后一个朝代，形成现今疆域的雏形，为我国多民族国家疆域的形成和发展奠定了基础；其边疆治理手段、能力均达到了一定的水平，具备典型性，同时相关文献资料丰富，为研究奠定了基础。此外，清末至民国的近代，晚清政府与外国列强签订了一系列不平等条约，使我国疆土大量丧失，出现了边疆危机。由于这一时期国内外的矛盾相对集中，引发诸多疆域之争和民族问题，以至于有些问题延续至今仍未得到有效解决。因此，研究清朝及民国时期边疆史地不仅具有重要的学术价值，亦深具现实意义。除了清代和民国，其他关注时段多为我国历史上的大一统或大变革时期，这些时段的历史对我国的疆域与多民族国家形成与发展起到重要的奠基和推动作用。大一统时期的统治者加强了对国家边疆的管辖和治理，使得这些时期涉及的古代边疆历史问题、民族问题、边疆民族政策问题、民族关系问题等比较多。① 其次，中国边疆研究密切关注的区域是边疆民族地区尤其是西南边疆，具体又以云南、新疆、西藏为中心。再次，中国边疆研究关注的核心内容是边疆治理和发展，包括边疆政策、思想、经济社会发展等问题。开展边疆史研究的目的是总结历史上的边疆治理经验，为当今的边疆治理提供借鉴，那么历史上有关边疆治

---

① 朱尖、苗威：《中国边疆史地研究现状分析——基于〈中国边疆史地研究〉（1988—2013 年）的计量统计》，《中国边疆史地研究》2015 年第 3 期。

理的政策、思想问题自然是研究的首要问题，而经济与社会发展则多是针对边疆地区的现状开展的应用研究。关于产文的主要研究热点这一特征分析，笔者将在“边疆研究的知识体系”章节着重分析，这里不作展开。

第三章

中国边疆研究的知识体系

中国社会科学院中国历史研究院李国强先生对中国边疆学“独特的知识体系”进行过界定，他指出这一知识体系“包含了中国边疆从无疆无界，到有疆无界，到有疆有界发生、发展的全部历史。在空间格局上，以陆地边疆和海洋边疆为主体，涵盖我国所有边疆地区；在时间脉络上，遵循历史发展轨迹，覆盖中国边疆由古至今的全时段；在研究内容上，通过对边疆历史和边疆现实多层次、宽领域的学术考察，诠释国家历史疆域与国家领土的形成与演进、边疆治理与边疆发展的嬗变与精髓”①。笔者以为，可以通过对中国边疆研究热点的大数据分析，并在分析的基础上总结这一知识体系的具体构成要素。同时通过对研究热点的梳理分析，能够在此基础上对目前边疆研究热点问题所呈现的特征进行总结，更为重要的是在热点分析的视角下也能对当前中国边疆的基本问题，即“中国边疆”内涵进行界定。本章节就试图对以上问题做出系统的梳理和研究，提出一些不成熟的看法。

关于新时期我国边疆研究的梳理以往多有学者展开探讨，其中马大正先生《当代中国边疆研究（1949—2014）》一书，全面、系统梳理

---

① 李国强：《开启中国边疆学学科建设新征程》，《中国边疆史地研究》2018 年第 1 期。

了自新中国成立至 2014 年中国边疆研究的发展进程。[1] 书中提供了中国边疆研究成果的大量信息，并适时给予评介，详细而准确地描述了中国边疆研究发展的演进历程和趋势，介绍和论述了学界构筑中国边疆学的学术思考及当代边疆研究者的历史责任[2]，多角度、全方位、鸟瞰式立体呈现了中国边疆学的厚度、深度、广度及高度，对中国边疆学构筑具有突破性意义。[3] 近年来李大龙先生通过中国知网数据以近三年边疆研究数据为对象展开分析，总结新时代边疆研究的前沿问题，并且针对边疆概念泛化与分歧问题、王朝国家与民族国家观念扬弃问题、动态视角关注中国边疆问题、中国古代的天下观理解问题进行了详细的分析。[4] 本章正是在前辈研究的基础上，从大数据的角度，展开系统研究，在具体的研究方法、关注时段和分析对象上有所不同。

本章主要借助文献题录信息统计分析工具（Statistical Analysis Tool for Informetrics，SATI），对我国边疆研究期刊全文数据库和优秀学位论文数据库中的关键词字段进行抽取、频次统计，进而整合分析。在具体操作层面，主要借助于目前主流数据库中国知网和中国社会科学引文索引数据库，从中提取 EndNote 格式和 CSSCI 格式的题录数据进行分析，借助在 SATI 工具中选择“Co-Occurrence Matrix（Binary）”生成二进制共生矩阵，运用好社会网络分析工具 Ucinet 对二进制矩阵处理，对高频关键词进行点度中心中的绝对中心性值进行测算，将测算结果利用可

① 马大正：《当代中国边疆研究（1949—2014）》，中国社会科学出版社 2016 年版。

② 李尚英：《边疆研究稔熟于胸——读〈当代中国边疆研究（1949—2014）〉》，《光明日报》2017 年 4 月 16 日第 12 版。

③ 李大龙、张振利：《中国边疆学构筑的新突破——〈当代中国边疆研究（1949—2014）〉读后》，《中国边疆史地研究》2017 年第 1 期。

④ 李大龙：《新时代边疆学研究的热点与前沿问题》，《云南师范大学学报（哲学社会科学版）》2019 年第 1 期。

视化分析工具 NetDraw，进行网络中心性分析，生成可视化共现网络图谱。对于无法细化处理的则采取人工手段干预或依托 EXCEL 办公软件进行整合处理。

本章的样本主要来源于三组数据，第一组数据是来自中国社会科学引文索引数据库（CSSCI），本数据库的数据起始时间为 1998 年；第二组数据来源于中国边疆研究专业期刊《中国边疆史地研究》杂志刊载文献，主要从中国知网（CNKI）中提取；第三组数据来源于中国知网收录博士、硕士论文数据。第一和第三组数据为专题研究，检索过程中主要基于文献题目包含“边疆”“疆域”“治边”“海疆”等的研究文献。第二组数据为边疆研究专业刊物刊载文献。第一组和第二组数据，自 1998 年起存在重复，采取了合并处理。之所以选择这三组数据作为样本：首先，CSSCI 数据库是中文社会科学研究较具代表性的数据库，收录文献比较专业，适合本章研究需要；其次，《中国边疆史地研究》是当前中国边疆研究领域仅有的专业期刊，研究主题鲜明，内容针对性强，最具代表性；再次，学位论文目前占比越来越大，是学术研究的重要表现形式，能够反映目前学界学科建设和人才培养对边疆研究的趋势和前沿问题。需要说明的是，依据以上原则，结合第二章产文量趋势的分析，本章样本选择基本在 1989 年至 2018 年约 30 年的时段里。有两方面的原因，其一是以上原则导致了时段无法向更早拓展，无论是 CSSCI 数据库还是学位论文数据库（1993 年开始有边疆研究学位论文出现），起始时间都比较晚，只有《中国边疆史地研究》杂志在 20 世纪 80 年代末开始刊载边疆专题文章；其二，从产文量章节的分析中，可知早期我国边疆研究产文量极少，很多领域多年产文量为 0 或个位数，不具代表性，同时早期的文章学术性相对也较低。正是基于这两个原因，本章节将研究时段选在了产文量相对较多的近 30 年的时段进行分析。

边疆研究的多学科交叉性，以及涉猎的广泛性，对于样本的选择造成了很大的困难。这里所筛选的三组数据和选择的时段是基于目前已有数据库和产文特征的有效整合，是在客观、有效的范围内，采取折中处理。笔者的目的主要是通过宏观数据分析，对中国边疆研究学术热点及相关问题进行总结和思考，以上三组数据基本能够说明问题。

一、中国边疆研究的学术热点与知识体系

某一学科或研究方向研究热点的确定主要是运用高频关键词统计来完成的。通常在一篇文章中，作者会使用关键词作为其研究的主要方向。因此，关键词如果在多篇文献中同时出现，而且与其他词共现的频率较高，我们可以认为，该词所代表的是本领域研究热点。[①] 一般而言，研究热点指的是某一学科领域或研究方向主要关注的领域，而知识体系是由一定的概念、命题、推理构建而成的。[②] 本节笔者试图通过对中国边疆研究热点的总结，去探讨中国边疆研究的知识体系。

鉴于本章样本文献主要为 1989 年至 2018 年约 30 年的科研成果，这一时段正是中国边疆研究的热潮期，故笔者未将其进行阶段划分，而是整体性分析，主要运用高频关键词以及网络分析法进行研究。具体从两个方面入手：其一，将样本文献进行关键词提取，频次统计，进而总结关注热点；其二，在关键词频次统计的基础上，通过人工干预手段，将关键词进行聚类整合，总结中国边疆研究的主要领域。

（一）中国边疆研究热点问题

这里主要通过样本关键词提取和频次统计，对边疆研究热点问题进行总结。其主要步骤是将样本的“EndNote”格式数据导入 SATI 工具，

---

① 参见赵蓉英、李飞：《基于社会网络分析方法的国内外信息计量比较研究》，《情报科学》2013 年第 2 期。

② 参见陈理宣：《知识教育论——基于多学科视域的知识观与知识教育理论研究》，人民出版社 2011 年版，第 242~243 页。

选择去重转换，进而关键词字段抽取，并频次统计。结果显示样本文献共涉及关键词10185个①，出现一次的关键词为7789个，频次2次以上关键词2396个，所有关键词总频次为20203次。笔者选取了前100个高频关键词，进行统计说明。（见三—表1）

三—表1　中国边疆研究前一百高频关键词统计表

关键词	频次	关键词	频次	关键词	频次	关键词	频次	关键词	频次
边疆	187	西北边疆	47	治理	30	北部边疆	24	台湾	20
边疆民族地区	146	少数民族	47	东北边疆	29	边疆服务	24	边疆危机	20
新疆	145	国家认同	43	南京国民政府	29	亚洲	24	中原王朝	20
边疆史地	139	明代	43	中国边疆	29	拉铁摩尔	23	清政府	20
边疆治理	115	民国时期	42	边疆史地学	29	中国疆域	23	主权	19
民族	105	中国边疆学	39	学术讨论会	28	边疆开发	23	清代新疆	19
边疆地区	103	东北	38	沙俄	27	边疆安全	23	边防	19
西南边疆	99	海疆	35	唐朝	27	国民政府	23	突厥	19
云南	96	民族地区	35	学术研讨会	26	吐蕃	23	苏联	19
清代	92	边疆少数民族地区	34	学科	26	南海诸岛	23	朝鲜	19
西藏	91	边疆政策	34	对策	26	英国	23	北美洲	19

① 这里的关键词是数据库提取统计结果，存在一些不含关键词文章，但在数据库中会自动生成关键词，这里一并统计。

（续表）

关键词	频次	关键词	频次	关键词	频次	关键词	频次	关键词	频次
中国边疆史地研究中心	90	西域	34	日本	25	地缘政治	22	美利坚合众国	19
疆域	84	出版	33	边疆教育	25	改土归流	22	出版社	19
权利主体	73	边界	33	民国	25	民族关系	22	民族国家	18
边疆研究	73	高句丽	32	近代	25	社会稳定	21	民族认同	18
中华人民共和国	71	美国	32	政治	25	文化机构	21	内蒙古	18
边疆民族	56	蒙古	31	唐代	25	准噶尔部	21	中央政府	17
中国	56	明朝	31	边疆问题	24	中华民族	21	俄罗斯	17
俄国	51	广西	30	发展	24	影响	21	民族史	16
清朝	49	经济	30	边疆多民族地区	24	黑龙江	20	宗藩关系	16

为了更为直观地了解研究热点问题，可在 SATI 工具中选择“Co-Occurrence Matrix（Binary）”生成二进制共生矩阵，进而借助社会网络分析工具 Ucinet 对二进制矩阵处理，将上文中前 100 个高频关键词进行点度中心中的绝对中心性值进行测算，其绝对中心度值越高，说明节点越重要。限于篇幅这里不再将前一百关键词的绝对重心性、相对中心性，以及占比的测算值列出，而是将测算结果利用可视化分析工具 NetDraw，进行网络中心性分析，生成可视化共现网络图谱（三—图 1）。当两个关键词同时出现在一篇文献当中，二者之间便有一次连线，出现次数越多联系也就越密，越密的关键词便是文章关注的热点问题。

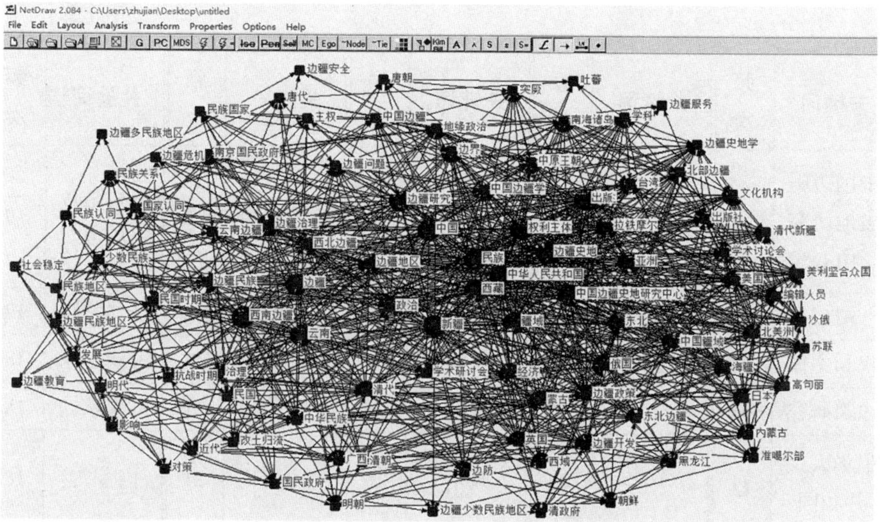

三—图1　中国边疆研究高频关键词中心性可视化共现网络图谱

结合三—表1和三—图1，可知我国边疆研究的主要热点集中在新疆、民族、边疆史地、西藏、权利主体、边疆地区、云南、边疆治理、西南边疆、疆域、东北、清代、中国（中华人民共和国）、政治、俄国、亚洲、美国、西北边疆、边疆民族、文化机构、沙俄、经济、中国边疆学、拉铁摩尔、蒙古、中原王朝、边界、台湾、地缘政治、英国、北部边疆、民国时期、治理、中华民族、中国疆域、东北边疆、南海诸岛、边疆开发、国家认同、海疆等方面。①

上文的统计仅是前100个高频关键词，主要是从频次角度所彰显的中国边疆研究的核心关注点，这些点相对分散，不能准确、全面反映中国边疆研究的热点问题，需要进一步整合处理。下文笔者将对所有关键词进行整合处理，并分析说明，以便更为清楚了解把握我国边疆研究的热点领域和知识体系问题。

① 这里只是选取绝对中心性靠前的40个关键词说明问题。

（二）中国边疆研究主要领域和知识体系

由于“边疆”本身属性较为复杂，涉及内容相对宽泛，加之研究学科背景和方法的交叉性，这就使得我国边疆研究很大程度上存在主题多样，甚至泛化的情况。上文中单个关键字的频次统计，很难完全反映我国边疆研究热点的趋势。为了准确把握我国边疆研究的主要领域和具体热点集群，笔者采取了人工干预的手段，对频次大于等于 5 次的近 500 个高频关键词进行了进一步整合，将大量的同属、同类或同义关键词进行归类，再进一步实行主题聚类，划定主题词，进而明确我国边疆研究的主要范围和领域。这些领域是基于高频关键词整合得出的，相对客观，基本能够代表中国边疆的突出特色和核心内容。（见三—表 2）

三—表 2　中国边疆研究高频关键词统计与整合

聚类主题词	高频关键词
边疆治理	边疆治理、边疆政策、治理、边疆教育、对策、边疆问题、改土归流、宗藩关系、治边思想、屯田（制）、经略、土司制度、伊犁将军、驻藏大臣、社会治理、国家治理、政策、理藩院、羁縻府州、国际法、西藏地方政府、佐领、朝贡、安西四镇、策略、治边、黑龙江将军、朝贡关系、朝贡贸易、卫所、法治、阿奇木伯克、天下观、封禁政策、册封、办事大臣、安西都护府、吉林将军、边界问题、伯克制度、边务、参赞大臣、法律、管理、国家建构、治理模式、治理能力、治理体系、匈奴中郎将、藩属、藩属体系、驻藏大臣制度、朝贡体制、朝贡制度、治藏政策、领土主权、边疆观念、边疆经略、边疆思想、边疆意识
边疆关注时段①	中原王朝（全时段）、秦汉、西汉、西汉王朝、汉武帝、汉代、汉王朝、两汉、两汉时期、东汉、唐王朝、唐朝、唐代、隋唐时期、唐前

① 此部分的代表帝王和民族政权首领归类在下文中边疆人物中不再重复，仅将帝王指代为时段理解。

（续表）

聚类主题词	高频关键词
	期、北魏、辽朝、辽代、北宋、宋代、元代、元朝、成吉思汗、可汗、明代、明朝、嘉靖、万历、明初、明清、明廷、朱元璋、清代、清朝、乾隆（帝）、清政府、清代前期、清末、清廷、清前期、清末新政、明清时期、康熙帝、晚清、雍正、雍正帝、康熙、乾隆朝、近代、鸦片战争前后、清王朝、民国政府、中华民国、清末民初、民国时期、国民政府、南京国民政府、民国、国民政府时期、抗战时期、中国、中华人民共和国、当代中国
边疆史地与热点专题	边疆史地、历史、历史地理、史料、地方史、历史学家、史学家、通史、历史学、《朔方备乘》、都城、地理名称、地理沿革、地图、档案、汉简、汉书、边疆考古研究、九边（长城）、历史学家、地方史、禹贡学会、遗址、西域研究、蒙古史、西突厥、营州、伊犁、高句丽、吐蕃、突厥、高丽、匈奴、渤海（国）、唐努乌梁海、土司、准噶尔部、准噶尔、藏传佛教、噶尔丹、百济、厄鲁特、察哈尔蒙古、琉球、东突厥、喀尔喀、喀尔喀蒙古、靺鞨、南诏、回疆、喀什噶尔、契丹、恰克图、卫拉特、粟特人、畏兀儿、女真人、新罗、拉达克、地名
边疆民族关系与民族国家认同	民族、中华民族、边疆民族、少数民族、民族关系、边疆少数民族、民族史、多民族国家、中国民族、民族政策、民族融合、跨界民族、民族主义、维吾尔族、汉族、跨界民族、朝鲜族、蒙古族、民族团结、民族文化、民族问题、民族区域自治、民族教育、民族关系史、民族观、民族意识、民族自治地方、跨境民族、游牧民族、族际主义、国家认同、民族国家、民族认同、大一统、认同（整合）、多民族国家、族群与族群认同、融合、文化认同
边疆涉及国家（大区域）与国际关系	俄国、沙俄、苏联、俄罗斯、苏维埃社会主义共和国联盟、美国、美利坚合众国、英国、大不列颠及北爱尔兰联合王国、朝鲜、朝鲜半岛、日本、印度、外蒙古、越南、缅甸、不丹、蒙古人民共和国、葡萄牙、法国、英属印度、亚洲、北美洲、中亚、南亚、东南亚、东亚、中朝关系、中俄边界、中俄关系、中法战争、外交、欧洲、中印边界、西方

（续表）

聚类主题词	高频关键词
边疆地区与区域边疆	边疆民族地区、边疆地区、民族地区、边疆多民族地区、边疆少数民族地区、少数民族地区、西南边疆、西南、西南边疆民族地区、西南边疆史、西南地区、西南夷、中国西南边疆、西北边疆、西部边疆、西北、西域、西域研究、西北边疆地区、西北边疆史地、西北地区、西北史地、东北、东北边疆、北部边疆、东北地区
边疆稳定与发展	边疆安全、社会稳定、边疆危机、边防、主权、国家安全、边疆稳定、文化（意识形态）安全、领土、群体性事件、安全、非传统安全、文化安全、经济、边疆服务、边疆开发、开发、人力资源、行政区划、对策建议、对口支援、城市、城市化、经济发展、经济开发、社会发展、移民实边、一带一路、丝绸之路、丝绸之路经济带、边境贸易、移民、边疆社会、边疆服务运动
边疆重点区域	新疆、清代新疆、新疆建省、新疆维吾尔自治区、杨增新、云南、云南省、云南边疆、云南边疆民族地区、西藏、拉萨、日光城、噶厦政府、达赖喇嘛、十三世达赖喇嘛、蒙古、内蒙古、蒙古地区、黑龙江、黑龙江流域、黑龙江省、广西、海南岛、海南、吉林、吉林省、图们江、鸭绿江、台湾、澳门
边疆理论与学科构建	边疆、疆域、边疆研究、中国疆域、边疆理论、国家疆域、中国边疆、陆地边疆、马克思主义、边疆观、边疆文化、边疆假说、民族学、中国边疆学、学科、边疆史地学、人文地理学、学术界、研究者、研究、边政学、蒙古学、历史学、经济学、人类学、边疆学说、西北边疆史地学
海疆	海疆、南海诸岛、钓鱼岛（问题）、南海（南中国海）、南沙群岛、海防（建设）、群岛、领海、南海群岛、大陆架、海防建设、海疆政策、西沙群岛
边疆人物	拉铁摩尔、特纳、顾颉刚、何秋涛、传教士、斯坦因、林恩显、林则徐、鄂尔泰、魏源、吴丰培、祁韵士、曹廷杰、徐松、张穆
边疆其他	边界、边政、边境、文化机构、勘界、基督教、变迁、创新、文化、权利主体、中华基督教会、农业、思想体系、全球化、版本、亚洲内陆、利益边疆、边疆精神、新边疆

从以上的统计和整合，可以发现我国边疆研究的重点集中在边疆治理、边疆关注时段、边疆史地与热点专题、边疆民族关系与民族国家认同、边疆涉及国家（大区域）与国际关系、边疆地区与区域边疆、边疆稳定与发展、边疆重点区域、边疆理论与学科构建、海疆、边疆人物、边疆其他十二大领域。

在边疆治理方面，主要体现在治理边疆的政策、对策、方法、手段、制度、观念、思想、意识等方面，前后贯穿秦汉至当代中国。从改土归流、土司制度、伊犁将军、黑龙江将军、驻藏大臣、理藩院、羁縻府州、安西四镇、卫所、阿奇木伯克、参赞大臣、匈奴中郎将等热门关键词，可以发现主要热点时期是汉、唐、元、明、清诸代，其中清代尤为突出。

在边疆关注时段方面，涉及全时段考察和独立或过渡朝代，其中清朝是关注最多的时段，民国时段次之，中华人民共和国也是较为靠前的时段，其他时段主要集中在明代、唐代、元代、汉代、宋代、辽代。

在边疆史地与热点专题方面，边疆历史地理研究是核心问题，主要体现在历史地理的系统研究，历史地理资料、地名、地理沿革等的专门考察。此外，历史研究专题、学者、高句丽、吐蕃、突厥、渤海、唐努乌梁海、准噶尔部、南诏、噶尔丹等专门问题，也是中国边疆史研究的重要领域。

在边疆民族关系与民族国家认同方面，大量的研究内容与民族有着密切的关系，涉及中国民族、民族关系、少数民族、民族史、民族政策、民族融合、民族团结、民族区域自治、游牧民族、族际主义、跨界（境）民族、民族主义、国家认同、民族认同、族群与族群认同、文化认同等众多方面。在单个民族中，维吾尔族、汉族、朝鲜族、蒙古族是关注热点。

在边疆涉及国家（大区域）与国际关系方面，基本都是我国的陆地邻国，或者隔海相望的近邻国家。由于陆地的接壤和部分海洋边界的重合，加之历史与现实问题的交织，俄国（沙俄、苏联、俄罗斯）、朝鲜、印度、日本、越南、蒙古（蒙古人民共和国）、缅甸、不丹等成为我国边疆重要关联国家和地区。另外，由于近代以来列强对中国入侵，以及当今世界个别国家“世界警察”角色的扮演，地区平衡等问题，我国边疆又与英国、美国、葡萄牙、法国等国家，以及亚洲、中亚、南亚、东南亚、东亚、欧洲等区域交织在一起。

在边疆地区与区域边疆方面，边疆民族地区是边疆研究探讨的核心区域，其中西南边疆是研究的热点，发文量、研究机构和队伍数量占比都较大；西北边疆属于第二梯队，西北边疆史地和西域问题研究是核心问题；东北与北部边疆紧随其后。

在边疆稳定与发展方面，如果说边疆的有效治理是中国边疆研究的出发点，那么稳定与发展则是其落脚点。我国边疆研究目前一个重要的研究领域和趋势，正体现在这一领域，包括边疆的社会稳定、危机处理、边防与主权、文化（意识形态）安全、经济发展、边疆服务、边疆开发、对口支援、移民实边、边境贸易、“一带一路”倡议与边疆等方面。

在边疆重点区域方面，我国边疆研究突出关注的地区是新疆，尤其是清代和民国时期的新疆治理和发展问题。云南（云南省、云南边疆、云南边疆民族地区）、西藏（拉萨、日光城、噶厦政府、达赖喇嘛、十三世达赖喇嘛）、内蒙古（蒙古地区）、黑龙江（黑龙江流域、黑龙江省）、吉林（吉林省、图们江、鸭绿江）、海南（海南岛）等区域亦是我国边疆研究重点地区。

在边疆理论与学科构建方面，理论探讨和学科构建是中国边疆研究的基本前提，亦是根本问题之一。这一问题无论对我国边疆话语权的形成，还是对于中国边疆学学科体系的认同与完善都具有重要的指导意义。一直以来诸多学者在此领域不断地展开探讨，主要论及内容包括疆域理论、马克思主义与中国边疆、边疆观念、中国边疆学构建与完善、其他相关学科与内在联系等。

在海疆方面，作为中国边疆的重要组成部分，在新时期相关研究一直对其有所关注，鉴于多年来有关钓鱼岛、南海等海疆问题的新形势和新特征，学者们在此领域展开了持续研究，通过翔实的资料进行科学、准确的回击，有效维护了我国主权和相关利益。

在边疆人物方面，主要体现的是与边疆研究有重要关联的人物群体和个人，其中影响较大的是拉铁摩尔、特纳、斯坦因等国外边疆研究学者，国内主要是古代和近代以来重要的边疆历史和地理研究专家。

在边疆其他方面，主要是一些不好明确归类的边疆关键词，涉及边疆宗教、权利主体、新边疆、亚洲内陆、利益边疆等方面。

李国强在《开启中国边疆学学科建设新征程》一文中指出，中国边疆学是哲学社会科学中一门以中国边疆为研究对象的独立知识体系。其所包含的第一个要素即为“中国边疆”，第二个要素即为“独立知识体系”。关于“独立知识体系”本章开篇已经指出，这里为了叙述的流畅性，再次引用说明。中国边疆研究“独立知识体系”指的是边疆研究的理论（或知识）基础，决定了中国边疆学所具有的独立性，它包含了中国边疆从无疆无界，到有疆无界，到有疆有界发生、发展的全部历史。在空间格局上，以陆地边疆和海洋边疆为主体，涵盖我国所有边疆地区；在时间脉络上，遵循历史发展轨迹，覆盖中国边疆由古至今的全时段；在研究内容上，通过对边疆历史和边疆现实多层次、宽领域的学术考察，诠释国家历史疆域与国家领土的形成与演进、边疆治理与边疆发展的嬗变与精髓。①

① 李国强：《开启中国边疆学学科建设新征程》，《中国边疆史地研究》2018 年第 1 期。

可以发现，依据上文边疆研究核心关键词所总结的十二大主题研究领域，一定程度彰显了边疆研究这一“独立知识体系”。一方面，在空间格局和时间脉络上，十二大领域中的边疆涉及国家（大区域）与国际关系、边疆地区与区域边疆主题、边疆重点地区和海疆主题，涵盖了我国陆疆与海疆的全部区域，并进一步拓展至与边疆紧密相连的区域国际关系问题；而边疆关注时段主题，则涉及先秦到当代中国以及全时段的边疆考察。另一方面，在具体研究内容上，十二大领域中的边疆治理、边疆史地与热点专题、边疆民族关系与民族国家认同、边疆稳定与发展、边疆理论与学科构建、边疆人物和边疆其他主题，则多角度和全方位彰显了边疆的形成、演变、治理、稳定与发展，以及边疆研究本身的学科构建等一系列问题。

二、基于中国边疆研究知识体系看中国边疆研究的学术特征

第一，中国边疆的有效治理和稳定发展，以及中国边疆学学科构建是当前我国边疆研究的两大核心问题。上文总结的我国边疆研究十二大主题中基本所有的论述都与边疆有效治理和稳定发展有着密切的关系，换言之，所有研究的出发点或落脚点都在于此。这从边疆研究领域归类中最为突出表现在“边疆治理”能够看出，具体体现在边疆治理的政策、对策、方法、手段、制度、观念、思想、意识等方面。此外，在边疆治理同时，边疆的稳定发展亦是边疆研究的重点内容。如果说中国边疆问题的出发点是有效治理，那么落脚点是稳定发展。边疆是相对于中心的边缘，往往意味着欠发达，所以更好地巩固、稳定、发展边疆，亦是边疆问题的根本努力方向。尤其在新时期党和政府提出一系列边疆发展策略之后，边疆发展更是迎来了新契机。自 20 世纪 80 年代末，边疆

学概念被再次提及①，一时间学科构建成为当代中国边疆研究的重要内容，30 年来尤其是新世纪以来中国边疆学在众多领域均有所突破。② 一个充满活力并拥有巨大发展潜力的新兴学科中国边疆学逐步被认同。

第二，边疆史地研究依然是当前中国边疆研究的基础领域。边疆史地研究是我国边疆研究的重要传统和最重要内容。随着边疆问题不断多样化，边疆研究的外延亦不断扩大。自 20 世纪 80 年代以来，中国边疆研究已经突破了史地研究的范围，与现实问题有机结合。边疆研究的外延扩大，并不代表边疆史地研究的弱化，更不是可有可无，而是必须全面、深入和客观地加以研究。中国边疆史地研究依然是中国边疆研究的核心内容和重点领域。③ 对此，《中国边疆史地研究》在 1991 年第 1 期，特辟专栏专门探讨了新时期加强中国边疆史地研究的问题。④ 关于这一点，从上文总结的我国边疆研究十二大主题内容也能看出，十二大

① 20 世纪 80 年代末，中国社会科学院中国边疆史地研究中心创办的《中国边疆史地研究导报》刊载了“边众”的署名文章《新的起步——中国边疆史地研究中心工作回顾：1987 年》（《中国边疆史地研究导报》1988 年第 1 期），在文末呼吁：“中国边疆史地研究中心全体成员愿与全国边疆史地研究者和爱好者一起努力倾听时代的呼声，振奋精神，解放思想，勇于探索，大胆创新，为中国边疆学的建立尽己微力！”有学者研究指出“边疆学”何时由何人在何处首次提出，待考。作为学术意义上的“边疆学”一词，最早见于 1933 年 6 月出版的中国殖边社社刊《殖边月刊》第一卷第十二期，这一期的“边疆学图书一览”，列出 24 本专著，几乎全与我国边疆有关。同年 7 月出版的该刊第二卷第一期，也有“边疆学图书一览”，所列图书同样多与我国边疆有关。（参见娄贵品：《近代中国“边疆学”概念提出与传播的历史考察》，《学术探索》2012 年第 8 期）这应是学术概念的“边疆学”首次出现。故这里笔者使用了“再次提及”的表述。

② 马大正：《新世纪以来中国学者对中国边疆学构筑的探索》，邢广程主编：《中国边疆学》第三辑，社会科学文献出版社 2015 年版，第 315~349 页。

③ 邢广程：《关于中国边疆学研究的几个问题》，《中国边疆史地研究》2013 年第 4 期。

④ 参见该期刊载的吕一燃、边众、张博泉、周伟洲、杨建新、周清澍、戴可来、吴丰培、尤中等署名文章。

主题核心内容基本都是历史时期我国的边疆治理问题研究。尤其从边疆关注时段看，涉及从秦代到当代中国不同的时段，其中清代、民国时段是最受关注的，还有明代、唐代、元代、汉代、宋代、辽代等时段。中国边疆史地研究的优良传统和扎实推进，为当今的中国边疆研究多样化奠定了坚实基础。边疆史地在我国边疆研究中的基础作用，在中国边疆研究产文量章节，关于中国边疆研究涉及的学科高度集中在历史学方面已经证明，这里研究热点再一次反映了这一特征。

第三，我国边疆研究系统性、整体性不够，研究对象与目标不够明确、队伍学科背景多样。中国边疆是一个极为复杂的概念，这就决定了边疆研究内容与方法也极为复杂。作为人文社会科学越来越重要的方面，我们应该不断地探索中国边疆研究特有的知识体系，总结其特点和学术界限，将中国边疆的诸多内涵整合为有机整体，明确研究对象，明晰内在联系。[①] 纵观中国边疆研究历程，虽然目前文献量不断增长，研究机构和作者队伍不断壮大，但基本是“各自为政”的状况，不同学科背景的研究者参与进来，运用不同的方法对中国边疆诸方面问题展开剖析，出现很多的分歧与争鸣，没有形成统一的认识。比如关于学科构建问题，存在边疆史地学、边疆学、中国边疆学、一般边疆学等不同的概念；对中国边疆的内涵认识，历史学、政治学、民族学、社会学等不同学科背景的解读则完全不同，提出动态边疆、边疆建构论、边疆实在论、边疆的民族属性、软硬边疆和边疆软硬治理等概念。造成以上问题的原因除了研究客体的复杂性，更重要的是研究主体之间缺乏必要的沟通与协作，诸学科之间、研究机构之间、学者之间存在学科或学术壁垒。笔者认为，现阶段中国边疆学人应尽快打破学科壁垒，开展多维度的学术合作，尽快完善并统一中国边疆研究的知识体系、学术体系和学

① 李国强：《开启中国边疆学学科建设新征程》，《中国边疆史地研究》2018 年第 1 期。

科体系，明确中国边疆研究的对象、范畴、方法等基本问题，为中国边疆学的健康和深入发展奠定基础。

三、基于中国边疆研究知识体系和学术特征的中国边疆内涵认知

何为中国边疆，是中国边疆研究的根本问题，也是边疆学学科构建的基本前提。依据上文笔者对我国边疆研究热点的梳理和知识体系的总结，以及当前中国边疆研究学术特征的分析，笔者将对中国边疆内涵这一基本问题展开解读说明。

第一，中国边疆具有鲜明的政治属性，突出表现在对边疆的治理和管控上。其实任何国家和地区的边疆都具备这一属性，边疆是政权统治下的边疆，没有了政治属性，边疆也就无从谈起。政治属性决定了边疆的存在与否。中国边疆是中国控制和管理下的边疆，无论是历史上的王朝国家时代（亦包含民族政权），还是近代以来的主权国家阶段，都是如此。对边疆的有效管控和治理，是政治属性的突出表现。这从边疆研究领域归类中最为突出表现在“边疆治理”能够看出。治理边疆的政策、对策、方法、手段、制度、观念、思想、意识都高度表现在对从属于中央政府的边疆有效管控上。再从边疆涉及国家（大区域）与国际关系看，中国的边疆更是主权捍卫和利益角逐下的边疆。从古至今，尤其是近代以来，政府为维护国家主权和国家利益，在边疆问题上与临界国家，以及相关国家和组织开展不同形式的合作与博弈，目的就是维护国家利益、边疆安全。

第二，中国边疆具有时间和空间属性，突出表现在边疆是随时空盈缩的“动态”概念。① 一方面边疆是个时间概念，这从上文的研究领域的总结可知，中国边疆涉及从秦汉至当代中国长时段的时间跨度，这一跨度涉及中国历史上的不同时段；另一方面边疆还是一个区域空间概

---

① 李大龙：《“中国边疆”的内涵及其特征》，《中国边疆史地研究》2018 年第 3 期。

念，从边疆地区与区域边疆、边疆重点区域、海疆研究领域的统计中可以发现，中国边疆涉及不同时期陆地和海洋空间问题。众所周知，中国的疆域在历朝历代是不断变化的，那么依附在疆域上的边疆概念也会随着疆域的变化而变化。这种随着时间和空间不断盈缩的边疆形态，是我国边疆的基本存在形式。同时，在不同的时空环境下，边疆还存在主体观念、想象意义上的文化延续与现实拓展的空间，即现实主体认识上的边疆。① 以上这些边疆形态和属性都是在时间和空间范围内不断变化统一的。我们要用运动和发展的眼光审视不同时期的边疆问题，不能也不应该用“刻舟求剑”思维去思考边疆问题。要在整体思维下去考察某一时段的个体边疆，更要在对所有时段个体边疆的整合与思考基础上，去反观我国的整体边疆的规律和体系。

第三，中国边疆与民族有着密切的关系。从边疆研究的关注热点看，民族关键词较为靠前，其他诸如西藏、边疆史地、云南、边疆治理，以及新疆在内的中心性关键词也都不同程度地包含区域民族问题。从研究领域看，除了边疆民族关系与民族国家认同专题研究，边疆治理、边疆关注地区、时段、涉及国家地区、稳定发展等方面，亦都与民族有着密切的关联。之所以存在这一特征，主要是因为我国边疆地区多为民族分布区，从古代先秦五方之民中的“四夷”，到当今的边疆少数民族自治区，可以说民族或族群一直伴随中国的边疆存在着。需要说明的是，边疆虽然与民族密切相关，但并不意味着边疆问题与民族问题是相同的问题，民族问题不仅仅局限在边疆，而边疆本身拥有其特殊性。几千年的历史长河中，中国边疆经略历程正是各民族不断交流、互动、交织、交融的过程，在这一过程中各民族共同形塑了我国的边疆，形成守望相助的中华民族大家庭，也共同维护着我

---

① 吕文利：《何谓“边疆”——论中国“边疆”概念的三重空间》，《中央民族大学学报（哲学社会科学版）》2019 年第 4 期。

国边疆的利益。

第四，中国边疆形态由二维向多维深化发展，但基本范畴依然是陆疆和海疆。我国的传统边疆主要是陆疆和海疆二维基本形态。新时期随着改革开放的深度发展，加之全面参与全球化治理，我国的边疆已经由传统的陆地边疆、近海海域向深海远洋、高空宇宙、信息网络等有形或无形的多维形态转变。由此出现了高边疆、利益边疆、战略边疆、文化边疆、网络边疆等边疆概念。传统的边疆和全新边疆形态交织在一起，为新时期的边疆治理和利益权衡带来了挑战。在这种情况下，应该适时更新边疆观念，应对新形势的发展。但是在边疆问题处理过程中不能脱离陆地边疆和海洋边疆基本内核，要明确所有的边疆新形态都是在传统边疆的基础上衍生出来的，这些新型边疆概念其实并没有离开陆地边疆和海疆的范畴。而目前学界讨论的众多边疆概念，其中个别概念已经脱离或超越了边疆的核心意涵。此外，将我国边疆核心问题界定在传统意义的陆疆和海疆上，对于一些工作的开展和问题的处理相对要容易一些，否则就会陷入极为复杂的境地，并不利于边疆问题有效解决和利益的维护。

第五，中国边疆是中国话语下的边疆，具有鲜明的中国特色。中国边疆之所以强调“中国”，是因为中国边疆除了政治属性，还是中国话语下的边疆，具有鲜明的中国特色。中国边疆在世界上是独一无二的，是历经数千年逐步形成的，不同时期特点不同，具有鲜明的中国特色。对于古今中国边疆而言，我们必须要在中国的话语体系中去认识、解读，并且中国自己也拥有自我的认知体系。然而，通过研究热点的总结，笔者发现很多外国学者的边疆研究，尤其对中国边疆的研究，影响极为深远。这从边疆人物和边疆其他研究领域中出现的拉铁摩尔、特纳、斯坦因、亚洲内陆等关键词可以看出。其实很多时候我们对国外相关研究的探讨和争论，并没有给我国的边疆研究、边疆问题的有效解决乃至边疆话语体系的构建带来益处，反而使问题更为复杂化。不否认国外学者的思路和方法存在一定的借鉴之处，但我们更要擦亮眼睛去分辨其研究所秉持的立场和价值取向问题。在这种背景下，我们更当有信心，也必将有能力科学地开展我国的边疆研究，并建构具有中国特色、中国风格和中国气派的边疆理论。

第四章

中国边疆研究学术队伍

本章主要探讨中国边疆研究的一个重要指标，即作者群体。作者群体是我国边疆研究得以产生并快速发展的根本保障，也是未来学科形成的依托力量。改革开放以来，随着我国经济社会的快速发展，相应的哲学社会科学研究也得以开展并取得快速进步。从前文的发文量统计可知，进入新世纪，我国的边疆研究更是突飞猛进，新时代以来更是百花齐放。不同学科领域的学人积极投入边疆研究的大潮中，极大地促进了边疆研究的深入。这些学术群体整体是什么样的状况，核心作者群体呈现何种状态、具备怎样的特征等一系列问题，需要有一些较为宏观的把握。本章正是借助于文献计量学中的一些原理和计算工具，进行宏观梳理，希望对边疆研究学术团体、研究者和爱好者了解边疆研究作者群体有一定的帮助。同时，也希望通过问题的分析，引起学界重视。

本章包含两大部分内容，其一是中国边疆研究作者总体状况，主要是将我国边疆研究的作者整体人数、独著情况、合作署名情况、完成文章量情况等问题，以及呈现特征进行统计分析；其二是中国边疆研究核心作者情况，主要是探讨核心作者的确定标准，核心作者的边疆学术介绍（包括作者姓名、年龄、单位、职称、研究方向、代表作等信息）等问题。

一、中国边疆研究学术队伍总体状况

边疆研究涉及面广，内容丰富，多学科交叉，这就使得边疆研究的作者群体也丰富多样，学科背景复杂。为了更准确地筛选和明确中国边疆研究的作者群体，这里笔者并未将所有边疆研究的文献进行统计，而是以在核心期刊刊载的论文为主，辅以学术著作出版情况参考。之所以按照这一标准，有两方面的考虑：其一，期刊论文（不包括集刊）是目前刊载哲学社会科学研究成果的重要学术阵地，无论是载文量还是学术水平都极具代表性；其二，期刊论文中的核心期刊相对而言办刊水平较高，载文专业性更强，作者群体更集中，当然这里并不是否认一般刊物办刊水平和载文的质量，只是选择一个折中的处理方式。

按照上述标准，笔者依托中国知网数据库资源，在“高级检索”中选择“期刊”，时间限定在1979年至2018年，来源类别选择“核心期刊”和“CSSCI”①，以篇名检索，分别以“边疆”“疆域”“治边”“海疆”等关键词进行检索，取消中英文扩展，进一步选择中文文献。需要说明的是，这里的文献选择主要是“篇名”研究的文章，即研究主题和内容与边疆直接相关的文章，相对面窄，属于较为狭义的边疆研究，众多学者从事的区域史、民族史、区域经济社会发展、对外关系的研究也涉及边疆问题，可能没有完全收录。之所以这样做的原因是：一方面，很多区域问题的研究，因为其区域在边疆，其研究的主题是历史问题、政治问题、民族问题、经济社会发展问题，视角和内容可能与边疆关系不大；另一方面，鉴于边疆研究较为宽泛，涉及内容复杂，如果

---

① 这里笔者并未选择核心期刊种类中的“SCI来源期刊”“EI来源期刊”和“CSCD”，因为以上核心期刊多属于科学或工程核心类刊物，主要收录我国数学、物理、化学、天文学、地学、生物学、农林科学、医药卫生、工程技术和环境科学等领域研究成果，相对而言与哲学社会科学为主的边疆研究关系不大。

以主题检索，文献量就会特别大，很难把握，诸如前文第二章中笔者对边疆产文量的整理和分析，产文量统计之所以选择范围大，主要是想表明目前边疆研究的发展趋势，而此处明确边疆研究的作者群体，主要是确定大致作者量，进而确定核心作者情况，需要更为准确科学的数据。整体上看，以“边疆”“疆域”“治边”“海疆”等关键词进行篇名检索节选的样本，在边疆研究作者（尤其是核心作者）的确定上，基本可以说明问题。当然，需要指出的是，也存在相当数量的作者发表了一些边疆研究成果在普通刊物上，这里并没有统计，这并不否认普通期刊的载文与质量问题，但整体上看，进行持续研究的核心作者发表在核心期刊的文章还是占比较大的，这里只是选择一个更为客观的标准。通过上述标准，笔者依托数据库进行样本筛选，借助于样本文献题录信息分析工具（SATI），作关键要素的提取。

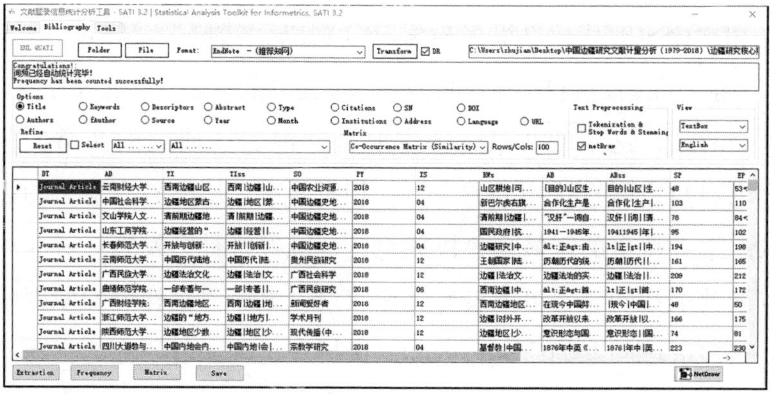

四—图 1　文献题录信息统计分析工具边疆研究样本文献导入界面

经合并去重统计，样本文献共计 2764 篇，进一步提取合并共计 2497 位作者完成了样本文献（包括独著和合著，以及个别单位作者，不包括个别无作者文献）。整体看作者人数略少于文献篇数，基本说明以下两个问题：其一，边疆研究的哲学社会科学的学科性质，一定程度以独撰文献为主，同时一定数量的作者完成多篇（即核心作者群体）；其二，边疆研究已经拥有了一个规模相对较大的作者群。经过进一步借助于 EXCEL 表格软件统计可知，仅完成（包含合作署名）1 篇论文的作者高达 2011 位，约占作者总数的 80.54%。这表明我国边疆研究作者群体仅仅表现在量上，从质上看绝大多数的作者仅仅完成（或者参与完成）1 篇文献，属于短暂作者。另外从第一作者角度看，边疆研究以第一作者发文（包括独撰）的有 1776 位，发文 1 篇的有 1402 位，约占第一作者总数的 78.94%。无论是所有作者还是第一作者统计，发文 1 篇作者所占百分比都高于洛特卡定律（Lotka’s Law）规定的 60% 标准。[①] 这更直观地表明我国边疆研究中有相当大比例的作者未进行持续性研究。这也从一个侧面反映，虽然目前边疆研究热，关注群体多，但是真正意义上展开持续性研究的学者，还是相对较少的。

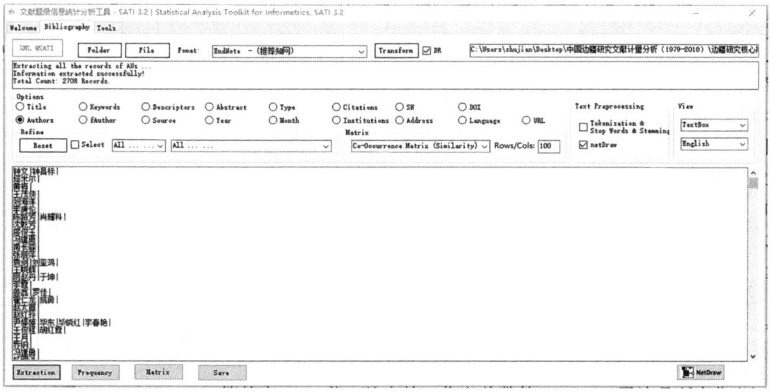

四—图 2　文献题录信息统计分析工具边疆研究作者提取界面

---

① 洛特卡定律是指科学工作者人数与其所著论文之间的关系的定律，通常人们将其称为“倒平方定律”（the inverse square law）。其文字表述是“……写 2 篇论文作者数量约为写 1 篇论文作者数量的 1/4；写 3 篇论文作者数量约为写 1 篇论文作者数量的 1/9；而写 1 篇论文作者数量约占所有作者数量的 60%”。参见丁学东：《文献计量学基础》，北京大学出版社 1993 年版，第 204 页。

2018年全国哲学社会科学工作办公室开始设立国家社科基金冷门“绝学”和国别史等研究专项申报工作，该专项重点支持对国家战略发展具有重要意义而研究投入不足的基础学科，对文化传承具有重要价值而亟须抢救的濒危学科，对中国特色哲学社会科学构建具有重要作用而有待加强的特色学科等。其中，冷门“绝学”主要是指哲学社会科学领域一些文化特色鲜明、学术价值独特、研究难度较大、研究群体很小甚至面临失传危险的传统学科或研究方向。专项涵盖冷门“绝学”、国别史、边疆史、边海防史等相关领域。涉及的一级学科主要有哲学、中国历史、世界历史、考古学、中国文学、外国文学、语言学、宗教学、民族学、国际问题研究、社会学、图书馆情报与文献学、艺术学等，包括但不限于敦煌学、藏学、西夏学、蒙古学、少数民族史、少数民族语言文字研究、特色地域文化研究、非物质文化遗产研究、历史地理学、边疆史、边海防史、周边外交及中外交往史、中小国家国别史、简牍学、音韵学、考据学、古文字学、古天文学、古籍及特色文献整理与研究、外语小语种等研究方向。① 这一专项涉及了“边疆史、边海防史、周边外交”直接相关的边疆问题研究，同时“敦煌学、藏学、西夏学、蒙古学、少数民族史、地域文化研究、历史地理学”等方面的研究与边疆研究关系密切，并指出这些学科“文化特色鲜明、学术价值独特、研究难度较大、研究群体很小”。想必全国哲学社会科学工作办公室开始设立国家社科基金冷门“绝学”和国别史等研究专项将边疆问题重点关注，除了边疆研究的独特价值，与研究群体小、研究难度大不无关系。

通过对作者情况的进一步细化统计，有两组数据值得注意。第一组是作者署名情况，即独著、合著。从文献题录信息工具提取作者情况，

---

① 全国哲学社会科学工作办公室官方网站：2019年国家社科基金冷门“绝学”和国别史等研究专项申报公告，参见 http：//www. npopss-cn. gov. cn/n1/2019/0625/c219469-31187229. html。

进行人工统计得知，在所有样本文献中一人独著文献达到1993篇（包括个别单位署名文献，不包括无作者文献），约占全部样本文献的72.11%，这一比例还是比较高的，印证了前文“边疆研究的哲学社会科学的学科性质，一定程度以独撰文献为主”的认识。在合作方面，通过人工手段合并统计可知，所有合作文献量为740篇，占全部样本文献的26.77%，其中2人合著文献587篇、3人合著文献112篇、4人合著文献25篇、5人合著文献8篇、6人合著文献2篇、7人和9人合著文献各1篇、8人合著文献4篇。可以发现，2人合作占全部合作文献的绝大比例，通过对2人合作文献的进一步甄别，这些文献绝大多数属于导师与博士生合作署名文章和一些译文（国外学者和译者）。其他署名多达6～9位的文章，经甄别发现这类文章多关注的是边疆地区，但研究主题并非严格意义上的边疆问题，多是边疆地区的数据调查、土地利用、人才培养等问题，诸如《中国西南边疆少数民族地区吸烟及危害认知调查分析》《边疆少数民族移民生活质量调查》《边疆欠发达多民族地区农地经营权流转市场运行机制构建研究——以新疆呼图壁县为例》《饶河边疆区土地利用及生态服务价值研究》《边疆高校兽医学科创新人才培养与实践》《TPACK视域下边疆少数民族地区教师专业发展研究》等。[①] 这类文献

① 马建松、陈志华、刘邦、杨丽香、苏明华、汪成波、张翰茹、杨海建、王丽敏：《中国西南边疆少数民族地区吸烟及危害认知调查分析》，《中国健康教育》2018年第8期；鲁文兴、郑宏、陈文明、广建昆、李建芬、李光华、李秀丽、蔡茂伟：《边疆少数民族移民生活质量调查》，《中国心理卫生杂志》2007年第8期；张芳、苏向辉、孙挺、王保力、那拉、门建芳、郭迪、马瑛：《边疆欠发达多民族地区农地经营权流转市场运行机制构建研究——以新疆呼图壁县为例》，《中国农业资源与区划》2017年第12期；王克晓、常屹冉、高跃攀、陈刚、陈伟涛：《饶河边疆区土地利用及生态服务价值研究》，《重庆师范大学学报（自然科学版）》2016年第6期；贾立军、张守发、鲁承、梁晚枫、宋建臣、崔成都、金鑫、姜成哲：《边疆高校兽医学科创新人才培养与实践》，《黑龙江畜牧兽医》2016年第3期；王济军、陈磊、李晓庆、谢非、杨继琼、曹培杰：《TPACK视域下边疆少数民族地区教师专业发展研究》，《中国电化教育》2015年第5期。

只能属于泛边疆问题研究，不属于严格意义上的边疆问题，受样本筛选规则所限统计在内，占比极小也不具代表性，不影响整体趋势。需要说明的是，此处的作者署名统计总文献量是2733篇，与上文样本文献量2764篇并不一致，这是因为有一部分文献未署名作者或有其他特殊情况，文献题录信息统计工具不能识别，故未统计进来。

第二组是作者完成文章数量情况，即不同作者完成文章篇数。通过完成篇数的统计，可以明确哪些作者属于一般性作者（或称之为短暂作者），哪些作者属于核心作者（或称之为典型作者）。上文笔者在洛特卡定律中已经对完成1篇作者的情况作了统计，即在2497位全部作者中，仅完成（包含合作署名，下文统计皆按照此标准）1篇论文的作者高达2011位，约占作者总数的80.54%。通过进一步人工手段统计得知，完成2篇论文的作者为271位，完成3篇论文的作者为89位，完成4篇论文的作者为46位，完成5篇论文的作者为30位，完成6篇论文的作者为12位，完成7篇论文的作者为8位，完成8篇论文的作者为5位，完成9篇和10篇论文的作者各为3位，完成12篇论文的作者为3位，完成14篇、16篇和26篇论文的作者各为2位，其余完成11篇、13篇、15篇、17篇、27篇、32篇、41篇论文的作者均为1位。

二、中国边疆研究核心作者群体及其代表著述

（一）核心作者群体的确定

核心作者是指在样本文献中，发文较多的作者。确定核心作者主要是运用文献计量学领域内的普赖斯定律（Price's Law），该定律认为在同一主题中，全部论文的一半，由该领域中全部作者的平方根的那些人所撰。推导数学公式为：$M \approx 0.749 (N_{max})^{1/2}$，（其中M为活跃作者最

少的发文量，N_{max} 是所有作者最多的发文量，0. 749 是常数）。[①] 据上文的统计可知周平先生是最多发文量者，为 41 篇，即 $N_{max}=41$，导入普赖斯定律，可以求得核心作者最少发文量约为 4. 78，近似于 5，所以中国边疆研究的核心作者发文量应大于等于 5 篇，这样核心作者群体有 80 余人。

鉴于通过发文量确定的核心作者群体，仅仅依托发文量这一指标确定具有一定的片面性，故笔者在发文量核心作者的基础上，扩大范围，从被引的角度进一步拓展具有一定影响力的核心作者。通过中国引文数据库进行“边疆”主题检索，发现马大正先生是边疆研究中被引次数最多的作者，总被引频次达到 3473 次。依然借助上文普赖斯定律计算公式，可得出被引次数达到 44. 14 次的作者可以认为是影响力层面的边疆研究的核心作者群体。在此基础上，将发文和被引率较高的作者进行整理合并，进而确定核心作者。需要说明的是，这是一项比较复杂的统计过程，笔者删除了一些第二署名作者，进行了精简。依据被引确定核心作者的原则，在检索高被引文献时，笔者进一步进行整合，增加了一定量的高被引作者，这些作者发文量低于 5 篇，但一些学术成果（包括著作）被引频次较高。最终确定 100 余位作者，作为中国边疆研究的核心作者群体。下文中笔者将对这一群体情况进行逐一说明。需要说明的是，鉴于筛选标准以及数据库的客观性，可能会存在一定量的研究者未能统计进来，主要指的是一些从事边疆区域专门史研究的学者，诸如从事专门的西藏、新疆、蒙古等边疆区域历史与现状研究的学者，或者从事边疆某一民族或政权研究的学者等。

（二）核心作者情况及其代表著述

核心作者情况主要包含五大指标，其一是作者排序，鉴于发文量和

---

① 参见王崇德：《文献计量学引论》，广西师范大学出版社 1997 年版，第 162 ~ 164 页。

被引频次二者不属于同类，没有明确可比性，这里笔者并未按照发文量或者被引频次高低进行排序，而是将核心作者合并采取姓的笔画排序（不考虑名的笔画）。学界影响较大的学者，从其代表作数量可见一斑。其二是核心作者年龄，明确了所有作者的出生年（个别已经仙逝的前辈未标记其故去年份）。之所以明确所有重要作者的出生年，主要是能够从中了解中国边疆研究的核心作者群体年龄结构问题。其三是核心作者单位和职称问题，这里笔者经过查阅和咨询多种途径了解，确定以作者当前的工作单位和职称为准，对于有些单位存在一班人马两块牌子的问题，则根据具体情况选择，极少部分学者的职称是依据最新发表文章署名或所在单位网站资料确定的，可能有所滞后。其四是核心作者的研究方向，主要基于资料展示作者的主要研究领域，个别研究面宽的学者，则根据其发表的边疆研究成果进一步总结该作者边疆研究方面的侧重点，进而明确中国边疆研究的学科领域。其五是代表性著述，主要依据被引率高低列举了作者关于边疆问题的研究成果，包括著作（专著、编著和主编）和学术论文，著作在前，论文在后，主要节选作者独著和合著时列第一作者的成果，有些作者从事非边疆其他研究成果，并未列举。需要强调的是，被收录的核心作者，其代表成果的列举不仅仅局限于边疆主题研究，其他具有代表性的边疆相关研究成果也被列举。此外，学术著作存在再版的情况，一般选择被引频次较高的版本，被引频次都较高的则全部列出；学术论文较多者，只列举被引频次较高的前10篇。

1. 丁忠毅

丁忠毅，1984年生，四川大学国际关系学院副教授。研究方向为中国政府与政治、边疆治理等。

边疆研究代表成果有：

《“一带一路”建设中的西部边疆安全治理：机遇、挑战及应对》，《探索》2015年第6期；

《对口支援边疆民族地区中的府际利益冲突与协调》，《民族研究》2015 年第 6 期；

《府际协作治理能力建设的阻滞因素及其化解——以对口支援边疆民族地区为中心的考察》，《理论探讨》2016 年第 3 期。

2. 丁建伟

丁建伟，1963 年生，兰州大学西北少数民族研究中心研究员。主要从事西北边疆安全研究。

边疆研究代表成果有：

《地缘政治中的西北边疆安全》，民族出版社 2004 年版；

《近代以来中国西北边疆安全问题研究》（第一作者，与赵波合作），民族出版社 2009 年版；

《中亚与我国西北边疆地区同源跨国民族问题》，《西北第二民族学院学报（哲学社会科学版）》2004 年第 1 期；

《论宗教对我国西北边疆安全的双重影响》（第一作者，与哈萨克斯坦 K. SH. 哈菲佐娃合作），《西北第二民族学院学报（哲学社会科学版）》2005 年第 1 期；

《论民族关系在中国西北边疆安全中的地位和作用》（第一作者，与连玉新合作），《西北第二民族学院学报（哲学社会科学版）》2004 年第 3 期。

3. 于沛

于沛，1944 年生，中国社会科学院世界历史研究所研究员。主要从事俄国史、历史认识理论、外国史学思想史方面的研究，在边疆研究方面侧重西方边疆理论问题。

边疆研究代表成果有：

《全球化境遇中的西方边疆理论研究》（第一作者，与孙宏年、章永俊、董欣洁合作），中国社会科学出版社 2008 年版；

《从地理边疆到“利益边疆”——冷战结束以来西方边疆理论的演

变》，《中国边疆史地研究》2005 年第 2 期；

《经济全球化和现代西方边疆理论》，《云南师范大学学报（哲学社会科学版）》2009 年第 5 期。

4. 于逢春

于逢春，1960 年生，浙江师范大学环东海与边疆研究院特聘教授。主要从事地缘政治学、中国疆域演变史研究。

边疆研究代表成果有：

《中国国民国家构筑与国民统合之历程——以 20 世纪上半叶东北边疆民族国民教育为主》，黑龙江教育出版社 2006 年版；

《60 年来东北边疆研究论衡》，《中国边疆史地研究》2009 年第 3 期；

《“泛中原农耕文明板块”视域中的西南边疆及土司研究》，《民族学刊》2012 年第 5 期。

5. 马大正

马大正，1938 年生，中国社会科学院中国历史研究院中国边疆研究所研究员。主要研究领域为中国古代边疆政策、中国边疆研究史、中国边疆学理论框架的构筑等。

边疆研究代表成果有：

《中国边疆经略史》，中州古籍出版社 2000 年版；

《中国古代边疆政策研究》，中国社会科学出版社 1990 年版；

《二十世纪的中国边疆研究——一门发展中的边缘学科的演进历程》（第一作者，与刘逖合作），黑龙江教育出版社 1997 年版；

《中国东北边疆研究》，中国社会科学出版社 2003 年版；

《中国边疆研究论稿》，黑龙江教育出版社 2002 年版；

《中国边疆经略史》，武汉大学出版社 2013 年版；

《边疆与民族——历史断面研考》，黑龙江教育出版社 1993 年版；

《当代中国边疆研究（1949—2014）》，中国社会科学出版社 2016

年版；

《古代中国的北部边疆》（第一作者，与华立合作），内蒙古人民出版社 1993 年版；

《中国边疆治理通论》，湖南人民出版社 2015 年版；

《热点问题冷思考：中国边疆研究十讲》，上海辞书出版社 2013 年版；

《中国边疆学构筑札记》，中央广播电视大学出版社 2016 年版；

《中国古代的边疆政策与边疆治理》，《西域研究》2002 年第 4 期；

《关于构筑中国边疆学的断想》，《中国边疆史地研究》2003 年第 3 期；

《关于当代中国边疆研究中的几个问题》，《当代中国史研究》2004 年第 4 期；

《关于中国边疆学构筑的几个问题》，《东北史地》2011 年第 6 期；

《关于边疆研究若干问题的思考》，《中国边疆史地研究》2002 年第 1 期；

《中国边疆治理：从历史到现实》，《思想战线》2017 年第 4 期；

《清代边疆史研究刍议》，《清史研究》1998 年第 2 期；

《深化边疆理论研究与推动中国边疆学的构筑》，《中国边疆史地研究》2007 年第 1 期；

《略论中国边疆学的构筑》，《新疆师范大学学报（哲学社会科学版）》2013 年第 5 期；

《边疆研究者的历史责任：构筑中国边疆学》，《云南师范大学学报（哲学社会科学版）》2008 年第 5 期。

6. 马玉华

马玉华，1965 年生，云南大学历史与档案学院教授。主要从事中国近现代西南边疆史、西南民族学史研究。

边疆研究代表成果有：

《国民政府对西南少数民族调查之研究》，云南人民出版社 2006 年版；

《国民政府边疆民族政策初探》，《贵州民族研究》2007 年第 5 期；

《20 世纪上半叶民国政府对西南边疆少数民族的调查》，《中国边疆史地研究》2005 年第 1 期；

《论国民政府对西南边疆及边疆民族的治理》，《中国边疆史地研究》2008 年第 3 期；

《西南联大与西南边疆研究》，《中南民族大学学报（人文社会科学版）》2009 年第 3 期；

《云南省边疆行政设计委员会述论》，《云南师范大学学报（哲学社会科学版）》2005 年第 6 期。

7. 马亚辉

马亚辉，1974 年生，百色学院民族研究中心副研究员。主要从事清代西南边疆史研究。

边疆研究代表成果有：

《清前期西南边疆民族政策的动态考察》（第一作者，与王巧娟合作），《广西民族研究》2017 年第 5 期；

《乾隆朝的"一视同仁"与西南边疆封建盛世的形成》（第一作者，与滕兰花合作），《广西民族师范学院学报》2018 年第 4 期；

《乾隆时期云南之边疆巡阅述论》（第一作者，与杨永福合作），《贵州民族研究》2012 年第 6 期；

《"守成"理念下嘉庆时期的西南边疆民族政策探析》，《广西民族研究》2018 年第 4 期。

8. 马汝珩

马汝珩，1927 年生，中国人民大学清史研究所教授。主要从事中国边疆民族史研究，侧重于清代边疆史。

边疆研究代表成果有：

《清代的边疆政策》（第一作者，与马大正合作），中国社会科学出版社 1994 年版；

《清代边疆开发研究》（第一作者，与马大正合作），中国社会科学出版社 1990 年版；

《清代边疆开发》（第一作者，与成崇德合作），山西人民出版社 1998 年版；

《嘉道咸时期边疆史地学的繁荣与经世致用思潮的复兴》（第一作者，与张世明合作），《中国边疆史地研究》1992 年第 1 期；

《清代边疆民族政策简论》（第一作者，与赵云田合作），《清史研究》1991 年第 2 期；

《清代边疆民族政策浅谈》，《中国边疆史地研究导报》1988 年第 4 期。

9. 马曼丽

马曼丽，1934 年生，兰州大学西北少数民族研究中心教授。主要从事中国西部边疆史地及蒙古历史人物评传研究。

边疆研究代表成果有：

《中国西北边疆发展史研究》，黑龙江教育出版社 2001 年版；

《关于边疆跨国民族地缘冲突的动因与和平跨居条件的思索》（第一作者，与艾买提合作），《中国边疆史地研究》2003 年第 2 期；

《论跨国族体问题的发展及其对中国边疆安全的威胁与对策》（第一作者，与马磊合作），《中南民族大学学报（人文社会科学版）》2010 年第 1 期；

《从成吉思汗经略西北边疆的成败看文化力的作用——纪念成吉思汗登大汗位 800 周年》（第一作者，与安俭合作），《中国边疆史地研究》2006 年第 4 期。

10. 王子今

王子今，1950 年生，中国人民大学国学院教授。主要从事秦汉史研究，在边疆研究方面侧重于秦汉时期的边疆民族问题。

边疆研究代表成果有：

《秦汉边疆与民族问题》，中国人民大学出版社 2011 年版；

《匈奴经营西域研究》，中国社会科学出版社 2016 年版；

《汉代北边的“关市”》（第一作者，与李禹阶合作），《中国边疆史地研究》2007 年第 3 期；

《“西域”名义考》，《清华大学学报（哲学社会科学版）》2010 年第 3 期。

11. 王文光

王文光，1955 年生，云南大学特聘教授。主要从事中国民族史、中国西南民族史研究，在边疆研究方面侧重西南边疆民族问题。

边疆研究代表成果有：

《中国西南民族通史》（全三册，第一作者，与朱映占、赵永忠合作），云南大学出版社 2015 年版；

《中国西南民族关系研究散论》（第一作者，与龙晓燕合作），《思想战线》2001 年第 2 期；

《西南边疆乌蛮源流考释》（第一作者，与张曙辉合作），《中国边疆史地研究》2007 年第 1 期；

《民国时期对云南边疆民族的治理与认识》（第一作者，与张媚玲合作），《云南师范大学学报（哲学社会科学版）》2008 年第 6 期；

《二十五史中的海外民族史志与中国的文化边疆、政治边疆》，《中国边疆史地研究》2014 年第 4 期；

《“大一统”中国发展史与中国边疆民族发展的“多元一统”》，《中国边疆史地研究》2015 年第 4 期；

《中国西南边疆的土兵》（第一作者，与施芳合作），《思想战线》2010 年第 2 期；

《〈史记〉“四裔传”与秦汉时期的边疆民族史研究》（第一作者，

与仇学琴合作)，《思想战线》2008 年第 2 期。

12. 王欣

王欣，1966 年生，陕西师范大学西北民族研究中心、中国西部边疆研究院教授。主要从事中国民族史和中外关系史研究，在边疆研究方面侧重西北边疆民族史和边疆学学科问题。

边疆研究代表成果有：

《吐火罗史研究》，中国社会科学出版社 2002 年版；

《中国边疆学构建面临的几点理论挑战——以拉铁摩尔、狄宇宙和濮德培为例》，《思想战线》2014 年第 3 期；

《10 世纪前中国西北边疆发展的几个特点》(第一作者，与周伟洲合作)，《中国边疆史地研究》2006 年第 2 期；

《关于中国边疆学学科话语理论体系建构的几点思考》，《中国边疆史地研究》2018 年第 3 期。

13. 王振刚

王振刚，1978 年生，云南大学历史与档案学院副教授。从事中国边疆史、中国边疆学理论研究。

边疆研究代表成果有：

《民国学人西南边疆问题研究》，人民出版社 2013 年版；

《学界对民国学人西南边疆问题著述研究综述》，《中国边疆史地研究》2010 年第 4 期；

《土官土司制的兴衰与西南历史疆域的形成——以云南为中心的考察》，《昆明学院学报》2015 年第 4 期；

《新世纪以来当代云南边疆问题研究述评》，《中国边疆史地研究》2016 年第 2 期。

14. 王景

王景，1984 年生，云南师范大学民族教育信息化教育部重点实验室副教授。从事民国时期边疆教育问题研究。

边疆研究代表成果有：

《国民政府时期推行边疆教育政策的背景刍议》（第一作者，与张学强合作），《华东师范大学学报（教育科学版）》2012 年第 2 期；

《政治统治维持与边疆国防巩固——国民政府时期边疆教育政策考述》（第一作者，与王凌合作），《云南师范大学学报（哲学社会科学版）》2013 年第 1 期；

《国民政府时期边疆教育行政管理机构的创设》（第一作者，与赵伟合作），《学术探索》2013 年第 7 期；

《抗战时期国立边疆学校的创办及其意义》（第一作者，与张学强合作），《贵州民族研究》2014 年第 2 期。

15. 王鹏辉

王鹏辉，1971 年生，四川大学中国西部边疆安全与发展协同创新中心、国际关系学院教授。从事新疆区域史和近代中国边疆史研究。

边疆研究代表成果有：

《边疆、民族与梁启超“新中国”的建构》，《人文杂志》2014 年第 11 期；

《再观“边疆中国”：近年国内边疆研究的前沿述评》，《学术月刊》2017 年第 12 期；

《吴禄贞视野中的边疆民族社会——以内蒙古东四盟调查为例》，《北方民族大学学报（哲学社会科学版）》2015 年第 5 期；

《康有为的边疆建设方略研究》，《中国边疆史地研究》2015 年第 4 期。

16. 尤中

尤中，1927 年生，云南大学历史与档案学院教授。主要从事地方史、地方沿革史、云南民族史、西南民族史乃至中华民族发展史等方面的研究，在边疆研究方面侧重西南边疆变迁史。

边疆研究代表成果有：

《中国西南边疆变迁史》，云南教育出版社 1987 年版；

《清朝对西南民族地区的设治和经营》，《云南社会科学》1993 年第 3 期；

《南宋时期西南边疆的民族地方政权“罗施鬼国”和“自杞国”》，《思想战线》1996 年第 3 期；

《开展中国西南边疆史地研究的一些设想》，《中国边疆史地研究》1991 年第 1 期。

17. 牛海桢

牛海桢，1971 年生，兰州文理学院教授。从事历史学、民族社会学与旅游文化方面的研究，在边疆研究方面侧重清代西北边疆史地。

边疆研究代表成果有：

《清代西北边疆屯田政策与经济开发》（第一作者，与李晓英合作），《石河子大学学报（哲学社会科学版）》2005 年第 4 期；

《清代的西北边疆史地学》，《史学史研究》1999 年第 4 期；

《清代西北边疆史地学兴起的历史背景》，《兰州大学学报（社会科学版）》2001 年第 4 期；

《清代西北边疆史地学的发展阶段及其特征》，《西北史地》1999 年第 4 期；

《试论清王朝在西北边疆地区的民族立法》（第一作者，与李敏合作），《甘肃联合大学学报（社会科学版）》2004 年第 3 期；

《试论乾隆以后清朝对西北边疆少数民族的贸易政策》，《兰州商学院学报》2008 年第 4 期。

18. 方铁

方铁，1949 年生，云南大学西南边疆少数民族研究中心教授。主要研究边疆史、民族史与边疆历史地理。

边疆研究代表成果有：

《中国西南边疆开发史》（第一作者，与方慧合作），云南人民出版社 1997 年版；

《西南通史》，中州古籍出版社 2003 年版；

《方略与施治：历朝对西南边疆的经营》，社会科学文献出版社 2015 年版；

《边疆民族史探究》，中国书籍出版社 2013 年版；

《边疆民族史新探》，知识产权出版社 2013 年版；

《古代“守中治边”“守在四夷”治边思想初探》，《中国边疆史地研究》2006 年第 4 期；

《论中国边疆学学科建设的若干问题》，《中国边疆史地研究》2007 年第 2 期；

《论中国古代治边思想的特点、演变和影响》（第一作者，与张维合作），《中国边疆史地研究》2003 年第 1 期；

《论羁縻治策向土官土司制度的演变》，《中国边疆史地研究》2011 年第 2 期；

《试论中国边疆学的研究方法》，《云南师范大学学报（哲学社会科学版）》2008 年第 5 期；

《清雍正朝改土归流的原因、策略与效用》，《河北学刊》2012 年第 3 期；

《论中国古代治边之重北轻南倾向及其形成原因》（第一作者，与邹建达合作），《云南师范大学学报（哲学社会科学版）》2006 年第 3 期；

《清朝治理云南边疆民族地区的思想及举措》，《思想战线》2001 年第 1 期；

《土司制度及其对南方少数民族的影响》，《中南民族大学学报（人文社会科学版）》2012 年第 1 期；

《古代治理边疆理论与实践的研究构想》，《社会科学战线》2008 年第 2 期。

19. 方盛举

方盛举，1969年生，云南大学公共管理学院教授。从事地方政府与区域治理、边疆治理、政治技术与政治艺术研究。

边疆研究代表成果有：

《当代中国陆地边疆治理》，中央编译出版社2017年版；

《中国陆地边疆的软治理与硬治理》（第一作者，与吕朝辉合作），《晋阳学刊》2013年第5期；

《影响边疆民族地区社会政治稳定的主要因素分析》（第一作者，与陈立春合作），《思想战线》1999年第5期；

《论我国陆地边疆的合作型治理》（第一作者，与吕朝辉合作），《社会科学研究》2015年第4期；

《论我国陆地边疆的情感型治理模式》，《云南行政学院学报》2013年第5期；

《论我国陆地边疆治理的价值追求》（第一作者，与苏紫程合作），《思想战线》2016年第3期；

《宗教信仰与中国陆地边疆治理》（第一作者，与吕朝辉合作），《云南民族大学学报（哲学社会科学版）》2014年第1期；

《我国边疆治理的一般客体与特殊客体》（第一作者，与王志辉合作），《思想战线》2015年第5期；

《县级政府社会管理模式创新的实证研究——以云南省开远市为例》（第一作者，与李庚伦合作），《学术探索》2011年第1期；

《边疆治理在国家治理中的地位和作用》，《探索》2015年第6期；

《论中国陆地边疆的软治理模式》（第一作者，与吕朝辉合作），《云南行政学院学报》2016年第1期。

20. 邓杰

邓杰，1973年生，四川文理学院教授。从事中华基督教全国总会边疆服务运动的研究，尤其侧重于边疆服务运动中的医疗卫生事业、妇女事工等问题。

边疆研究代表成果有：

《李安宅与边疆服务运动》，《四川文理学院学报》2009 年第 6 期；

《基督教与川康民族地区近代医疗事业：边疆服务中的医疗卫生事业研究（1939—1955）》，四川大学研究生学位论文，2007 年；

《基督教与川康边疆建设——以边疆服务运动为中心的考察》，《民族学刊》2010 年第 2 期；

《抗日战争与边疆服务运动——中华基督教会全国总会边疆服务的缘起》，《史学月刊》2010 年第 10 期；

《基督教与战时西部边疆社会改良——中华基督教会学生暑期服务团活动考察》，《社会科学研究》2006 年第 6 期；

《基督教与川康民族地区疾病研究——以边疆服务部所作医疗卫生研究为例》，《四川大学学报（哲学社会科学版）》2009 年第 6 期；

《四川彝藏羌地区近代教育的起步——边疆服务中的教育事业研究》（第一作者，与刘长江合作），《重庆师范大学学报（哲学社会科学版）》2008 年第 3 期；

《“社会福音”与边地社会改良——中华基督教会边疆服务运动中的妇女事工》，《宗教学研究》2006 年第 2 期；

《〈边疆服务〉与服务边疆——基督教边疆服务运动的历史记录》（第一作者，与刘长江合作），《重庆师范大学学报（哲学社会科学版）》2007 年第 1 期；

《新中国的宗教政策与基督教教会的因应——以中华基督教会边疆服务运动为例》，《世界宗教研究》2012 年第 3 期。

21. *厉声*

厉声，1949 年生，中国社会科学院中国历史研究院中国边疆研究所研究员。从事疆域史研究。

边疆研究代表成果有：

《中国边疆史地研究综述》（第一作者，与李国强合作），黑龙江教育出版社 2002 年版；

《中国新疆》，五洲传播出版社 2013 年版；

《中国历代边事边政通论》（第一作者，与李大龙、李治亭、毕奥南、翟国强合作），黑龙江教育出版社 2015 年版；

《先秦国家形态与疆域、四土刍见——以殷商国家叙述为主》，《中国边疆史地研究》2006 年第 3 期；

《近代中国边界变迁与边疆问题（一）》，《百年潮》2007 年第 9 期；

《改革开放 30 年来中国边疆史地研究学科的繁荣与发展——兼述中国边疆史地研究的第三次研究高潮》，《中国边疆史地研究》2008 年第 4 期；

《那彦成新疆善后制外浅析》，《新疆大学学报（哲学社会科学版）》1987 年第 3 期；

《60 年来西北边疆史地研究的回顾与展望》（第一作者，与贾建飞合作），《中国边疆史地研究》2009 年第 3 期；

《新疆近代史研究回顾》，《中国边疆史地研究》1992 年第 3 期；

《近代中国边界变迁与边疆问题（二）》，《百年潮》2007 年第 10 期；

《隋唐征伐高句丽刍议》（第一作者，与李方合作），《东北史地》2004 年第 2 期；

《辛亥革命期间列强对东北的政策分析》（第一作者，与冯建勇合作），《北华大学学报（社会科学版）》2008 年第 1 期；

《沿着中国边疆史地研究的正确方向不断开拓进取》，《中国边疆史地研究》2003 年第 3 期。

22. 卢明辉

卢明辉，1934 年生，内蒙古社会科学院历史研究所研究员。从事近代蒙古史、清代以来北方民族经济史和北部边疆民族史研究。

边疆研究代表成果有：

《清代北部边疆民族经济发展史》，黑龙江教育出版社 1994 年版；

《清末“移民实边”对蒙古社会的影响》，《内蒙古社会科学》1986 年第 5 期；

《辛亥革命与蒙古封建王公》，《内蒙古社会科学（文史哲版）》1992 年第 2 期；

《试论我国古代北方诸游牧民族之间及其与中原汉族的关系》，《西北史地》1986 年第 4 期；

《略述清初对北方边疆少数民族的安抚政策》，《北方文物》1987 年第 4 期。

23. 田正平

田正平，1944 年生，浙江大学中外教育现代化研究所教授。从事中国教育近代化、中外教育交流史、近代边疆教育研究。

边疆研究代表成果有：

《中英庚款与民国时期的边疆教育》（第一作者，与张建中合作），《河北师范大学学报（教育科学版）》2006 年第 6 期；

《近代边疆教育行政管理机构的创立与演变——以中央政府一级为中心的考察》（第一作者，与张建中合作），《社会科学战线》2008 年第 3 期；

《对近代边疆教育研究的思考》（第一作者，与张建中合作），《西北师大学报（社会科学版）》2009 年第 3 期。

24. 田澍

田澍，1964 年生，西北师范大学教授。主要从事明清史和西北史研究，在边疆方面侧重西北边疆社会史。

边疆研究代表成果有：

《西北边疆社会研究》（第一作者，与何玉红合作），中国社会科学出版社 2009 年版；

《西北边疆管理模式演变与社会控制研究》（第一作者，与何玉红、马啸合作），天津古籍出版社 2012 年版；

《丝绸之路研究》（第一作者，与何玉红合作），甘肃文化出版社 2013 年版；

《明代甘肃镇边境保障体系述论》，《中国边疆史地研究》1998 年第 3 期；

《明代哈密危机述论》，《中国边疆史地研究》2002 年第 4 期；

《明代甘肃镇与西域朝贡贸易》，《中国边疆史地研究》1999 年第 1 期；

《明朝对河西走廊的财政政策》，《甘肃社会科学》2001 年第 2 期；

《彭泽与甘肃之变》，《西域研究》2004 年第 1 期；

《古代西北疆域研究若干问题的思考》（第一作者，与杨军辉合作），《中国边疆史地研究》2006 年第 3 期；

《西北边疆史地研究的回顾与反思》（第一作者，与何玉红合作），《中国边疆史地研究》2011 年第 1 期；

《陆路丝绸之路上的明朝角色》，《中国边疆史地研究》2017 年第 3 期；

《互动与融通：新时代中国边疆史研究的客观要求》，《中国边疆史地研究》2018 年第 3 期。

25. 白利友

白利友，1979 年生，云南大学公共管理学院副教授。主要从事政治学理论、民族政治与边疆治理研究。

边疆研究代表成果有：

《基于全球夜间灯光遥感数据的中国西南边境虚空化考察》（第一作者，与谭立力合作），《云南师范大学学报（哲学社会科学版）》2017 年第 4 期；

《中国共产党在边疆地区少数民族中的政党认同建设研究》，《西南民族大学学报（人文社科版）》2016 年第 1 期；

《国家治理视域中的边疆与边疆治理》，《探索》2015 年第 6 期；

《中国的陆地边境治理及其研究》，《新视野》2017 年第 5 期；

《大数据时代的数字边疆及其治理思考》，《云南师范大学学报（哲学社会科学版）》2018 年第 5 期；

《论边疆治理的比较研究》，《思想战线》2018 年第 5 期。

26. 冯建勇

冯建勇，1979 年生，浙江师范大学边疆研究院、人文学院教授。主要研究方向为中国近代边疆史、边疆理论。

边疆研究代表成果有：

《辛亥革命与近代中国边疆政治变迁研究》，黑龙江教育出版社 2012 年版；

《“一带一路”的中国边疆研究新视角》，《新疆师范大学学报（哲学社会科学版）》2016 年第 1 期；

《重构国家认同：民初中央政府对蒙藏边疆地区之统合——以 1911—1915 年为中心》，《黑龙江民族丛刊》2009 年第 4 期；

《近现代中国民族国家构建之历程——民国中央政府统合边疆民族地区的理论探讨》，《社会科学》2014 年第 2 期；

《清季近代国家观念之构筑及其在边疆地区的适用》，《北方论丛》2009 年第 2 期；

《构建民族国家：辛亥革命前后的中国边疆》，《中国边疆史地研究》2011 年第 3 期；

《近代列强对东北边疆的争夺与清政府的回应（1900—1911）》，《青岛大学师范学院学报》2007 年第 4 期；

《英俄在新疆的角逐与清政府之政策回应——以 1851—1911 年为中心》，《新疆社科论坛》2009 年第 4 期；

《边疆民族精英的建国想象——以民国时期蒙疆藏为例》，《文化纵横》2014 年第 6 期；

《“现代化”叙事中的边疆认知与边疆实践——国民政府时期边疆开发运动的多重图景》，《人文杂志》2017 年第 4 期；

《边疆的“地方”格局与“世界”意义——四十年来中国边疆对外开放的理路与目标》，《学术月刊》2018 年第 12 期。

27. 邢广程

邢广程，1961 年生，中国社会科学院中国历史研究院中国边疆研究所研究员。主要从事俄罗斯政治和外交、中亚问题、上海合作组织、苏联历史、一带一路、中国边疆理论等方面的研究。

边疆研究代表成果有：

《对外关系、和谐边疆与中国战略定位》（第一作者，与李国强合作），社会科学文献出版社 2016 年版；

《“治国必治边、治边先稳藏”重要战略思想研究》（第一作者，与孙宏年合作），社会科学文献出版社 2016 年版；

《中俄两国投资合作的现状与前景》（第一作者，与张中华合作），《西伯利亚研究》2005 年第 4 期；

《关于中国边疆学研究的几个问题》，《中国边疆史地研究》2013 年第 4 期；

《开拓中国边疆学研究的新局面》，《中国边疆史地研究》2016 年第 2 期；

《新时代中国边疆治理的新思路》，《边界与海洋研究》2018 年第 2 期；

《俄罗斯的欧亚选择与中俄边疆区域合作》，《中国边疆史地研究》2010 年第 4 期；

《三种思维并存的亚洲：新安全观、军国主义思维与冷战思维》（第一作者，与葛军合作），《世界知识》2014 年第 10 期；

《中国边疆地区开发开放应加强与周边区域合作》，《中国社会科学报》2014 年 1 月 15 日；

《打造中蒙俄哈阿尔泰区域经济合作带》，《大陆桥视野》2015 年第 8 期；

《黑龙江历史文化研究工程：构建中国边疆学》，《中国社会科学报》2017 年 7 月 25 日。

28. 成崇德

成崇德，1949 年生，中国人民大学清史研究所教授。从事清代边疆民族史研究。

边疆研究代表成果有：

《18 世纪的中国与世界（边疆民族卷）》，辽海出版社 1999 年版；

《清代边疆民族研究》，故宫出版社 2015 年版；

《清代前期边疆通论（上）》，《清史研究》1996 年第 3 期；

《论清代前期的西部边疆开发》（第一作者，与孙喆合作），《清史研究》2001 年第 4 期；

《论清朝疆域形成与历代疆域的关系》，《中国边疆史地研究》2005 年第 1 期；

《清代前期边疆通论（下）》，《清史研究》1998 年第 1 期；

《清朝边疆统一论》，《清史研究》1998 年第 2 期；

《18 世纪中美边疆问题比较研究》，《清史研究》1995 年第 1 期；

《清代中叶北疆开发述论》，《清史研究》1993 年第 1 期；

《清代边疆农牧业、屯垦研究概述》，《中国边疆史地研究导报》1988 年第 2 期；

《清代中国边疆开发与美国西部开发对比刍议》（第一作者，与张世明合作），《中国边疆史地研究》1991 年第 2 期；

《研究中国北部边疆史的一部力作——评介〈清代蒙古政教制度〉》，《中国边疆史地研究》1993 年第 3 期。

29. 吕一燃

吕一燃，1929年生，中国社会科学院中国历史研究院中国边疆研究所研究员。从事中国边疆史地研究，尤其侧重边界史、北疆史、海疆史领域。

边疆研究代表成果有：

《中国边疆史地论集》（主编，马大正、邢玉林副主编），黑龙江教育出版社1991年版；

《中国北部边疆史研究》，黑龙江教育出版社1991年版；

《中国边疆史地考论》，中国社会科学出版社2013年版；

《爱国者谢彬及其中国边疆史地研究》，《衡阳师范学院学报》2007年第4期；

《中国边疆史地研究的回顾和展望》，《中国边疆史地研究》1991年第1期；

《二十年来边疆史地研究的回顾和展望》，《史学理论研究》1992年第1期；

《〈俄商借道伊、塔运茶出口章程〉签订于何时？——兼与王铁崖先生商榷》，《新疆大学学报（哲学社会科学版）》1986年第4期；

《清代边疆名臣明谊传》，《中国边疆史地研究导报》1989年第4期。

30. 吕文利

吕文利，1980年生，中国社会科学院中国历史研究院中国边疆研究所研究员。从事中国边疆史地、中国边疆理论研究，侧重清代北部边疆史和疆域理论研究。

边疆研究代表成果有：

《〈皇朝藩部要略〉研究》，黑龙江教育出版社2013年版；

《嵌入式互动：清代蒙古入藏熬茶研究》，内蒙古大学出版社2017年版；

《中国古代天下观的意识形态建构及其制度实践》，《中国边疆史地研究》2013 年第 3 期；

《新中国成立 60 年来北部边疆研究评述》，《中国边疆史地研究》2009 年第 3 期；

《论中国古代边疆治理中的“云南模式”》，《云南师范大学学报（哲学社会科学版）》2014 年第 4 期；

《满蒙联姻与清代边疆——满蒙联姻研究综述》，《西部蒙古论坛》2013 年第 3 期；

《“一带一路”中的边疆地区——嵌入式互动与立交桥式发展》，《中国图书评论》2015 年第 9 期；

《构建中国边疆学需要理论与实践的结合》，《中国边疆史地研究》2016 年第 3 期。

31. 吕昭义

吕昭义，1948 年生，云南大学历史与档案学院教授。从事南亚、中印关系史及西南边疆史地研究。

边疆研究代表成果有：

《英帝国与中国西南边疆（1911—1947）》，中国藏学出版社 2001 年版；

《英属印度与中国西南边疆（1774—1911）》，中国社会科学出版社 1996 年版；

《英属印度对中国西南边疆政策综述》，《中国边疆史地研究》1995 年第 3 期；

《印度东北地区的战略转变及推进中国云南与印度东北地区合作的建议》，《东南亚南亚研究》2009 年第 4 期。

32. 吕朝辉

吕朝辉，1980 年生，云南民族大学政治与公共管理学院副教授。主要从事陆地边疆治理研究，侧重于当代中国陆地边疆治理模式、陆地边疆治理体系、陆地边疆法治文化认同等方面。

边疆研究代表成果有：

《当代中国陆地边疆治理模式创新研究》，云南大学研究生学位论文，2015 年；

《边疆治理视野下的精准对口支援研究》，《云南民族大学学报（哲学社会科学版）》2016 年第 3 期；

《论中国陆地边疆的法治文化认同》，《云南民族大学学报（哲学社会科学版）》2015 年第 5 期；

《论边疆法治文化认同建设的障碍与路径——以云南边疆多民族地区为分析视角》，《云南行政学院学报》2015 年第 2 期；

《边疆少数民族法治文化认同：问题呈现与生成之道——以云南省为例》（第一作者，与李敬合作），《吉首大学学报（社会科学版）》2017 年第 1 期；

《论我国陆地边疆情感型治理模式的运用》，《云南行政学院学报》2013 年第 5 期；

《习近平边疆治理思想论要》，《云南行政学院学报》2018 年第 4 期；

《党的群众路线在云南边疆民族地区的实践》，《广西民族师范学院学报》2016 年第 5 期；

《边疆治理现代化进程中的乡规民约探析》，《云南行政学院学报》2017 年第 2 期；

《论法治视野下的中国陆地边疆规制型治理》，《学术探索》2016 年第 5 期。

33. 朱金春

朱金春，1984 年生，四川大学社会发展与西部开发研究院副教授。从事边疆治理与边疆理论研究。

边疆研究代表成果有：

《现代国家构建视野下的边疆治理研究》，中央民族大学研究生学位论文，2012 年；

《边疆治理的转型与重构》，《新疆师范大学学报（哲学社会科学版）》2016 年第 3 期；

《游牧帝国的历史循环——兼读〈中国的亚洲内陆边疆〉与〈危险的边疆：游牧帝国与中国〉》，《中国图书评论》2012 年第 5 期；

《“一带一路”战略与中国边疆形态的重塑》，《北方民族大学学报（哲学社会科学版）》2016 年第 2 期；

《边疆研究及其学科化：以民国边政学为中心》，《北方民族大学学报（哲学社会科学版）》2018 年第 6 期；

《“一带一路”视域下的边疆内地一体化》，《中央民族大学学报（哲学社会科学版）》2018 年第 3 期；

《边疆意象的形成与变迁：以主流叙事为中心的探讨》，《北方民族大学学报（哲学社会科学版）》2015 年第 2 期；

《结构、制度政策与事件—过程：边疆政治研究的分析范式》，《天府新论》2015 年第 6 期。

34. 朱慈恩

朱慈恩，1977 年生，兰州大学历史文化学院副教授。从事史学理论与史学史研究，在边疆研究方面侧重民国边疆史与边防制度史研究。

边疆研究代表成果有：

《蒙藏委员会与民国时期的边疆教育》，《民族教育研究》2008 年第 5 期；

《汉代边防职官行塞制度述论》，华东师范大学研究生学位论文，2006 年；

《“九·一八”事变后中国边疆研究学术团体的兴起及其意义》，《黔南民族师范学院学报》2008 年第 1 期。

35. 朱碧波

朱碧波，1981 年生，云南师范大学历史与行政学院副教授。主要从事边疆治理研究。

边疆研究代表成果有：

《论中国边疆治理的体系转型与能力重构》（第一作者，与王砚蒙合作），《湖南师范大学社会科学学报》2014 年第 6 期；

《论我国边疆地区的宗教渗透与治理》，《理论月刊》2015 年第 3 期；

《论我国边疆暴力恐怖活动发展的五大趋势》（第一作者，与罗云丽合作），《云南行政学院学报》2016 年第 2 期；

《“边疆建构论”与“边疆实在论”：对立抑或共生？——兼与杨明洪教授商榷》（第一作者，与李朝辉合作），《新疆师范大学学报（哲学社会科学版）》2018 年第 2 期；

《美好生活：边疆社会的愿景想望与行进路径》，《中央民族大学学报（哲学社会科学版）》2018 年第 3 期；

《地缘政治变迁中的边疆安全风险研究》（第一作者，与王砚蒙合作），《青海民族大学学报（社会科学版）》2014 年第 2 期；

《论我国边疆理论的言说困境与创制逻辑》，《云南师范大学学报（哲学社会科学版）》2015 年第 1 期；

《我国边疆暴力恐怖活动治理问题研究》，《理论导刊》2016 年第 2 期；

《新时代中国边疆治理的逻辑体系研究》，《宁夏社会科学》2018 年第 4 期。

36. 刘永刚

刘永刚，1977 年生，云南师范大学历史与行政学院副教授。主要从事民族政治学、边疆治理研究。

边疆研究代表成果有：

《基层政治变迁中的权威、自主与制度》，中央民族大学研究生学位论文，2010 年；

《全球化时代的国家认同问题与边疆治理析论》，《云南行政学院学报》2016 年第 1 期；

《合法性系统视域下中国边疆治理体系的转型与重构》，《新疆社会科学》2015 年第 5 期；

《边疆治理视野下跨界民族成员的身份选择与公民身份建构——以云南省为例》，《吉首大学学报（社会科学版）》2016 年第 2 期；

《合作治理：中国陆地边疆治理的多元关系及实现路径》，《学术论坛》2017 年第 4 期；

《边疆民族地区国家认同的多维空间与空间构设》，《思想战线》2016 年第 5 期；

《中国边疆治理中的文化建设论纲》，《云南行政学院学报》2018 年第 5 期。

37. 刘亚妮

刘亚妮，1975 年生，兰州大学马克思主义学院副教授。从事中国近现代史基本问题、马克思主义中国化、民国时期的边疆教育研究。

边疆研究代表成果有：

《论国民政府时期甘宁青的边疆教育》，《兰州大学学报（社会科学版）》2006 年第 3 期；

《民国时期甘宁青边疆教育研究述评》，《青海民族研究》2005 年第 3 期；

《南京国民政府时期边疆教育探析》，《兰州大学学报（社会科学版）》2013 年第 1 期；

《南京国民政府时期边疆社会教育初探》（第一作者，与杨恕合作），《青海民族研究》2015 年第 1 期；

《南京国民政府时期边疆公民教育述评》（第一作者，与杨恕合作），《青海社会科学》2013 年第 3 期。

38. 刘建华

刘建华，1971 年生，内蒙古科技大学教授。主要从事网络文化与思想政治教育、教育基本理论与实践、公共领域的社会问题等方面的学术研究，在边疆方面侧重互联网视阈下的边疆民族地区社会治理研究。

边疆研究代表成果有：

《边疆民族地区网络舆情传播中的民族因素论析》，《云南民族大学学报（哲学社会科学版）》2015 年第 2 期；

《网络舆情传播对西部边疆民族地区政治安全的影响与对策》，《理论导刊》2014 年第 8 期；

《边疆多民族地区网络政治传播的失序与治理》，《吉首大学学报（社会科学版）》2015 年第 5 期；

《论边疆民族地区网络舆情危机的政府应急机制构建》，《陕西师范大学学报（哲学社会科学版）》2014 年第 6 期；

《维护边疆民族地区社会稳定的利益表达机制》，《西南民族大学学报（人文社科版）》2015 年第 8 期；

《互联网思维下边疆民族地区政府社会治理方式研究》，《电子政务》2016 年第 5 期；

《边疆民族地区网络舆情危机中的社会怨恨情绪研究》，《吉首大学学报（社会科学版）》2016 年第 4 期；

《从“失衡”到“怨恨”：转型时期边疆民族地区民众社会心态研究》，《云南民族大学学报（哲学社会科学版）》2016 年第 4 期；

《边疆民族地区高校域外大学生的跨文化适应问题分析》，《中国青年研究》2014 年第 12 期。

39. 刘祥学

刘祥学，1967 年生，广西师范大学历史文化与旅游学院教授。从事中国民族史、明史、西南民族史、民族关系史、边疆史研究。

边疆研究代表成果有：

《明朝民族政策演变史》，民族出版社 2006 年版；

《论明朝民族政策总方针及其对边防的影响》，《湖北民族学院学报（哲学社会科学版）》2004 年第 2 期；

《地域形象与中国古代边疆的经略》，《中国史研究》2014 年第 3 期；

《当今边疆地区环境史视野下的“瘴”研究辩析》，《江汉论坛》2013 年第 6 期；

《论广西民族交融传统在边疆稳定与开发建设中的作用》，《广西师范大学学报（哲学社会科学版）》2004 年第 1 期；

《中国古代边疆地区的地域形象与边疆建设》，《广西师范大学学报（哲学社会科学版）》2008 年第 6 期；

《论唐胄的边疆情怀与治边功绩》，《海南热带海洋学院学报》2017 年第 1 期；

《论边地土司与中国疆界的形成》，《中国边疆史地研究》2018 年第 3 期。

40. 关凯

关凯，1969 年生，云南大学民族学与社会学学院教授。主要从事族群政治、政治人类学、民族区域自治、民族社会学研究，在边疆研究方面侧重边疆政治相关问题研究。

边疆研究代表成果有：

《反思“边疆”概念：文化想象的政治意涵》，《学术月刊》2013 年第 6 期；

《内与外：民族区域自治实践的中国语境》，《清华大学学报（哲学社会科学版）》2015 年第 1 期；

《被污名化的“边疆”：恐怖主义与人的精神世界》，《文化纵横》2014 年第 3 期；

《发展与稳定：边疆中国的话语政治》，《学术月刊》2014 年第 8 期；

《文化秩序中的国家与族群》，《文化纵横》2011 年第 6 期；

《民族区域自治：在历史与现实之间》，《中国民族》2014 第 11 期。

41. 许建英

许建英，1963 年生，中国社会科学院中国历史研究院中国边疆研究所研究员。主要从事新疆历史与现状研究。

边疆研究代表成果有：

《近代英国和中国新疆（1840—1911）》，黑龙江教育出版社 2004 年版；

《民国时期英国与中国新疆（1912—1949）》，新疆人民出版社 2008 年版；

《“丝绸之路经济带”视野下新疆定位与核心区建设》，《新疆师范大学学报（哲学社会科学版）》2015 年第 1 期；

《近代土耳其对中国新疆的渗透及影响》，《西域研究》2010 年第 4 期；

《拉铁摩尔对中国新疆的考察与研究》，《中国边疆史地研究》2011 年第 4 期；

《“中国世界秩序”观之影响及其与中国古代边疆研究——费正清〈中国世界秩序：中国传统的对外关系〉读后》，《中国边疆史地研究》2006 年第 1 期；

《试论杨增新时期英国和中国新疆间的贸易（1912—1928）》，《近代史研究》2004 年第 5 期；

《试析清政府在帕米尔交涉中的对策》，《中国边疆史地研究》2002 年第 3 期；

《金树仁时期英国和苏联在新疆的竞争——以英新、苏新贸易为中心》，《社会科学研究》2006 年第 6 期；

《“东突”问题的历史与现状述论》，《新疆师范大学学报（哲学社会科学版）》2016 年第 6 期；

《金树仁时期英国和中国新疆之间的贸易（1928—1933）》，《西域研究》2006 年第 1 期；

《近代英国和中国新疆关系研究述评》，《新疆师范大学学报（哲学社会科学版）》2001 年第 3 期。

42. 孙宏年

孙宏年，1971 年生，中国社会科学院中国历史研究院中国边疆研究所研究员。主要从事历史地理学、近代中外关系、中国西南边疆史地、西藏近现代史等方面的研究。

边疆研究代表成果有：

《四海一家——边疆治理与民族关系》，长春出版社 2004 年版；

《中国西南边疆的治理》，湖南人民出版社 2015 年版；

《清代中越宗藩关系研究》，黑龙江教育出版社 2006 年版；

《清代中越关系研究（1644—1885）》，黑龙江教育出版社 2014 年版；

《蒙藏事务局与民国初年的边疆治理论析》，《中国边疆史地研究》2004 年第 1 期；

《相对成熟的西方边疆理论简论（1871—1945）》，《中国边疆史地研究》2005 年第 2 期；

《国民参政会与国民政府的治藏政策——以治藏议案为中心》，《中国边疆史地研究》2002 年第 3 期；

《清代中国与邻国“疆界观”的碰撞、交融刍议——以中国、越南、朝鲜等国的“疆界观”及影响为中心》，《中国边疆史地研究》2011 年第 4 期；

《国民参政会中的藏族参政员与国民政府治藏政策》，《西藏研究》2001 年第 4 期；

《清代的中越边境事件及其影响略论（1644—1885）》，《南洋问题研究》2004 年第 1 期；

《20 世纪初英国对中国西藏的侵略与西藏建省问题研究》，《西藏研究》2004 年第 3 期；

《民国初年滇、川、藏之间关系及其影响——以西藏治理和西南边疆稳固为中心》，《云南师范大学学报（哲学社会科学版）》2008 年第 6 期；

《清朝末期达赖、班禅关系与治藏政策研究》，《中国边疆史地研究》2009 年第 1 期；

《蒙藏院与民国时期的西藏治理述论（1914—1928）》，《中国边疆史地研究》2008 年第 4 期。

43. 孙保全

孙保全，1986 年生，云南大学公共管理学院副教授。从事边疆治理研究。

边疆研究代表成果有：

《“边疆治理”概念的形成与发展》（第一作者，与赵健杉合作），《广西民族大学学报（哲学社会科学版）》2017 年第 3 期；

《论边疆的政治属性与政治性的边疆观念》，《吉首大学学报（社会科学版）》2017 年第 1 期；

《论中原王朝的边疆治理模式：理念、制度与实践》，《云南行政学院学报》2017 年第 1 期；

《中国民族国家构建与边疆形态的转型》，《思想战线》2016 年第 2 期；

《论中国陆地边疆治理体系的转型与重构》，《昆明学院学报》2015 年第 5 期；

《论中国民族国家构建过程中的边疆整合》，《中南大学学报（社会科学版）》2017 年第 3 期；

《中国陆地边疆的区域性差异与差别化治理》，《新视野》2017 年第 5 期；

《论中华民族构建过程中的边疆整合》，《西北民族大学学报（哲学社会科学版）》2016 年第 1 期；

《中国民族国家构建与边疆观念的转型》，《云南行政学院学报》2015 年第 6 期；

《中国国家发展中的边疆整合》，《西北民族大学学报（哲学社会科学版）》2017 年第 6 期。

44. 孙勇

孙勇，1956 年生，四川师范大学四川文化高等教育研究院教授。从事西藏经济社会发展、边疆学与边疆理论研究。

边疆研究代表成果有：

《国家战略下的大边疆战略研究报告》，四川大学出版社 2017 年版；

《西藏当代经济社会发展中的制度供给研究》，中国社会科学出版社 2016 年版；

《边疆学学科构建的困境及其指向》（第一作者，与王春焕、朱金春合作），《云南师范大学学报（哲学社会科学版）》2016 年第 2 期；

《建构边疆学中跨学科研究的有关问题探讨——如何跨通边疆研究学术逻辑与事实逻辑的一致性》，《中央民族大学学报（哲学社会科学版）》2016 年第 3 期；

《建构边疆学的底蕴以及相关问题续探——再论建构边疆学的跨学科研究》，《中央民族大学学报（哲学社会科学版）》2017 年第 2 期；

《西藏与邻省藏区稳定研究视域与思路》，《四川大学学报（哲学社会科学版）》2015 年第 1 期；

《时空统一下国家边疆现象的发生及其认识——兼议“边疆建构论”与“边疆实在论”争鸣》（第一作者，与王春焕合作），《理论与改革》2018 年第 5 期；

《建构边疆学的发生学方法及隐喻解题探——三论建构边疆学的跨学科研究》，《中央民族大学学报（哲学社会科学版）》2017 年第 4 期；

《中国边疆研究学术共同体巡检述略》（第一作者，与孙昭亮合作），《新疆师范大学学报（哲学社会科学版）》2018 年第 3 期；

《中国大边疆战略研究论纲——多重世界非恒称视角下的力量博弈》，《华西边疆评论》（1），2014 年；

《西藏社会稳定研究中的几个问题》，《藏学学刊》第 6 辑，2010 年。

45. 孙喆

孙喆，1971 年生，中国人民大学清史研究所教授。从事中国边疆民族史、清代地图史研究。

边疆研究代表成果有：

《康雍乾时期舆图绘制与疆域形成研究》，中国人民大学出版社 2003 年版；

《边疆、民族、国家：〈禹贡〉半月刊与 20 世纪 30~40 年代的中国边疆研究》（第一作者，与王江合作），中国人民大学出版社 2013 年版；

《中国东北边疆的治理》，湖南人民出版社 2015 年版；

《〈禹贡〉半月刊与 20 世纪三四十年代的中国边疆研究》，《中州学刊》2012 年第 4 期；

《时代变局下知识分子对“致知”与“致用”的探索——从顾颉刚创办〈禹贡〉半月刊谈起》（第一作者，与王江合作），《中国边疆史地研究》2009 年第 2 期；

《顾颉刚的民族观与民族自信》，《中州学刊》2013 年第 5 期；

《以沿革地理学重构边疆：顾颉刚及〈禹贡〉半月刊对边疆问题的

研究》,《求是学刊》2013 年第 3 期；

《鉴古知今——评〈清代的边疆开发〉》（第一作者，与王江合作），《清史研究》1999 年第 2 期；

《抗战时期边疆研究的特点与趋势》，《光明日报》2015 年 5 月 6 日；

《全国抗战前夕边疆话语的构建与传播——以〈禹贡〉与〈新亚细亚〉的比较为中心》，《中国边疆史地研究》2013 年第 2 期。

46. 孙懿

孙懿，1961 生，中国社会科学院民族学与人类学研究所研究员。从事民族理论、民族政策、民族干部研究，在边疆方面侧重边疆教育、边疆民族问题研究。

边疆研究代表成果有：

《抗战时期民国政府的边疆教育政策》，《中国边疆史地研究》2005 年第 4 期；

《抓住机遇　发挥优势　谋求发展——边疆民族地区发展问题探讨》，《实践》2002 年第 5 期；

《对中国边疆与民族问题现状的几点思考》，《青海民族研究》2015 年第 3 期。

47. 李大龙

李大龙，1964 年生，中国社会科学院中国历史研究院中国边疆研究所编审、研究员。主要从事中国边疆史、边疆理论相关研究，侧重于疆域理论、汉唐边疆史、民族史、高句丽史、中国边疆学理论研究。

边疆研究代表成果有：

《汉唐藩属体制研究》，中国社会科学出版社 2006 年版；

《汉代中国边疆史》，黑龙江教育出版社 2014 年版；

《都护制度研究》，黑龙江教育出版社 2003 年版；

《唐朝和边疆民族使者往来研究》，黑龙江教育出版社 2013 年版；

《唐代边疆史》，中国社会科学出版社 2013 年版；

《从“天下”到“中国”：多民族国家疆域理论解构》，人民出版社 2015 年版；

《传统夷夏观与中国疆域的形成——中国疆域形成理论探讨之一》，《中国边疆史地研究》2004 年第 1 期；

《“中国”与“天下”的重合：古代中国疆域形成的历史轨迹——古代中国疆域形成理论研究之六》，《中国边疆史地研究》2007 年第 3 期；

《关于藩属体制的几个理论问题——对中国古代疆域理论发展的理论阐释》，《学习与探索》2007 年第 4 期；

《西汉王朝藩属体制的建立和维系》，《学习与探索》2005 年第 3 期；

《使者与唐王朝边疆民族管理体制》（第一作者，与李渊合作），《民族研究》2000 年第 1 期；

《西汉西域都护略论》，《中国边疆史地研究》1991 年第 2 期；

《边吏与古代中国疆域的形成——以两汉为中心》，《云南师范大学学报（哲学社会科学版）》2008 年第 6 期；

《“中国边疆”的内涵及其特征》，《中国边疆史地研究》2018 年第 3 期；

《多民族国家构建视野下的土司制度》，《云南师范大学学报（哲学社会科学版）》2012 年第 6 期。

48. 李兴绪

李兴绪，1966 年生，云南财经大学统计与数学学院教授。主要从事经济统计、现代统计理论与经济理论应用研究，在边疆方面侧重边疆民族收入问题研究。

边疆研究代表成果有：

《西南边疆民族地区农户收入的地理影响因素分析》（第一作者，

与刘曼莉、葛珺沂合作），《地理学报》2010 年第 2 期；

《边境民族地区农户收入影响因素的实证分析——以云南红河州农户为例》（第一作者，与刘曼莉合作），《数理统计与管理》2011 年第 4 期；

《西南边疆民族村农户收入及其影响因素分析》（第一作者，与刘曼莉、陈贻娟合作），《云南财经大学学报》2009 年第 6 期。

49. 李国强

李国强，1963 年生，中国社会科学院中国历史研究院研究员。主要从事中国海疆问题（南海、钓鱼岛）、"一带一路"、边疆学学科研究。

边疆研究代表成果有：

《南中国海研究：历史与现状》，黑龙江教育出版社 2003 年版；

《对解决南沙群岛主权争议几个方案的解析》，《中国边疆史地研究》2000 年第 3 期；

《中国南海诸岛主权的形成及南海问题的由来》，《求是》2011 年第 15 期；

《南海油气资源勘探开发的政策调适》，《国际问题研究》2014 年第 6 期；

《民国政府与南沙群岛》，《近代史研究》1992 年第 6 期；

《关于南海问题的若干理论思考》，《外交评论（外交学院学报）》2012 年第 4 期；

《从地名演变看中国南海疆域的形成历史》，《中国边疆史地研究》2011 年第 4 期；

《新中国海疆史研究 60 年》，《中国边疆史地研究》2009 年第 3 期；

《南海问题的观察与分析》，《思想理论教育导刊》2012 年第 2 期；

《中国边疆学学科构筑的透视》，《云南师范大学学报（哲学社会科学版）》2008 年第 5 期；

《〈更路簿〉研究评述及创建“更路簿学”初探》，《南海学刊》2017 年第 1 期。

50. 李庚伦

李庚伦，1985 年生，云南师范大学马克思主义学院副教授。主要从事边疆治理研究。

边疆研究代表成果有：

《“一带一路”战略与中国边疆治理》，《云南民族大学学报（哲学社会科学版）》2015 年第 5 期；

《试析中国共产党陆地边疆治理理论与实践》，《社会主义研究》2015 年第 4 期；

《论边疆治理理念的转型与重构》，《广西民族师范学院学报》2013 年第 6 期；

《毛泽东时代陆地边疆治理理论及实践反思》，《湖北行政学院学报》2015 年第 6 期；

《邓小平在改革开放时期的陆地边疆治理实践与启示》，《桂海论丛》2015 年第 6 期；

《国家治理面临的挑战和发展》，《贵州民族研究》2014 年第 1 期；

《云南边疆政治安全的治理实践、发展趋势及基本对策》，《湖北行政学院学报》2016 年第 3 期；

《“一带一路”战略与我国边疆安全》，《湖北民族学院学报（哲学社会科学版）》2016 年第 4 期；

《广西边疆政治安全的治理实践、发展趋势及对策》，《广西民族师范学院学报》2016 年第 2 期；

《中国历代陆地边疆政治安全治理研究》，《贵州民族研究》2018 年第 12 期。

51. 李鸿宾

李鸿宾，1960 年生，中央民族大学历史文化学院教授。主要从事中国古代史、中古民族关系史、长城学研究，专攻隋唐五代史，在边疆方面侧重边疆理论研究。

边疆研究代表成果有：

《唐朝朔方军研究》，吉林人民出版社2000年版；

《唐朝的北方边地与民族》，宁夏人民出版社2011年版；

《中华正朔与内亚边疆——兼论唐朝北部长城地带的意涵》，《学术月刊》2017年第2期；

《唐朝北部疆域的变迁——兼论疆域问题的本质与属性》，《中国边疆史地研究》2014年第2期；

《对“中国边疆研究”概念的认识与界定——兼谈“中国边疆学”学术体系之建构》，《中国边疆史地研究》2018年第3期；

《古今中国之衔接——疆域观察的一个视角》，《中国边疆史地研究》2010年第2期；

《有关唐朝疆域问题的若干思考》，《中央民族大学学报（哲学社会科学版）》2017年第1期；

《如何阅读边疆——李大龙〈汉唐藩属体制研究〉书后》，《黑龙江民族丛刊》2008年第2期；

《当代民族关系的模式、成因与境遇——“二元制”与“民族—国家”模式构建下族群关系的思考》，《中央民族大学边疆发展中国论坛文集（2010）·发展理念卷》，2010年；

《唐朝后期北方的边地与民族研究》，《历史教学（高校版）》2007年第9期。

52. 李智环

李智环，1977年生，云南民族大学云南省民族研究所研究员。主要从事跨境民族、边疆安全研究。

边疆研究代表成果有：

《边疆贫困山地民族的民族认同与国家认同实证研究——以傈僳族

为例》，《云南民族大学学报（哲学社会科学版）》2012 年第 5 期；

《云南"一带一路"建设的边疆文化软实力——以文化安全为视角》，《烟台大学学报（哲学社会科学版）》2016 年第 4 期；

《"一带一路"战略下边疆民族地区发展的困境与前瞻——以云南为例》，《北方民族大学学报（哲学社会科学版）》2016 年第 1 期；

《论"一带一路"语境中的"民族走廊"及民族关系——基于云南的研究》，《贵州民族研究》2016 年第 1 期；

《论文化戍边语境下跨境民族传统歌舞文化之发展——以傈僳族为例》（第一作者，与马益威合作），《贵州大学学报（社会科学版）》2016 年第 5 期；

《论跨境民族在"一带一路"建设中的示范作用——基于云南的思考》（第一作者，与邵媛媛合作），《湖北民族学院学报（哲学社会科学版）》2018 年第 4 期；

《滇西北边境地区跨境民族的国家认同历程及其建构——以傈僳族为例》（第一作者，与陈旭合作），《青海民族大学学报（社会科学版）》2015 年第 4 期。

53. 杨天宏

杨天宏，1951 年生，四川大学历史文化学院教授。从事中国近现代政治史、经济史、基督教在华传教史及近代思想史的研究，在边疆研究方面侧重基督教在边疆地区服务研究。

边疆研究代表成果有：

《救赎与自救——中华基督教会边疆服务研究》，生活·读书·新知三联书店 2010 年版；

《基督教与中国"边疆研究"的复兴——中华基督教会全国总会的边疆研究》，《四川大学学报（哲学社会科学版）》2008 年第 1 期；

《战争与社会转型中的中国基督教会——中华基督教会全国总会边疆服务研究》，《近代史研究》2006 年第 6 期；

《中华基督教会在川、康边地的宗教活动》，《历史研究》2010 年第 3 期；

《基督教边疆服务研究的构想》，《四川师范大学学报（社会科学版）》2009 年第 2 期；

《政制转型与中国教会的调适——基于中华基督教会边疆服务部后期经历的分析》，《四川大学学报（哲学社会科学版）》2009 年第 3 期；

《新教在华路向变化与边疆服务的兴起》，《宗教学研究》2009 年第 1 期；

《“边政”何以成“学”——读汪洪亮著〈民国时期的边政与边政学〉》，《社会科学研究》2014 年第 4 期；

《川、康民族地区近代开发与经费制约——中华基督教会边疆服务中的经费问题》，《西南民族大学学报（人文社会科学版）》2011 年第 1 期。

54. 杨永福

杨永福，1968 年生，文山学院人文学院教授。从事中国近代史、西南边疆史、民族史研究。

边疆研究代表成果有：

《中国西南边疆古代交通格局变迁研究》，云南教育出版社 2014 年版；

《边疆民族史专题研究》，民族出版社 2011 年版；

《明、清西南边疆治理思想之比较》，《广西社会科学》2007 年第 2 期；

《明、清西南边疆治理措施之比较》（第一作者，与陶亚敏），《贵州民族研究》2007 年第 1 期；

《滇川黔相连地区古代交通的变迁及其影响》，云南大学研究生学位论文，2011 年；

《略论元明清时期中央与西南边疆政治关系的整合》,《文山学院学报》2012 年第 1 期；

《探寻国族复兴之路：边疆安全与西北开发——以〈新亚细亚〉为中心的考察》(第一作者，与储竞争合作),《宁夏大学学报（人文社会科学版）》2011 年第 1 期；

《明清云南地区治理思想与治策及其比较》(第一作者，与邱学云合作),《文山师范高等专科学校学报》2006 年第 3 期；

《试论宋元明清时期封建王朝的治边方略》(第一作者，与段金生合作),《文山学院学报》2013 年第 4 期；

《近 20 年清代西南边疆民族教育研究的回顾与展望》,《云南民族大学学报（哲学社会科学版）》2015 年第 6 期；

《元代西南边疆地区交通格局变迁的原因及影响——以滇川黔相邻地区为中心》,《文山学院学报》2011 年第 5 期；

《滇东南边疆苗族地区国民教育的现状与思考——以麻栗坡县董干镇马崩村为例》,《文山师范高等专科学校学报》2009 年第 4 期。

55. 杨明洪

杨明洪，1968 年生，云南大学西南边疆少数民族研究中心教授。主要从事藏族聚居地区经济社会发展、边疆问题研究。

边疆研究代表成果有：

《反“边疆建构论”：一个关于“边疆实在论”的理论解说》,《新疆师范大学学报（哲学社会科学版）》2017 年第 1 期；

《关于“边疆学”学科构建的几个基本问题》,《北方民族大学学报（哲学社会科学版）》2018 年第 6 期；

《“治边稳藏”战略思想的基石：“长期建藏”思想的科学内涵及其时代意义》,《贵州民族研究》2018 年第 3 期；

《困惑与解困：是边疆经济学还是经济边疆学?》,《中国图书评论》2015 年第 12 期。

56. 吴楚克

吴楚克，1960年生，中央民族大学民族学与社会学学院教授。主要从事中国边疆政治学理论和跨界民族研究。

边疆研究代表成果有：

《中国边疆政治学》，中央民族大学出版社2005年版；

《东蒙史述与周边关系》，中央民族大学出版社2007年版；

《中国当代边疆理论创新与发展研究》，学苑出版社2013年版；

《试论中国边疆政治学与边政学、民族学的关系》，《云南师范大学学报（哲学社会科学版）》2008年第4期；

《建设当代中国边疆政治学应有的理论思考》，《中央民族大学学报》2003年第6期；

《“一带一路”战略实施中地缘政治的不利因素及对策》，《云南师范大学学报（哲学社会科学版）》2016年第2期；

《中国国防与边疆防御问题研究新论》，《云南师范大学学报（哲学社会科学版）》2010年第1期；

《台湾〈中国边政〉述评》，《中国边疆史地研究》2004年第2期；

《如何以马克思主义认知边疆理论的建设与研究》，《前沿》2003年第5期；

《构筑中国新地缘安全战略的理论准备与思考》，《武警学院学报》2011年第3期；

《“边疆政治”：一个新兴的研究领域》，《中国图书评论》2012年第5期；

《从边疆重镇满洲里市的对外贸易看中俄关系》（第一作者，与金德谷合作），《广西师范学院学报（哲学社会科学版）》2016年第2期；

《现代社会分工背景下的边疆经济与边疆社会治理》，《北华大学学报（社会科学版）》2018年第3期。

57. 吴福环

吴福环，1950 年生，新疆社会科学院研究员。主要从事中国近现代史、新疆历史、边疆治理、民族问题研究。

边疆研究代表成果有：

《论中国边疆民族地区社会治理创新》，《新疆师范大学学报（哲学社会科学版）》2014 年第 5 期；

《我国边疆治理制度近代化的重要举措——论新疆建省》，《新疆大学学报（哲学社会科学版）》1995 年第 4 期；

《辛亥革命前后中国的边疆危机》（第一作者，与苗健合作），《新疆大学学报（哲学社会科学版）》2001 年第 4 期；

《孙中山与中国边疆现代化》（第一作者，与李慧荣合作），《新疆大学学报（哲学社会科学版）》1997 年第 2 期；

《林则徐与中国边疆》（第一作者，与何景雷合作），《西域研究》2000 年第 2 期；

《清代社会的立体画面　边疆历史的重要一页——评周轩关于清代流放人物的两部著作》，《中国边疆史地研究》1995 年第 2 期。

58. 何明

何明，1959 年生，云南大学西南边疆少数民族研究中心教授。从事中国西南与东南亚的族群互动、全球化与民族文化、族群关系、艺术人类学研究，在边疆研究方面侧重边疆地区族群互动、边疆理论。

边疆研究代表成果有：

《国家认同的建构——从边疆民族跨国流动视角的讨论》，《云南师范大学学报（哲学社会科学版）》2010 年第 4 期；

《全球化背景下边疆社会稳定研究的几个问题》（第一作者，与王越平合作），《云南师范大学学报（哲学社会科学版）》2009 年第 3 期；

《边疆观念的转变与多元边疆的构建》，《云南师范大学学报（哲学社会科学版）》2013 年第 5 期；

《边疆特征论》，《广西民族大学学报（哲学社会科学版）》2016 年第 1 期；

《民族研究的危机及其破解——学科认同、学者信任和学术体制的视角》，《清华大学学报（哲学社会科学版）》2016 年第 1 期；

《村落权威再生产的人类学分析——以边疆民族地区城中村老龄协会成立仪式为中心的讨论》（第一作者，与陶琳合作），《思想战线》2008 年第 3 期；

《从殖民主义、民族危机到民族国家重建、文化自观——〈西南边疆民族研究〉序言》，《西南边疆民族研究》第 8 辑，2009 年。

59. 何跃

何跃，1959 年生，云南师范大学历史与行政学院教授。从事边疆地区跨界民族问题研究。

边疆研究代表成果有：

《文化安全视角下的云南跨境民族教育问题》（第一作者，与高红合作），《云南师范大学学报（哲学社会科学版）》2010 年第 4 期；

《云南边境地区主要贸易口岸的境外流动人口与边疆安全》，《云南师范大学学报（哲学社会科学版）》2008 年第 2 期；

《"冷战"后中国西南边疆的安全困境与安全治理》，《云南师范大学学报（哲学社会科学版）》2007 年第 5 期；

《边民主义与跨界民族主义——以中国西南边疆为研究对象》，《云南民族大学学报（哲学社会科学版）》2010 年第 1 期；

《论云南跨境民族教育的软实力》（第一作者，与高红合作），《云南民族大学学报（哲学社会科学版）》2012 年第 6 期；

《中国西南边疆境外流动人口的区域管理研究——以云南为例》，《贵州社会科学》2008 年第 12 期；

《云南境内的外国流动人口态势与边疆社会问题探析》，《云南师范大学学报（哲学社会科学版）》2009 年第 1 期；

《地区主义与跨界民族主义——论中国西南边疆跨界民族主义》，《云南民族大学学报（哲学社会科学版）》2008 年第 1 期；

《地缘主义与跨界民族主义——以中国西南边疆为例》，《学术探索》2008 年第 6 期。

60. 何博

何博，1976 年生，云南财经大学马克思主义学院教授。从事行政学及国家行政管理、民族学、中国民族与地方史志、边疆少数民族国家认同研究。

边疆研究代表成果有：

《我国边疆少数民族的“中国认同”及其影响因素研究》，中国社会科学出版社 2014 年版；

《边疆少数民族“中国认同”意识缘起初探》，《云南社会科学》2008 年第 3 期；

《传统与选择：我国边疆少数民族的“中国认同”研究》，《思想战线》2009 年第 6 期；

《西南边疆少数民族马克思主义认同问题分析与培育路径》，《思想理论教育》2017 年第 9 期；

《儒家文化与边疆少数民族的“中国认同”》，《今日民族》2011 年第 1 期；

《边疆少数民族的“中国认同”与中华民族的觉醒》，《兰台世界》2011 年第 13 期。

61. 谷家荣

谷家荣，1975 年生，云南师范大学哲学与政法学院教授。主要从事边疆民族问题研究，侧重滇边跨境民族研究。

边疆研究代表成果有：

《边民生活政治》，社会科学文献出版社 2013 年版；

《滇边跨境民族研究六十年的回顾与前瞻》，《学术探索》2010 年第 4 期；

《滇越边民跨国流动与社会稳定研究——基于国家、地方与边民的视角》，《广西民族研究》2011 年第 2 期；

《生活政治：边境社会有序秩序的生成原理——滇越边民地方性社会构造的“本己观”探讨》，《吉首大学学报（社会科学版）》2012 年第 1 期；

《边疆与边疆政策研究简论》（第一作者，与蒲跃合作），《西北民族大学学报（哲学社会科学版）》2013 年第 1 期；

《从“权力下乡”到“权力在乡”——滇越边境瑶族村治变迁实证研究》（第一作者，与杨素雯合作），《广西民族大学学报（哲学社会科学版）》2010 年第 4 期；

《中国古代边疆治理历谱识认》（第一作者，与罗明军合作），《学术探索》2013 年第 1 期；

《边境民族心理、文化特征与社会稳定实证研究——基于滇越边境 10 个民族的调查问卷分析》（第一作者，与陈晨合作），《广西民族研究》2014 年第 6 期；

《“道义”发展：有序边疆社会构造的根本出路》（第一作者，与蒲跃合作），《云南师范大学学报（哲学社会科学版）》2013 年第 5 期；

《社会机会：有序边疆社会构造的核心机理》（第一作者，与蒲跃合作），《深圳大学学报（人文社会科学版）》2013 年第 3 期；

《迎合西南地缘特征的山地文化生成逻辑——以滇缅边境地区的德昂族为例》（第一作者，与蒲跃合作），《学术探索》2014 年第 9 期。

62. 汪洪亮

汪洪亮，1976 年生，四川师范大学历史文化与旅游学院教授。主要从事中国近现代史和边疆学术史研究。

边疆研究代表成果有：

《民国时期边疆教育文选》，黄山书社 2010 年版；

《民国时期的边政与边政学（1931—1948）》，人民出版社 2014 年版；

《中国边疆研究的近代转型：20 世纪 30～40 年代边政学的兴起》，《四川师范大学学报（社会科学版）》2010 年第 5 期；

《顾颉刚与民国时期的边政研究》，《齐鲁学刊》2013 年第 1 期；

《李安宅边疆思想要略》，《西藏大学学报（汉文版）》2006 年第 4 期；

《民国时期的边政研究与民族学——从杨成志的一篇旧文说起》，《民族研究》2011 年第 4 期；

《过渡时代的边疆学术：民国时期边政学研究引论》，《四川师范大学学报（社会科学版）》2012 年第 2 期；

《建设科学理论与寻求“活的人生”——李安宅的人生轨迹与学术历程》，《民族学刊》2010 年第 1 期；

《应用人类学视野中的民国边疆服务运动——以李安宅的相关论述为中心》，《思想战线》2010 年第 5 期；

《中华基督教会全国总会边疆服务运动研究》，四川师范大学研究生学位论文，2004 年；

《国族建构语境下国人对边疆地区多元文化及教育方略的认识——侧重 20 世纪 30～40 年代的西南地区》，《四川大学学报（哲学社会科学版）》2011 年第 4 期；

《1940 年代川西羌族地区的教会教育——以中华基督教会全国总会边疆服务为例》，《抗日战争研究》2010 年第 3 期。

63. 宋卿

宋卿，1976 年生，吉林大学文学院教授。主要从事唐代东北边疆治理研究。

边疆研究代表成果有：

《试论营州在唐代东北边疆的地位与作用》，《东北师大学报（哲学社会科学版）》2011 年第 2 期；

《唐代平卢节度使略论》，《中国边疆史地研究》2010 年第 2 期；

《唐代东北原始部落形式的羁縻府州朝贡述论》，《黑龙江民族丛刊》2007 年第 1 期；

《唐代营州军事设置探究》，《中国边疆史地研究》2015 年第 3 期；

《唐代东北边疆战略初探——以营州和幽州的分合关系为视角》，《史学集刊》2018 年第 5 期；

《试述唐代东北边疆重镇营州的权力伸缩》，《史学集刊》2014 年第 3 期。

64. 宋培军

宋培军，1971 年生，中国社会科学院中国历史研究院中国边疆研究所编审。主要从事边疆理论问题研究。

边疆研究代表成果有：

《中国边疆治理的“主辅线现代化范式”思考》，社会科学文献出版社 2015 年版；

《拉铁摩尔“双边疆”范式的内涵及其理论和现实意义》，《云南师范大学学报（哲学社会科学版）》2013 年第 2 期；

《世界历史的“主辅线”和中国历史的“双边疆”——中国边疆的体用观、层级论及其近代转型》，《烟台大学学报（哲学社会科学版）》2013 年第 4 期；

《“主辅线范式”：理解马克思生产方式序列的另一种思路》（第一作者，与张秋霞合作），《四川师范大学学报（社会科学版）》2016 年第 2 期；

《马克思的游牧民族思想及其对中国边疆学建构的意义》，《中国边疆史地研究》2017 年第 4 期；

《马克思的“世界历史”和“世界历史民族”思想及其中国边疆研

究意义——从“生产方式”的三种含义说起》，《文史哲》2015 年第 2 期；

《从“边陲”到“边疆”：乾隆君臣经略西北之观念变迁》，《西部蒙古论坛》2015 年第 3 期；

《李大钊的“金线论”与恩格斯的“红线论”——兼论多民族国家的理论基础》，《思想战线》2015 年第 3 期。

65. 张士尊

张士尊，1956 年生，吉林师范大学东北史地研究中心教授。主要从事明清东北地方史、边疆史研究。

边疆研究代表成果有：

《明代辽东边疆研究》，吉林人民出版社 2002 年版；

《明代辽东都司军政管理体制及其变迁》，《东北师大学报》2002 年第 5 期；

《也论“辽土”与“辽人”——明代辽东边疆文化结构的多元倾向研究》，《社会科学辑刊》2011 年第 6 期；

《明代辽东忠烈祠的修建与边疆文化特色》，《吉林师范大学学报（人文社会科学版）》2009 年第 3 期；

《清末“韩民越垦”与清朝“移民实边”》，《学术交流》2007 年第 10 期；

《弃守大宁与明代北部边疆结构的失衡》，《鞍山师范学院学报》2011 年第 5 期；

《清初东北边疆危机与北部镇戍体制的形成》，《学术交流》2011 年第 2 期；

《从元、明、清时期东北关庙的修建看边疆文化的变迁》，《学术交流》2009 年第 11 期。

66. 张云

张云，1960 年生，中国藏学研究中心历史研究所研究员。主要从事藏族古代历史、文化，特别侧重唐代吐蕃史和元代吐蕃史研究。

边疆研究代表成果有：

《西藏历代的边事边政与边吏》，社会科学文献出版社 2015 年版；

《西藏历史问题研究》，中国藏学出版社 2008 年版；

《元朝中央政府治藏制度研究》，黑龙江教育出版社 2003 年版；

《西藏参与、认同中国“大一统”的历史及其启示》，《中国边疆史地研究》2006 年第 1 期；

《舅甥关系、贡赐关系、宗藩关系及“供施关系”——历代中原王朝与西藏地方关系的形态与实质》，《中国边疆史地研究》2007 年第 1 期；

《西藏传统文化的内在魅力与独特价值》，《思想战线》2004 年第 5 期；

《中国边疆研究的内涵和特征刍议》，《中国边疆史地研究》2018 年第 3 期；

《藏学研究与中国边疆学建设》，《云南师范大学学报（哲学社会科学版）》2008 年第 5 期；

《历史上新疆、西藏两地区域互动与中原王朝的西部边疆经营》，《西域研究》2018 年第 4 期。

67. 张世明

张世明，1966 年生，中国人民大学法学院、清史研究所教授。主要从事边疆民族史和法律史的研究。

边疆研究代表成果有：

《空间、法律与学术话语：西方边疆理论经典文献》，黑龙江教育出版社 2014 年版；

《另类社会空间：中国边疆移民社会主要特殊性透视（1644—1949）》（第一作者，与龚胜泉合作），《中国边疆史地研究》2006 年第 1 期；

《拉铁摩尔及其相互边疆理论》，《史林》2011 年第 6 期；

《清代边疆开发不平衡性：一个从人口经济学角度的考察》，《清史研究》1998 年第 2 期；

《“边疆”一词在世界主要法系中的镜像：一个语源学角度的考察》（第一作者，与龚胜泉合作），《中国边疆史地研究》2004 年第 2 期；

《论联豫在清末新政期间对西藏的开发》，《中国边疆史地研究导报》1990 年第 6 期；

《正统的解构与法统的重建：对清代边疆民族问题研究的理性思考》（第一作者，与龚胜泉合作），《中国边疆史地研究》2001 年第 4 期；

《空间、法律与学术话语：中国边疆民族历史研究的若干理论问题》，《商丘师范学院学报》2012 年第 1 期；

《自然疆界论的话语建构与时空延异》（第一作者，与龚胜泉合作），《中国边疆史地研究》2009 年第 4 期；

《清代边疆民族史研究论衡：解悟马汝珩教授的学术遗产》，《清史研究》2014 年第 2 期。

68. 张永刚

张永刚，1961 年生，曲靖师范学院文学院教授。从事西南边疆民族文学研究。

边疆研究代表成果有：

《全球化时代西南边疆少数民族作家的文化认同与文学表达》，《文艺理论研究》2011 年第 5 期；

《“他者”视野中少数民族文学的存在与发展方式——以西南边疆少数民族文学为例》，《文学评论》2013 年第 6 期；

《从语言方式看少数民族文学的主体追求——以西南边疆少数民族文学为例》，《文艺理论研究》2014 年第 1 期；

《后现代主义对西南边疆少数民族当代文学的影响》，《学术探索》

2012年第4期；

《当代西南边疆少数民族文学主体姿态的变化》，《曲靖师范学院学报》2011年第4期；

《当代西南边疆少数民族文学的主体倾向》，《文学评论》2012年第2期；

《“西南边疆当代文学”研究的基本价值与理路》，《曲靖师范学院学报》2006年第5期；

《西南边疆少数民族文学与后现代文化的相容性》，《思想战线》2013年第1期。

69. 张金鹏

张金鹏，1943年生，云南民族大学人文学院教授。主要从事边疆社会问题研究。

边疆研究代表成果有：

《云南边疆民族地区跨境婚姻与社会稳定研究》（第一作者，与保跃平合作），《云南民族大学学报（哲学社会科学版）》2013年第1期；

《云南跨境民族社会危机应对管理机制研究——基于边疆地区对艾滋病防控的社会调查》，《云南民族大学学报（哲学社会科学版）》2010年第6期；

《边疆民族自治地区危机管理能力建设研究——以云南省德宏州为例》（第一作者，与张含合作），《云南社会科学》2011年第2期。

70. 张学强

张学强，1971年生，西北师范大学教育学院教授。从事民国时期的边疆教育问题研究。

边疆研究代表成果有：

《国民政府时期边疆教育经费的筹措与使用》（第一作者，与王景合作），《西北师大学报（社会科学版）》2012年第2期；

《南京国民政府时期边疆少数民族高等教育招生政策分析》,《高等教育研究》2013 年第 1 期;

《南京国民政府时期大学边疆服务活动的开展及其影响》(第一作者,与胡君合作),《高等教育研究》2015 年第 5 期;

《南京国民政府时期大学与边疆社会的地缘关系:以人才培养为中心的考察》,《高等教育研究》2013 年第 11 期;

《梁瓯第的西南边疆教育研究及其价值》(第一作者,与李东东合作),《民族教育研究》2016 年第 1 期;

《南京国民政府时期(1927—1949)大学面向边疆招生模式的变革及其影响》,《华东师范大学学报(教育科学版)》2014 年第 2 期。

71. 张建中

张建中,1978 年生,江西师范大学教育学院副教授,从事中国教育史、课程与教学论研究,在边疆研究方面侧重近代边疆教育史。

边疆研究代表成果有:

《中国近代边疆教育史论:1901—1949》,湖南师范大学出版社 2013 年版;

《教育界与近代边疆教育——以参与边疆教育事业的轨迹为中心》(第一作者,与田正平合作),《河北师范大学学报(教育科学版)》2008 年第 1 期;

《罗家伦与民国时期边疆教育》,《南阳师范学院学报》2011 年第 11 期;

《国民政府时期边疆教育委员会述论》,《南都学坛》2013 年第 2 期;

《陶行知与近代边疆教育》,《南京晓庄学院学报》2012 年第 5 期;

《战后边疆教育的衰退及其原因分析》,《吕梁学院学报》2011 年第 5 期;

《简论清末民初时期的边疆教育》,《吕梁学院学报》2012 年第

4 期。

72. 张健

张健，1981 年生，云南大学《思想战线》编辑部副教授。从事党建和边疆治理研究。

边疆研究代表成果有：

《美国边疆治理的政策体系及其借鉴意义》，《云南行政学院学报》2011 年第 5 期；

《国家视域中边疆与边疆观念的演变：内涵、形态与界限》，《云南师范大学学报（哲学社会科学版）》2012 年第 1 期；

《前苏联边疆经济开发的政策体系及其借鉴意义》，《经济问题探索》2011 年第 5 期；

《边疆治理的模式类型及其效应研究——以政府、市场和社会三者关系为视角的分析》，《思想战线》2013 年第 1 期；

《国家疆域形态演变及其对边疆理论的影响》，《学术探索》2016 年第 8 期；

《西方边疆理论的发展走向与我国边疆治理的战略回应》，《北方民族大学学报（哲学社会科学版）》2016 年第 6 期；

《晚清政权转型中的国族构建措施及其效应》，《云南行政学院学报》2016 年第 4 期。

73. 张植荣

张植荣，1964 年生，北京大学国际关系学院教授。从事当代西藏问题、边疆安全研究。

边疆研究代表成果有：

《国际关系与西藏问题》，旅游教育出版社 1994 年版；

《中国民族与边疆问题：当代中国的挑战及其历史由来》，北京大学出版社 2005 年版；

《中印关系的回顾与反思——杨公素大使访谈录》，《当代亚太》

2000 年第 8 期；

《美国主流媒体〈纽约时报〉涉藏报道分析》（第一作者，与李昀合作），《对外大传播》2006 年第 12 期；

《美国国会涉华联线体制分析——以西藏问题为中心》，《美国研究》2007 年第 2 期；

《抗战前后中美英西藏问题的交涉》，《抗日战争研究》2007 年第 1 期；

《浅析传统疆国理念的演变及其遗产》，《太平洋学报》2006 年第 1 期；

《对历史与国际法的严重歪曲——评范普拉赫的〈西藏的地位〉》，《中国藏学》1990 年第 3 期；

《苏联东欧剧变对西藏问题的影响与启示》，《青海民族学院学报》1993 年第 2 期；

《CIA：美国侵略西藏的"开路前锋"》，《世界知识》2005 年第 24 期。

74. 张媚玲

张媚玲，1975 年生，云南师范大学历史与行政学院教授。从事近代西南边疆史研究。

边疆研究代表成果有：

《中国近代西南边疆的政治关系》，民族出版社 2014 年版；

《云南边境少数民族单一生计困境与对策——基于"边境 8 村"的考察》，《云南行政学院学报》2018 年第 2 期；

《民族关系视野下的近代西南边疆教案》，《思想战线》2010 年第 5 期；

《近 20 年来中国西南边疆近代民族关系史研究述评》（第一作者，与张曙晖合作），《思想战线》2009 年第 3 期；

《中国西南边疆危机与近代景颇/克钦研究述论》（第一作者，与朱映占合作)，《云南大学学报（社会科学版）》2017 年第 6 期。

75. 张耀光

张耀光，1934 年生，辽宁师范大学海洋经济可持续发展研究中心教授。从事区域地理、旅游地理、人文地理、经济地理研究，在边疆方面侧重海疆地理问题研究。

边疆研究代表成果有：

《中国海洋政治地理学：海洋地缘政治与海疆地理格局的时空演变》，科学出版社 2004 年版；

《中国边疆地理（海疆）》，科学出版社 2001 年版；

《中国的海疆与我国海洋地缘政治战略》，《人文地理》1996 年第 2 期；

《中国海疆地理格局形成、演变的初步研究》（第一作者，与刘岩、王艳合作)，《地理科学》2003 年第 3 期；

《发展中国海疆地理研究》（第一作者，与董丽晶、李春平合作)，《辽宁师范大学学报（自然科学版）》2002 年第 4 期。

76. 陆韧

陆韧，1955 年生，云南大学历史与档案学院教授。从事历史地理学特别是历史人文地理、西南边疆史地研究。

边疆研究代表成果有：

《现代西方学术视野中的中国西南边疆史》，云南大学出版社 2007 年版；

《元明清西南边疆特殊政区研究》，人民出版社 2013 年版；

《明代云南汉族移民定居区的分布与拓展》，《中国历史地理论丛》2006 年第 3 期；

《明朝统一云南、巩固西南边疆进程中对云南的军事移民》，《中国边疆史地研究》2005 年第 4 期；

《明朝的国家疆域观及其明初在西南边疆的实践》，《云南师范大学学报（哲学社会科学版）》2010年第5期；

《元代西南边疆与麓川势力兴起的地缘政治》，《中国边疆史地研究》2008年第3期；

《论明朝西南边疆的军管羁縻政区》（第一作者，与彭洪俊合作），《中国边疆史地研究》2013年第1期；

《云南边疆的现代化起步与社会变迁——基于贺宗章、丁文江红河地区亲历记的研究》，《云南民族大学学报（哲学社会科学版）》2010年第1期；

《泛朝政化与史料运用偏差对边疆史地研究的影响——以明代“三征麓川”研究为例》，《中国边疆史地研究》2010年第1期；

《元代宣慰司的边疆演化及军政管控特点》，《云南师范大学学报（哲学社会科学版）》2012年第6期；

《试论清代官办义学的性质与地域特点》（第一作者，与于晓燕合作），《历史地理》第22辑，2007年；

《近代以来西方对中国西南边疆的认识和研究》，《思想战线》2014年第3期。

77. 陆海发

陆海发，1983年生，云南民族大学政治与公共管理学院副教授。主要从事政治学理论、民族政治学、公共政策与边疆治理等领域的研究。

边疆研究代表成果有：

《论当前我国边疆治理中的民族认同与国家认同整合》（第一作者，与胡玉荣合作），《广西民族研究》2011年第3期；

《边疆少数民族国家认同建设的意义、挑战与对策》（第一作者，与袁娥合作），《青海民族研究》2010年第4期；

《民族国家视阈下的中华民族共同体建设研究》，《云南民族大学学报（哲学社会科学版）》2016年第2期；

《边疆治理视野下的认同整合研究》，《青海民族大学学报（社会科学版）》2011 年第 4 期；

《边疆治理中的认同问题及其整合思路》，《西北民族大学学报（哲学社会科学版）》2011 年第 5 期；

《边疆少数民族自发移民的边缘化处境及其成因分析——基于对云南 K 县的调查》（第一作者，与白利友合作），《北方民族大学学报（哲学社会科学版）》2012 年第 3 期；

《边疆少数民族自发移民问题治理研究——基于对云南红河州开远市的调查与思考》，《云南社会科学》2011 年第 5 期；

《西部边疆地区少数民族自发移民问题及其治理——基于对云南红河哈尼族彝族自治州开远市的调查与思考》，《宁夏社会科学》2011 年第 5 期。

78. 陈国保

陈国保，1977 年生，广西师范大学历史文化与旅游学院教授。主要从事中国南部边疆民族史、中越关系史、域外汉文典籍等领域研究。

边疆研究代表成果有：

《两汉交州刺史部研究——以交趾三郡为中心》，云南大学出版社 2010 年版；

《试论民国时期云南边疆的殖边督办》，《中国历史地理论丛》2006 年第 2 期；

《安南都护府与唐代边疆防御体系的构建及影响》，《中国边疆史地研究》2010 年第 3 期；

《汉代交趾地区社会经济发展之探析》，《中国社会经济史研究》2005 年第 4 期；

《论南诏入犯安南对唐代国家安全的影响》，《云南民族大学学报（哲学社会科学版）》2011 年第 1 期；

《汉代交趾地区的内地移民考》，《广西民族大学学报（哲学社会科学版）》2007 年第 4 期；

《内地移民与汉代南部边疆交趾地区的统一》，《中国历史地理论丛》2007 年第 4 期；

《安南都护府与唐代南疆羁縻州管理研究》，《广西师范大学学报（哲学社会科学版）》2013 年第 4 期；

《恩抚与制约：汉初的南部边疆政策》，《贵州民族研究》2007 年第 3 期；

《王朝经略与隋唐南疆商业贸易的发展》，《中国边疆史地研究》2016 年第 4 期。

79. 陈征平

陈征平，1955 年生，云南大学历史与档案学院教授。从事中国近现代社会经济史研究，在边疆方面侧重西南边疆社会经济研究。

边疆研究代表成果有：

《试论历史上皇朝中央对西南边疆社会的内地化经略》（第一作者，与刘鸿燕合作），《思想战线》2012 年第 2 期；

《西南边疆少数民族地区城市化结构差异与发展抉择》，《经济问题探索》2006 年第 9 期；

《论近代交通对西南边疆民族地区的内地化牵引》，《学术探索》2013 年第 2 期；

《20 世纪上半叶西南边疆现代交通建设的基本特征》，《贵州社会科学》2013 年第 5 期；

《近代西方宗教同化与西南边疆民族“国民”的早期塑造》（第一作者，与苗艳丽合作），《思想战线》2013 年第 2 期；

《近代西南边疆的抵货、进口替代与商品流向变动》（第一作者，与杨娟合作），《思想战线》2014 年第 1 期；

《辛亥革命前西南边疆少数民族商品经济发展形态及特点》，《中央民族大学学报（哲学社会科学版）》2012 年第 4 期；

《西南边疆近代工业产权演化与民族经济融合》，《中国经济史研究》2015 年第 2 期；

《抗战时期西南边疆商贸的国内一体化表征》，《昆明理工大学学报（社会科学版）》2015 年第 5 期。

80. 陈霖

陈霖：1961 年生，供职于云南省委、省政策研究室。从事边疆治理研究。

边疆研究代表成果有：

《中国边疆治理研究》，云南人民出版社 2011 年版；

《我国边疆问题与边疆治理探讨》，《社会主义研究》2009 年第 6 期；

《中国共产党边疆治理政策回顾》，《云南社会科学》2010 年第 1 期；

《前苏联边疆治理的教训及启示》，《云南行政学院学报》2010 年第 10 期；

《论中国边疆海权问题的治理》，《学术探索》2010 年第 1 期；

《中国边疆陆权利用的地缘经济学思考》，《华东经济管理》2009 年第 12 期。

81. 范可

范可，1957 年生，南京大学社会学院人类学研究所教授。从事社会文化人类学、政治人类学、全球化与跨国主义、认同政治、恐怖主义与全球化，在边疆方面侧重边疆族群问题研究。

边疆研究代表成果有：

《何以"边"为：巴特"族群边界"理论的启迪》，《学术月刊》2017 年第 7 期；

《"边疆发展"献疑》，《中南民族大学学报（人文社会科学版）》2011 年第 1 期；

《边疆与民族的互构：历史过程与现实影响》，《民族研究》2017年第6期；

《“边疆”与民族——略论民族区域的治理逻辑》，《西北民族研究》2015年第2期；

《族群范式与边疆范式——关于民族研究范式转换的一些思考》，《清华大学学报（哲学社会科学版）》2016年第1期。

82. 林文勋

林文勋，1966年生，云南大学教授。从事唐宋经济史、边疆史研究。

边疆研究代表成果有：

《民国时期云南边疆开发方案汇编》，云南人民出版社2013年版；

《“一带一路”战略与西南边疆的开放、稳定与发展》（第一作者，与郑永年合作），社会科学文献出版社2017年版；

《元明清西南边疆特殊政区研究》，人民出版社2012年版；

《宋王朝边疆民族政策的创新及其历史地位》，《中国边疆史地研究》2008年第4期；

《“贝币之路”及其在云南边疆史研究中的意义》，《中国边疆史地研究》2013年第1期；

《略论宋朝钱币向边疆民族地区的流动》，《云南教育学院学报》1993年第5期；

《从边疆史地到边疆学》，《中国边疆史地研究》2016年第2期；

《云南大学的中国边疆学——基于学科建构的回顾与展望》（第一作者，与罗群、潘先林合作），《中国边疆史地研究》2015年第3期；

《〈从“天下”到“中国”：多民族国家疆域理论解构〉评介》，《民族研究》2016年第4期。

83. 林荣贵

林荣贵，1940年生，中国社会科学院中国历史研究院中国边疆研究所研究员。从事边疆史、疆域史研究。

边疆研究代表成果有：

《辽朝经营与开发北疆》，中国社会科学出版社 1995 年版；

《中国古代疆域史（上、中、下）》，黑龙江教育出版社 2007 年版；

《北宋与辽的边疆经略》，《中国边疆史地研究》2000 年第 1 期；

《南宋与金的边疆经略》，《中国边疆史地研究》2001 年第 2 期；

《辽朝的政区双轨制及其对北部边疆的管辖》，《中国边疆史地研究导报》1988 年第 2 期；

《〈中国边疆图籍录〉简介》，《中国边疆史地研究导报》1989 年第 6 期；

《立足历史　重在创新——关于〈中国古代疆域史〉一些问题的认识》（第一作者，与毕奥南、刘逖合作），《中国边疆史地研究》2010 年第 2 期；

《振兴西南边疆的创举——云南省首届文化、经贸、旅游三位一体之民族艺术节侧记》，《中国边疆史地研究导报》1989 年第 1 期；

《辽朝开发北部边疆的经济战略》，《中国边疆史地研究导报》1989 年第 5 期。

84. 罗中枢

罗中枢，1956 年生，四川大学教授。从事外国哲学、教育管理等方面的研究，在边疆方面侧重边疆理论研究。

边疆研究代表成果有：

《中国西部边疆研究若干重大问题思考》，《四川大学学报（哲学社会科学版）》2015 年第 1 期；

《论边疆的特征》，《新疆师范大学学报（哲学社会科学版）》2018 年第 3 期；

《中国边疆学的机遇与挑战》，《西部发展研究》2018 年第 1 期。

85. *罗崇敏*

罗崇敏，1952 年生，国家督学，云南省人民政府参事。

代表性成果有：

《中国边政学新论》，人民出版社 2006 年版。

86. *罗群*

罗群，1968 年生，云南大学历史与档案学院教授。从事中国近现代史、西南边疆史研究。

边疆研究代表成果有：

《边疆与中国现代社会研究》，人民出版社 2013 年版；

《云南土司制度发展与嬗变的制度分析》，《中国边疆史地研究》2013 年第 1 期；

《“慕利”与“慕义”——论西南地区土司朝贡的制度建构》，《中国边疆史地研究》2017 年第 1 期；

《论清末民初的边疆政党与政治——以云南为中心》，《中国边疆史地研究》2012 年第 3 期；

《民国时期云南边地垦殖与边疆开发研究》，《学术月刊》2018 年第 10 期；

《“民惟邦本，本固邦宁”——论边疆研究中的人本主义历史建构》（第一作者，与林曦合作），《中国边疆史地研究》2018 年第 3 期；

《清朝道咸年间云南汉回关系与政府危机应对研究》，《民族研究》2018 年第 6 期。

87. *周平*

周平，1959 年生，云南大学特聘教授。主要从事民族政治学基本理论、边疆治理理论与实践等问题的研究。

边疆研究代表成果有：

《中国边疆治理研究》，经济科学出版社 2011 年版；

《中国边疆政治学》，中央编译出版社 2015 年版；

《中国的边疆治理：挑战与创新》（第一作者，与李大龙合作），中央编译出版社 2014 年版；

《国家的疆域与边疆》，中央编译出版社 2017 年版；

《边疆治理视野中的认同问题》，《云南师范大学学报（哲学社会科学版）》2009 年第 1 期；

《论中国的国家认同建设》，《学术探索》2009 年第 6 期；

《我国的边疆与边疆治理》，《政治学研究》2008 年第 2 期；

《中国的边疆治理：族际主义还是区域主义?》，《思想战线》2008 年第 3 期；

《我国的边疆治理研究》，《学术探索》2008 年第 2 期；

《论我国边疆治理的转型与重构》，《云南师范大学学报（哲学社会科学版）》2010 年第 2 期；

《我国边疆概念的历史演变》，《云南行政学院学报》2008 年第 4 期；

《边疆民族地区的政治文明建设》，《思想战线》2003 年第 3 期；

《边疆在国家发展中的意义》，《思想战线》2013 年第 2 期；

《国家视阈里的中国边疆观念》，《政治学研究》2012 年第 2 期。

88. 周伟洲

周伟洲，1940 年生，陕西师范大学西北民族研究中心教授。从事中国民族史、考古学及丝绸之路研究，在边疆方面侧重边疆民族史、疆域理论研究。

《边疆民族历史与文物考论》，黑龙江教育出版社 2000 年版；

《党项西夏史论》，甘肃文化出版社 2017 年版；

《英国、俄国与中国西藏》，中国藏学出版社 2000 年版；

《魏晋十六国时期鲜卑族向西北地区的迁徙及其分布》，《民族研究》1983 年第 5 期；

《19 世纪前后西藏与拉达克的关系及划界问题》，《中国藏学》

1991 年第 1 期；

《古代西北少数民族多元文化的发展与变异》，《中国历史地理论丛》2003 年第 3 期；

《试论隋唐时期西北民族融合的趋势和特点》，《西北大学学报（哲学社会科学版）》1990 年第 3 期；

《关于构建中国边疆学的几点思考》，《中国边疆史地研究》2014 年第 1 期；

《论魏晋南北朝时期北方的民族融合》，《社会科学战线》1990 年第 3 期；

《历史上的中国及其疆域、民族问题》，《云南社会科学》1989 年第 2 期；

《论中国与西方之中国边疆研究》，《民族研究》2015 年第 1 期；

《关于中国古代疆域理论若干问题的再探索》，《中国边疆史地研究》2011 年第 3 期；

《世纪之交中国边疆史地研究的回顾与展望》，《中国边疆史地研究》2001 年第 1 期。

89. 周泓

周泓，1964 年生，中国社会科学院民族学与人类学研究所研究员。从事历史人类学、宗教人类学研究，在边疆方面侧重新疆问题研究。

边疆研究代表成果有：

《民国新疆社会研究》，新疆大学出版社 2001 年版；

《民国时期的边疆教育制度》，《民族教育研究》2000 年第 4 期；

《民国时期新疆民族宗教教育与国民教育的并行》，《西北民族研究》2001 年第 2 期；

《从考古资料看汉唐两朝对古代新疆的管辖经营》，《新疆师范大学学报（哲学社会科学版）》2000 年第 4 期；

《民族学、人类学相关理论与民国新疆社会研究》，《辽宁大学学报

（哲学社会科学版）》2003 年第 2 期；

《新疆多元地缘性与地域性文化演变》，《民族论坛》2014 年第 1 期；

《盛世才及国民党统治时期新疆对苏联的贸易关系》，《西南民族大学学报（人文社科版）》2004 年第 12 期；

《论魏晋十六国时期中原王朝对西域的管辖经营》，《新疆师范大学学报（哲学社会科学版）》2003 年第 2 期。

90. 周竞红

周竞红，1963 年生，中国社会科学院民族学与人类学研究所研究员。从事民族理论、民族政策、边疆民族问题研究。

边疆研究代表成果有：

《南京国民政府初期十年边疆民族事务管理机制与政策》，《中国边疆史地研究》2005 年第 3 期；

《从汉族主义到中华民族主义——清末民初国民党及其前身组织的边疆民族观转型》，《民族研究》2006 年第 4 期；

《“因俗而治”型政区：中国历史上“一体”与“多元”的空间互动》，《中央民族大学学报》2006 年第 5 期；

《“兴边富民行动”中的民族关系》，《满族研究》2009 年第 4 期；

《从东北边疆看兴边富民行动十余载——评〈兴边富民与安邻、睦邻、富邻关系研究〉》，《满族研究》2015 年第 2 期。

91. 周琼

周琼，1968 年生，云南大学西南环境史研究所教授。从事环境史、灾荒史、西南边疆民族史地、地方文献整理校勘及区域历史人物的研究。

边疆研究代表成果有：

《“八景”文化的起源及其在边疆民族地区的发展——以云南“八景”文化为中心》，《清华大学学报（哲学社会科学版）》2009 年第

1 期；

《清代云南内地化后果初探——以水利工程为中心的考察》，《江汉论坛》2008 年第 3 期；

《中国环境史学科名称及起源再探讨——兼论全球环境整体观视野中的边疆环境史研究》，《思想战线》2017 年第 2 期；

《环境史视野下中国西南大旱成因刍论——基于云南本土研究者视角的思考》，《郑州大学学报（哲学社会科学版）》2014 年第 5 期；

《环境史视域中的生态边疆研究》，《思想战线》2015 年第 2 期；

《近代以来西南边疆地区新物种引进与生态管理研究》，《云南师范大学学报（哲学社会科学版）》2018 年第 5 期。

92. 周智生

周智生，1973 年生，云南师范大学教授。从事西南边疆民族社会经济发展研究。

边疆研究代表成果有：

《商人与近代中国西南边疆社会：以滇西北为中心》，中国社会科学出版社 2006 年版；

《族际商贸交流与近代西南边疆民族的经济生活——以滇西北为中心》，《中南民族大学学报（人文社会科学版）》2007 年第 3 期；

《多元文化传播与西南边疆民族地区商品经济成长——以明清时期的滇西北地区为例》（第一作者，与缪坤和合作），《中南民族大学学报（人文社会科学版）》2006 年第 1 期；

《近代中国西南边疆民族乡村的农业商品化浪潮——以滇西北为中心的考察》（第一作者，与吴映梅合作），《西南民族大学学报（人文社科版）》2007 年第 9 期；

《商人与近代中国西南边疆社会》，云南大学研究生学位论文，2002 年；

《云南多民族共生格局的历史形成机理初探》（第一作者，与张黎波合作），《云南师范大学学报（哲学社会科学版）》2015 年第 1 期；

《维护国家统一与促进边疆发展：边疆危局下格桑泽仁康区治理思想再认识》，《思想战线》2018 年第 5 期。

93. 周蜀蓉

周蜀蓉，1955 年生，四川大学博物馆研究馆员。从事中国古代女性、四川古代移民、华西基督教及近代华西边疆研究。

边疆研究代表成果有：

《发现边疆：华西边疆研究学会研究》，中华书局 2018 年版；

《华西边疆研究学会之再诠释》，《中华文化论坛》2010 年第 3 期；

《研究西部开发的珍贵文献——〈华西边疆研究学会杂志〉》，《中华文化论坛》2003 年第 1 期；

《基督教与华西边疆研究中的本土化进程——以华西边疆研究学会为例》，《四川大学学报（哲学社会科学版）》2012 年第 4 期；

《传教士与华西边疆研究——以华西边疆研究学会为例》，《宗教学研究》2011 年第 1 期；

《华西地区基督教传教士人类学思想演变初探（1922—1950）——以华西边疆研究学会为中心的考察》（第一作者，与王梅合作），《宗教学研究》2012 年第 3 期；

《〈边疆服务〉评述》，《西南民族大学学报（人文社科版）》2010 年第 4 期；

《华西边疆研究学会与三星堆文化的早期研究》，《四川文物》2012 年第 5 期。

94. 郑汕

郑汕，1943 年生，陆军边海防学院教授。从事边防学和边疆学理论研究。

边疆研究代表成果有：

《中国边疆学概论》，云南人民出版社 2012 年版；

《中国边防史》，社会科学文献出版社 1995 年版；

《论晚清“保藩固圉”的边防政策》（第一作者，与郑友来合作），《中国边疆史地研究》1993 年第 4 期；

《关于建构中国边疆学的几点思考》，《地域文化研究》2018 年第 1 期。

95. 郑晓云

郑晓云，1961 年生，云南省社会科学院研究员。从事民族文化的研究，尤其擅长云南与东南亚傣泰民族文化研究，在边疆方面侧重西南边疆民族问题研究。

边疆研究代表成果有：

《当代边疆地区的民族认同与国家认同——从云南谈起》，《中南民族大学学报（人文社会科学版）》2011 年第 4 期；

《文化人类学在边疆少数民族地区四化建设中的应用研究》，《云南社会科学》1987 年第 1 期；

《农村生产责任制对西南部边疆少数民族社会的影响》，《民族研究》1989 年第 4 期；

《关于地方社会科学研究前沿及创新的探讨——以云南为例》，《云南社会科学》2011 年第 5 期。

96. 郑维宽

郑维宽，1971 年生，广西民族大学民族学与社会学学院教授。从事区域历史地理、边疆史、生态环境史、人口史等方面的研究。

边疆研究代表成果有：

《历代王朝治理广西边疆的策略研究——基于地缘政治的考察》，社会科学文献出版社 2014 年版；

《从制度化到内地化：历代王朝治理广西的时空过程研究》，广西师范大学出版社 2016 年版；

《边疆危机与行政应对——中法战争后清政府的西南治边策略探

析》,《安徽史学》2008 年第 6 期；

《宋代以来客家移民开发岭南西部边疆的过程及其历史意义》,《广西地方志》2013 年第 5 期；

《宋代中越关系变动下的岭南边疆治策探析》,《社会科学战线》2012 年第 11 期；

《族群交往与边疆建构——以清代广西龙胜厅汉、僮民的互动为中心》（第一作者，与高志合作）,《广西民族师范学院学报》2018 年第 4 期；

《论宋代广西地缘军事防御体系的构建》,《广西社会科学》2016 年第 4 期。

97. 宝音朝克图

宝音朝克图，1962 年生，中国人民大学历史学院清史研究所教授。主要从事清史、边疆民族史、蒙古史方面的研究。

边疆研究代表成果有：

《清代北部边疆卡伦研究》，中国人民大学出版社 2005 年版；

《中国北部边疆的治理》，湖南人民出版社 2015 年版；

《清朝边防中的三种巡视制度解析——“卡兵巡查”、“巡查卡伦”、“察边”之区别与联系》,《清史研究》2003 年第 4 期；

《清代卡伦官兵的坐卡制度解析》,《内蒙古大学学报（人文社会科学版）》2004 年第 3 期；

《清代蒙古地区卡伦设置时间考——以漠北地区为中心》,《河北师范大学学报（哲学社会科学版）》2007 年第 2 期；

《关于清代科布多地区卡伦的若干问题》（第一作者，与刘朝辉合作）,《西部蒙古论坛》2012 年第 2 期。

98. 赵云田

赵云田，1943 年生，中国社会科学院中国历史研究院近代史研究所研究员。从事中国边疆管理机构以及清末新政和边疆开发研究。

边疆研究代表成果有：

《北疆通史》，中州古籍出版社 2003 年版；

《中国边疆民族管理机构沿革史》，中国社会科学出版社 1993 年版；

《中国治边机构史》，中国藏学出版社 2002 年版；

《清末新政研究——20 世纪初的中国边疆》，黑龙江教育出版社 2004 年版；

《清末新政研究》，黑龙江教育出版社 2014 年版；

《清代治理边陲的枢纽——理藩院》，新疆人民出版社 1995 年版；

《清末边疆地区新政举要》，《中国边疆史地研究》1996 年第 4 期；

《清末新政期间东北边疆的政治改革》，《中国边疆史地研究》2002 年第 3 期；

《50 年来的中国近代边疆史研究》，《近代史研究》2000 年第 4 期；

《清末新政期间东北边疆的军事改革》，《社会科学辑刊》2003 年第 4 期；

《近代我国边疆民族中央管理机构的演变》，《中国边疆史地研究》1991 年第 1 期；

《清末边疆新政研究述评》，《清史研究》2002 年第 3 期。

99. 赵世林

赵世林，1963 年生，云南民族大学教授。主要从事民族学、专门史研究，在边疆研究方面侧重边疆民族地区和谐社会构建问题。

边疆研究代表成果有：

《文化认同与边疆民族地区和谐社会的构建》（第一作者，与陈为智合作），《西南民族大学学报（人文社科版）》2006 年第 6 期；

《南传上座部佛教与边疆民族地区和谐社会构建》（第一作者，与陈燕，王玉琴合作），《西南民族大学学报（人文社会科学版）》2012 年第 12 期。

100. 赵永春

赵永春，1953 年生，吉林大学文学院教授。从事辽金元史、东北史、中国民族关系史、疆域理论研究。

边疆研究代表成果有：

《中国古代东北民族的“中国”认同》，黑龙江人民出版社 2015 年版；

《从“复数”中国到“单数”中国——中国历史疆域理论研究》，黑龙江教育出版社 2014 年版；

《历史上的“中国”与中国历史疆域研究》，吉林大学出版社 2017 年版；

《关于“人口迁移”、“移民”及其相关概念》，《史学集刊》2012 年第 2 期；

《关于中国历史上疆域问题的几点认识》，《中国边疆史地研究》2002 年第 3 期；

《中国古代的“国号”与历史上的“中国”》（第一作者，与贾淑荣合作），《吉林师范大学学报（人文社会科学版）》2009 年第 5 期；

《“中国多元一体”与辽金史研究》，《中央民族大学学报（哲学社会科学版）》2011 年第 3 期；

《从复数“中国”到单数“中国”——试论统一多民族中国及其疆域的形成》，《中国边疆史地研究》2011 年第 3 期；

《中国古代的“中国”与“国号”的背离与重合——中国古代“中国”国家观念的演进》，《学习与探索》2008 年第 4 期；

《关于中国古代华夷关系演变规律的理性思考——华夷关系的历史定位、演变轨迹与文化选择》，《学习与探索》2012 年第 1 期；

《也论中国古代历史上的“双边疆”》（第一作者，与马溢澳合作），《陕西师范大学学报（哲学社会科学版）》2016 年第 3 期；

《关于处理中国历史上民族政权之间关系的几点看法》（第一作者，

与王松龄合作)，《四平师院学报（哲学社会科学版）》1981 年第 4 期；

《论认识历史疆域的“历史共享”原则》，《黑龙江社会科学》2015 年第 5 期。

101. 赵现海

赵现海，1978 年生，中国社会科学院中国历史研究院古代史研究所研究员。主要研究方向是明代长城史、农民战争史、政治史。

边疆研究代表成果有：

《明代九边长城军镇史——中国边疆假说视野下的长城制度史研究》，社会科学文献出版社 2012 年版；

《洪武初年甘肃地缘政治与明朝西北疆界政策——由冯胜“弃地”事件引发的思考》，《古代文明》2011 年第 1 期；

《长城与边界：明朝北疆边界意识及其前近代特征》，《求是学刊》2014 年第 4 期；

《明长城的兴起——14 至 15 世纪西北中国军事格局研究》，《中国长城博物馆》2007 年第 4 期；

《明前期西北地区的边缘化与河套周边的经营》，《世界大变迁视角下的明代中国——国际学术研讨会论文集》，2011 年；

《中国古代疆域模式的历史特征及其根源——与西欧、阿拉伯、俄罗斯疆域模式的比较分析》，《暨南学报（哲学社会科学版）》2018 年第 7 期。

102. 胡小鹏

胡小鹏，1958 年生，西北师范大学历史文化学院教授。从事西北边疆民族史研究。

边疆研究代表成果有：

《西北边疆民族研究：政策与法律》（第一作者，与李晓英合作），甘肃文化出版社 2013 年版；

《试论元代边疆民族政策》，《中国边疆史地研究》2009 年第 4 期；

《元朝统治下的西夏故地》，《西北师大学报（社会科学版）》2000 年第 6 期；

《关于中国古代藩属体制的若干思考——兼评李大龙〈汉唐藩属体制研究〉》，《西北师大学报（社会科学版）》2007 年第 6 期；

《边疆治理视野下的清朝驻京喇嘛制度》（第一作者，与郑煦卓合作），《西北师大学报（社会科学版）》2017 年第 3 期；

《边疆法律视野下的“秦胡”身份》（第一作者，与郑煦卓合作），《社会科学战线》2017 年第 6 期。

103. 段红云

段红云，1975 年，云南大学教授。从事西南民族史、西南边疆史研究。

边疆研究代表成果有：

《明代云南民族发展论纲》，人民出版社 2011 年版；

《明清时期云南边疆土司的区域政治与国家认同》，《广西民族大学学报（哲学社会科学版）》2015 年第 5 期；

《明代中缅边疆的变迁及其影响》，《云南民族大学学报（哲学社会科学版）》2011 年第 5 期；

《清代中国疆域的变迁及其对中国民族发展的影响》，《中国边疆史地研究》2015 年第 1 期；

《丽江改土归流后纳西族的社会变迁》，《云南师范大学学报（哲学社会科学版）》2011 年第 6 期；

《明万历年间腾越“八关”的设置对明清中缅疆域变迁的影响》，《云南师范大学学报（哲学社会科学版）》2016 年第 5 期；

《略论元朝的统治政策对中国民族发展的意义》，《贵州文史丛刊》2012 年第 4 期；

《汉代“西夷”及其与王朝国家的关系研究》，《广西民族大学学报

(哲学社会科学版）》2017 年第 3 期；

《〈后汉书·东夷列传〉与秦汉时期东北边疆民族的民族志述论》(第一作者，与王琦合作)，《思想战线》2017 年第 2 期。

104. 段金生

段金生，1981 年生，云南民族大学人文学院教授。从事中国近现代史及边疆史地研究。

边疆研究代表成果有：

《南京国民政府的边政》，民族出版社 2012 年版；

《中国近代边疆民族研究的方法与理论》，云南人民出版社 2016 年版；

《南京国民政府对西南边疆的治理研究》，社会科学文献出版社 2013 年版；

《南京国民政府的边疆观念及民族认识》，《云南民族大学学报（哲学社会科学版）》2009 年第 6 期；

《试论中国边政学的研究内容及其学科建设》，《楚雄师范学院学报》2009 年第 5 期；

《20 世纪三四十年代的中国边疆研究及其发展趋向》，《中国边疆史地研究》2012 年第 1 期；

《民国政府的边政内容与边政特点——以南京国民政府为中心》，《思想战线》2011 年第 1 期；

《试论南京国民政府边政研究的内容和方法》(第一作者，与董继梅合作)，《云南师范大学学报（哲学社会科学版）》2010 年第 1 期；

《近代中国的边疆社会政治及边疆认识的演变》，《社会科学战线》2012 年第 9 期；

《20 世纪 40 年代中国边疆研究的方法与理论——以〈边政公论〉为中心》，《北方民族大学学报（哲学社会科学版）》2010 年第 6 期；

《近代国人关于新疆的认识》，《中国边疆史地研究》2009 年第

2 期；

《南京国民政府的边政机构述论》，《中国历史地理论丛》2013 年第 1 期；

《边疆研究与近代民族国家之构筑——以 1941 年〈边政公论〉发刊词为中心的考察》，《烟台大学学报（哲学社会科学版）》2012 年第 4 期。

105. 侯宣杰

侯宣杰，1976 年生，南宁师范大学法与社会学院教授。从事近现代社会经济史、中国边疆城市发展史研究。

边疆研究代表成果有：

《商人会馆与边疆社会经济的变迁》，广西师范大学研究生学位论文，2004 年；

《论清代内陆边疆城市发展的特征》，《云南民族大学学报（哲学社会科学版）》2010 年第 4 期；

《西南边疆城市发展的区域研究》，四川大学博士研究生学位论文，2007 年；

《中国边疆城市发展史的特点与研究方法》，《青海民族研究》2011 年第 1 期；

《清前期广西边疆与泛北部湾国家的贸易交往》，《广西师范学院学报（哲学社会科学版）》2009 年第 3 期；

《清代壮族边疆地区的林果生产研究》，《安徽农业科学》2010 年第 4 期；

《清代广西边疆少数民族农村经济商品化的趋势》，《农业考古》2010 年第 1 期；

《清代广西边疆的商人迁移与城镇商业经济开发》，《传承》2010 年第 6 期；

《清代广西边疆城市文化特性的个案比较》，《边疆经济与文化》

2010 年第 6 期；

《动乱时代的责任与道义——清代广西边疆城市社会福利事业述评》，《广西师范学院学报（哲学社会科学版）》2010 年第 3 期。

106. 侯德仁

侯德仁，1975 年生，苏州大学社会学院副教授。从事清代边疆史研究。

边疆研究代表成果有：

《清代西北边疆史地学》，群言出版社 2006 年版；

《百年来的清代西北边疆史地学研究述评》，《西域研究》2007 年第 4 期；

《清道咸年间边疆史地学研究的时代特征》，《求是学刊》2002 年第 5 期；

《清季西北边疆史地学研究的学术成就与时代特征》，《天津社会科学》2007 年第 2 期；

《清朝官修西北边疆史地著作的学术成就》，《苏州大学学报（哲学社会科学版）》2012 年第 3 期；

《清道咸年间边疆史地学研究中的世界意识》，《历史教学》2004 年第 2 期；

《清嘉道咸年间边疆史地学研究中的世界性意识》（第一作者，与张丛合作），《阴山学刊》2004 年第 1 期。

107. 娄贵品

娄贵品，1982 年生，云南大学历史与档案学院副教授。从事西南边疆民族史、边疆理论研究。

边疆研究代表成果有：

《方国瑜与中国西南边疆研究》，人民出版社 2014 年版；

《近代中国"边疆学"概念提出与传播的历史考察》，《学术探索》2012 年第 8 期；

《1937年西南夷苗民族请愿代表在沪活动述论——以〈申报〉为中心的考察》，《民国档案》2010年第2期；

《民族学界与“边疆”概念中国化——以20世纪三四十年代为考察时段》，《贵州民族研究》2012年第2期；

《1936—1937年西南夷苗代表在南京的请愿活动及其意义》，《西南边疆民族研究》第9辑，2011年；

《近代中国高校边政学系的设置与发展》，《西南边疆民族研究》第11辑，2012年；

《民族平等与国族整合：全面抗战时期西南夷苗请愿代表活动述论》，《学术探索》2016年第4期；

《“西南研究”与中国边疆学构筑——以〈国立中山大学文学院边疆学系组织计划纲要〉为中心的考察》，《思想战线》2011年第2期。

108. 袁明旭

袁明旭，1967年生，云南大学政府管理学院教授。从事公共政策、领导科学、边疆治理研究。

边疆研究代表成果有：

《转型期边疆多民族地区群体性突发事件的类型、特点及成因分析》，《云南行政学院学报》2008年第4期；

《从精英吸纳到公民政治参与——云南边疆治理中政治吸纳模式的转型》，《思想战线》2014年第3期；

《边疆多民族地区利益分化的成因、特点及影响》，《云南行政学院学报》2007年第3期；

《边疆多民族地区群体性突发事件中领导角色冲突的双重效应》，《思想战线》2010年第3期；

《边疆多民族地区群体性突发事件中领导角色的冲突与调适》，《云南师范大学学报（哲学社会科学版）》2009年第6期。

109. 袁剑

袁剑，1981 年生，中央民族大学世界民族学人类学研究中心副教授。从事边疆研究、中亚（内亚）研究。

边疆研究代表成果有：

《边疆的背影：拉铁摩尔与中国学术》，社会科学文献出版社 2016 年版；

《人类学视野下的中国边疆史》，《读书》2009 年第 4 期；

《“内陆亚洲”视野下的大边疆：拉铁摩尔的实践路径——基于一些相关作品的阅读》，《西北民族大学学报（哲学社会科学版）》2013 年第 3 期；

《拉铁摩尔与施坚雅——边疆研究内亚范式与西南传统中的歧异与互通》，《西南民族大学学报（人文社会科学版）》2014 年第 12 期；

《20 世纪上半叶的内亚研究与地缘政治——以民国时期国内对拉铁摩尔及其学说的介绍与评价为例》，《西北民族研究》2013 年第 4 期；

《边疆理论话语的梳理与中国边疆学的可能路径——〈法律、资源与时空建构：1644—1945 年的中国〉第二卷读后》，《中国边疆史地研究》2014 年第 1 期；

《边疆概念的抽象化与具体化——民族志书写与近代的相关尝试》，《云南师范大学学报（哲学社会科学版）》2014 年第 4 期；

《田野中的全球史与地方性——拉铁摩尔 1929—1930 年的中国东北之旅》，《社会科学》2014 年第 10 期；

《边疆结构与“历史中国”认知》，《复旦学报（社会科学版）》2016 年第 5 期；

《2013 年的中国边疆研究：使命、范式与转型》，《中国图书评论》2014 年第 1 期；

《时局与话语——对近代以来国内关于“边疆”概念研究的分析与解读》，《中央民族大学学报（哲学社会科学版）》2016 年第 3 期。

110. 徐黎丽

徐黎丽，1966年生，兰州大学西北少数民族研究中心教授。从事民族关系、人类学、边疆安全、口岸问题研究。

边疆研究代表成果有：

《中国边疆安全研究》，社会科学文献出版社2015年版；

《走西口：汉族移民西北边疆及文化变迁研究》，民族出版社2010年版；

《论多民族国家中民族认同与国家认同的冲突——以中国为例》，《西北师大学报（社会科学版）》2011年第1期；

《国家利益的延伸与软边疆概念的发展》，《云南师范大学学报（哲学社会科学版）》2011年第5期；

《“一带一路”建设中甘肃“黄金段”作用的发挥》（第一作者，与王悦合作），《西北师大学报（社会科学版）》2015年第6期；

《论文化戍边》（第一作者，与杨朝晖合作），《新疆社会科学》2013年第3期；

《论边疆与安全的关联性》（第一作者，与梁世甲合作），《西北师大学报（社会科学版）》2012年第2期；

《中国西北地区民族关系的几个特点》，《学术探索》2009年第6期；

《论西北跨国民族文化体系的戍边作用》（第一作者，与唐淑娴合作），《思想战线》2014年第4期；

《“大一统”天下观对中国边疆治理的影响》（第一作者，与李姝睿合作），《国家行政学院学报》2015年第6期；

《通道地带理论——中国边疆治理理论初探》，《思想战线》2017年第2期；

《论边疆安全问题对丝绸之路经济带战略实施的影响》（第一作者，与巴责达合作），《云南师范大学学报（哲学社会科学版）》2015年第

4 期。

111. 高永久

高永久，1964 年生，南开大学周恩来政府管理学院、太和智库边疆发展研究中心教授。从事民族学、民族政治学、民族社会学研究，在边疆方面侧重边疆治理研究。

边疆研究代表成果有：

《城市化进程中边疆地区民族问题治理》（第一作者，与秦伟江合作），《中南民族大学学报（人文社会科学版）》2011 年第 2 期；

《“一带一路”与边疆概念内涵的重塑——兼论新时代边疆治理现代化建设》（第一作者，与崔晨涛合作），《中南民族大学学报（人文社会科学版）》2018 年第 2 期；

《习近平新时代中国特色社会主义思想对边疆治理的推动作用》（第一作者，与赵俊琪合作），《云南民族大学学报（哲学社会科学版）》2018 年第 2 期；

《对边疆民族地区先进文化建设的几点思考》（第一作者，与徐亚清合作），《青海民族研究》2004 年第 3 期；

《论回纥在维护祖国统一中的历史贡献》，《河西学院学报》2002 年第 1 期；

《“人类命运共同体”视域下西部边境牧区地缘政治治理测量指标构建》（第一作者，与郑泽玮合作），《广西民族研究》2018 年第 5 期。

112. 唐凌

唐凌，1955 年生，广西师范大学历史文化与旅游学院教授。从事中国近代史和西南边疆史研究。

边疆研究代表成果有：

《论民国时期民族经济融合中的政府力量——对广西边疆稳定基本构成要素的新认识》，《中国边疆史地研究》2006 年第 2 期；

《矿业在近代广西边疆开发中的作用》，《中国边疆史地研究》1999

年第 3 期；

《从会馆看边疆经济开发中的民间力量及商业史叙述语言的选择——以广西为例》，《广西师范大学学报（哲学社会科学版）》2012 年第 5 期；

《清朝大修桂柳运河原因探析》，《广西师范大学学报（哲学社会科学版）》2010 年第 5 期；

《陆荣廷政权在边疆民族经济融合进程中运用的政府和民间两种力量》，《广西民族研究》2007 年第 4 期。

113. 黄达远

黄达远，1973 年生，陕西师范大学西北民族研究中心教授。主要从事边疆问题（侧重新疆）研究。

边疆研究代表成果有：

《多重视角下的边疆研究：18 世纪至 20 世纪初叶的新疆区域社会史考察》（第一作者，与吴轶群合作），民族出版社 2009 年版；

《边疆、民族与国家：对拉铁摩尔“中国边疆观”的思考》，《中国边疆史地研究》2011 年第 4 期；

《在古道上发现历史：拉铁摩尔的新疆史观述评》，《新疆师范大学学报（哲学社会科学版）》2013 年第 4 期；

《区域史视角与边疆研究——以“天山史”为例》，《学术月刊》2013 年第 6 期；

《18 世纪中叶以降的内亚地缘政治与国家建构》，《学术月刊》2014 年第 8 期；

《隔离下的融合——清代新疆城市发展与社会变迁（1759—1911）》，四川大学研究生学位论文，2006 年；

《边疆的空间性：“区域中国”的一种阐释路径——对“中华民族共同性”论述的新思考》，《陕西师范大学学报（哲学社会科学版）》2016 年第 3 期；

《多维视野下的西域——以 1759—1864 年的天山史为例》，《新疆师范大学学报（哲学社会科学版）》2014 年第 6 期；

《“长城—天山”商路与近代中国国家建构的东西轴线——兼对拉铁摩尔的“区域研究法”的探讨与应用》，《新疆师范大学学报（哲学社会科学版）》2015 年第 6 期；

《欧亚时空视野中的“西北”——论“一带一路”战略背景下的地缘区位观》，《陕西师范大学学报（哲学社会科学版）》2017 年第 3 期；

《边疆与民族史理论研究》，《陕西师范大学学报（哲学社会科学版）》2017 年第 3 期。

114. 龚荫

龚荫，1933 年生，四川省文史馆馆员。从事民族政策史、边疆治理史研究。

边疆研究代表成果有：

《土司制度与边疆社会》，岳麓书社 2014 年版；

《秦皇朝民族政策述论》，《西南民族学院学报（哲学社会科学版）》1998 年第 2 期；

《关于中国土司制度渊源发展研究的十个问题》，《青海民族研究》2013 年第 1 期；

《关于土司制度研究问题》，《西南民族大学学报（人文社会科学版）》2015 年第 3 期；

《古代边疆民族地区屯垦开发概说》，《西南民族学院学报（哲学社会科学版）》1997 年第 1 期；

《汉王朝对边疆民族治理述略》，《西南民族大学学报（人文社会科学版）》2008 年第 9 期；

《古代南方民族教育文化与民族发展》，《西南民族大学学报（人文社会科学版）》2006 年第 4 期；

《清代民族边防变化及划界签约》，《思想战线》2006年第3期；

《先秦民族政策概说》，《西南民族学院学报（哲学社会科学版）》1995年第1期；

《清代民族法制概说》，《西南民族学院学报（哲学社会科学版）》2002年第7期；

《唐代边疆民族地区设置辑考》，《西南民族大学学报（人文社会科学版）》2004年第3期。

115. 章永俊

章永俊，1970年生，北京市社会科学院研究员。从事北京史、史学理论与史学史、清代边疆史地研究。

边疆研究代表成果有：

《鸦片战争前后中国边疆史地学思潮研究》，黄山书社2009年版；

《西方近代边疆理论的初步发展》，《中国边疆史地研究》2005年第2期；

《欧文·拉铁摩尔的中国边疆史研究》，《史学史研究》2006年第2期；

《清道咸时期边疆史地学者的考证学特点》，《史学史研究》2009年第2期；

《鸦片战争前后研究边疆和域外史地的学者群》，《学术研究》2007年第3期；

《论鸦片战争前后中国边疆史地研究热潮中的史书编纂》，《史学史研究》2004年第2期；

《论姚莹边疆史地研究的世界史眼光》，《淮北煤炭师范学院学报（哲学社会科学版）》2002年第2期；

《嘉道之际中国边疆史地研究的兴起》，《史学理论研究》2014年第4期；

《鸦片战争前后的中国边疆史地研究》，《史学理论研究》2004年第 3 期；

《龚自珍的西北史地研究》，《安徽教育学院学报》2007 年第 2 期；

《从〈朔方备乘〉看何秋涛的边疆史地研究》，《云南民族大学学报（哲学社会科学版）》2003 年第 1 期。

116. 梁双陆

梁双陆，1970 年生，云南大学发展研究院研究员。从事边疆经济学、国民经济学、创新经济学研究。

边疆研究代表成果有：

《边疆经济学》，人民出版社 2009 年版；

《中国边疆桥头堡经济：基于空间经济学的分析》，社会科学文献出版社 2015 年版；

《中国沿边开放中的交通枢纽与城市区位》（第一作者，与崔庆波合作），《经济问题探索》2014 年第 11 期；

《次区域国际经济一体化中的产业地域性聚集机理研究》（第一作者，与陈瑛合作），《南方经济》2012 年第 9 期；

《中国边疆桥头堡经济研究》，《云南财经大学学报》2013 年第 5 期；

《中国沿边开放中内陆边疆一体化效应研究》（第一作者，与梁巧玲合作），《云南民族大学学报（哲学社会科学版）》2015 年第 4 期。

117. 彭丰文

彭丰文，1972 年生，中国社会科学院民族学与人类学研究所研究员。从事魏晋南北朝史、中国古代民族史与边疆史、历史人类学等方面的研究。

边疆研究代表成果有：

《两晋时期国家认同研究》，民族出版社 2009 年版；

《先秦两汉时期民族观念与国家认同研究》，中国社会科学出版社 2016 年版；

《魏晋南北朝时期边政研究》，花木兰文化事业有限公司 2019 年版；

《论曹魏统一北方边疆地区的策略》，《北京社会科学》2002 年第 4 期；

《汉魏十六国时期河陇大族势力的崛起及其在西北边疆开发中的作用》，《中国边疆史地研究》2003 年第 4 期；

《西江督护与南朝岭南开发》，《广西民族研究》2004 年第 2 期；

《南朝岭南民族政策新探》，《民族研究》2004 年第 5 期；

《从边缘到中心：秦人认同华夏民族的心理历程及其历史意义》，《河北学刊》2015 年第 4 期；

《从两汉西南夷经略看中国古代疆域的形成》，《中国边疆史地研究》2015 年第 4 期；

《两汉之际的国家认同及其历史启示》，《中南民族大学学报（人文社会科学版）》2016 年第 1 期；

《西汉“大一统”政治与多民族交融认同》，《民族研究》2016 年第 2 期；

《从盛乐到平城：北魏王朝的国家建构与政治转型》，《西南民族大学学报（人文社会科学版）》2018 年第 7 期；

《守在四夷：北魏北部边疆经略方针及其思想源泉》，《中国边疆史地研究》2018 年第 3 期。

118. 管彦波

管彦波，1967 年生，中国社会科学院民族学与人类学研究所研究员。从事中国民族史、民族历史地理、边疆史地、中国南方民族社会历史与文化的研究。

边疆研究代表成果有：

《论唐代内地与边疆的“互市”和“朝贡”贸易》，《黑龙江民族丛刊》2007 年第 4 期；

《唐朝与边疆民族政治联系的两种主要途径：册封与和亲》，《黑龙江民族丛刊》2006 年第 2 期；

《唐朝的边疆局势及御边戍守体系的变化》，《贵州民族研究》2006 年第 6 期；

《试论唐朝在边疆民族地区推行的羁縻府州制度》，《青海民族研究》2010 年第 2 期；

《论隋炀帝对边疆地区的开拓与经略》，《四川大学学报（哲学社会科学版）》2005 年第 1 期；

《论唐代中原与边疆地区多层面的文化交流》，《贵州民族研究》2007 年第 4 期；

《云南民族团结示范区建设需长期关注的几个问题》，《学术探索》2016 年第 1 期；

《试论唐朝“文治武功”的安边策略》，《西北民族大学学报（哲学社会科学版）》2016 年第 5 期；

《人与地：边疆史地研究的新视角——〈壮族地区人地关系过程中的环境适应研究〉评介》，《中国边疆史地研究》2014 年第 4 期。

119. 黎小龙

黎小龙，1955 年生，西南大学历史文化学院教授。从事西南区域社会经济发展史、西南民族史，在边疆方面侧重秦汉边疆思想史研究。

边疆研究代表成果有：

《历史时期西南开发与社会冲突的调控》，西南师范大学出版社 2011 年版；

《两汉边疆思想观的论争与统一多民族国家边疆思想的形成》（第一作者，与徐难于作），《中国边疆史地研究》2006 年第 4 期；

《论两汉王朝西南边疆开发中的“各以地比”之治理方略》，《西南师范大学学报（人文社会科学版）》2001 年第 6 期；

《明代西南总督与民族社会冲突调控》，《民族研究》2005 年第

4 期；

《战国秦汉西南边疆思想的区域性特征初探》，《中国边疆史地研究》2004 年第 4 期；

《〈汉书·西南夷两粤朝鲜传〉三传合一体例与两汉边疆民族思想》，《中国边疆史地研究》2015 年第 2 期。

120. 潘先林

潘先林，1967 年生，云南大学历史与档案学院教授。从事中国近代民族史、云南地方史、西南边疆史研究。

边疆研究代表成果有：

《民族史视角下的近代中国论稿》，云南大学出版社 2009 年版；

《"近代化"历程中的滇川黔边彝族社会——对中国近代民族史研究理论问题的思考》，《民族研究》1998 年第 3 期；

《"沿边型"近代化模式与"近代化"视野下的少数民族社会变迁——对"边疆民族型"近代化模式的再讨论》，《贵州民族研究》2008 年第 1 期；

《20 世纪 50 年代以来中国近代民族史研究述要》，《学术探索》2007 年第 4 期；

《西南边疆早期现代化的主要现象及其与国家安全之关系》（第一作者，与张黎波合作），《思想战线》2011 年第 2 期；

《连通中央与边陲：1937 年京滇公路周览团述论》（第一作者，与张黎波合作），《中国边疆史地研究》2012 年第 3 期；

《家国情怀书生本色：方国瑜先生的中国边疆学研究》，《西南古籍研究》2014 年年刊。

（三）中国边疆研究核心作者群体特征总结

依据上文对中国边疆研究核心作者群体的梳理与分析，可将其特征总结如下：

第一，从整体上看，我国边疆研究的核心作者群体数量相对较少，虽然目前我国边疆研究处于热潮期，并且研究人数也相对较多，但是真正进行持续性深入研究的核心作者并不多。这一问题应当引起学界的重视。作为哲学社会科学的重要学科，中国边疆研究在学科构建、研究深化、三大体系建设过程中，研究者群体（核心作者群体）是基础和前提，未来必须重视这一领域的人才集聚和人才培养，使更多的相关研究者投入边疆研究领域，让更多的青年人成为边疆研究人才。

第二，从年龄结构看，整体上我国边疆研究的核心作者群体年龄结构合理，其中出生于20世纪60年代和70年代的作者为69人，占核心作者群体总数的57.50%，超过一半，这一年龄阶段作者是目前我国边疆研究的中坚力量，其中70年代的作者达到33人，与60年代出生的作者人数相当，这表明70年代出生的中坚力量已经起到了传承的作用。此外，我国边疆研究的核心作者存在一定的老龄化现象，核心作者中出生于20世纪50年代的19人，出生于40年代的11人，出生于30年代的5人，出生于20年代的3人，共计38人，相对占比较大，再加上60年代上半期出生的作者，整体占比也几乎达到一半，存在一定的老龄化。已经有一定量的80年代出生的作者崭露头角，目前人数为13人，一些青年学者表现出了强劲的发展势头。

第三，从职称结构看，我国边疆研究的核心作者职称较高，除了两位无职称作者（主要为党政机关工作人员，从年龄上看相应职称应达到副高级以上），所有的核心作者都已经是高级职称，其中正高级为99人（教授72人、研究员26人、研究馆员1人），副高级19人（副教授18人、副研究员1人）。高级职称中正高级达到99人，占绝对优势，并且一定量的正高级作者属于所在单位二级教授（研究员），拥有重要人才称号，这更进一步表明我国边疆研究核心作者群体的高职称特征。

第四，从学科背景看，根据作者研究方向归纳学科之后，整体上我国边疆研究核心作者学科背景多样，涉及历史学、政治学、民族学、管理学、教育学、社会学、经济学等学科类型。在这些学科中相对靠前的学科主要是历史学（达到 70 余人），其次是政治学（达到 20 余人），此后的顺序大致是民族学、教育学、社会学、经济学等学科，其人数较多。

第五，从成果特点看，依据上文对我国边疆研究核心作者边疆研究代表成果的筛选梳理，可以发现核心作者的代表成果类型多样，涉及论文、专著、主编著作、主编文集、学位论文等，其中产生影响最大的是发表在一些核心或专业期刊上的论文。此外，学术专著也是影响较大的成果类型。这些成果绝大多数属于独撰成果，合作完成的较少。

第五章

中国边疆研究的学术机构分析

中国边疆研究的学术机构，一般指的是从事中国边疆研究的作者来源单位，也就是研究文献中作者的署名单位。本章主要依据“中国边疆研究作者群体分析”章节中的样本，即在中国知网中时间限定在“1979 至 2018 年”，来源类别选择“核心期刊”和“CSSCI”，以篇名检索，分别以“边疆”“疆域”“治边”“海疆”等关键词进行检索的 2764 篇文献样本，在此基础上展开研究。

本章包含两大部分内容：其一是中国边疆研究学术机构的总体状况，主要是将我国边疆研究学术机构的整体数量情况以及呈现的特征进行统计分析；其二是中国边疆研究主要学术机构情况，主要是对发文量较多的学术机构分布、类型统计分析，同时将中国边疆研究的专门研究机构进行介绍说明。通过本章的统计分析，我们可以对目前我国边疆研究学术机构数量、主要研究机构、学术平台有一个直观的了解。

一、中国边疆研究学术机构的总体状况分析

对于本章的 2764 篇样本文献，通过样本文献题录信息分析工具（SATI），进行机构要素的提取（这里抽取的产文机构既包括第一单位，也包括非第一单位），进而频次统计，发现共涉及 1715 个学术机构

（见五—图 1）。

需要说明的是，分析工具在合并同类过程中只能识别学术机构完全相同的类别，无法识别同一学术机构在不同时期不同称呼的情况，比如中国社会科学院中国边疆史地研究中心和中国社会科学院中国边疆研究所这两个机构则分别统计。此外，学术机构合并也包括第二作者单位的情况，也一并统计进来。这里只是说明整体情况和大致趋势，在下文的主要机构统计分析中则进一步对主要发文学术机构进行细化说明。

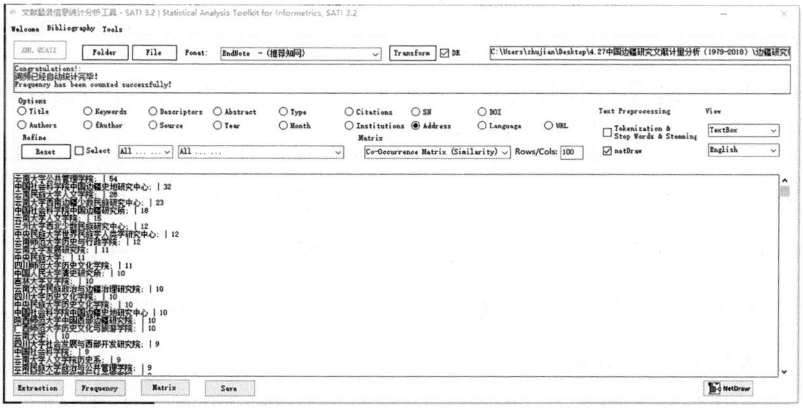

五—图 1　文献题录信息统计分析工具边疆研究学术机构提取界面

通过对学术机构整体情况的进一步细化统计，有以下情况需要说明。第一，通过频次统计后，从最直观的数据看，中国边疆研究的学术机构绝大多数分布在高校，此外是各级社科院等专门研究单位；分布区域主要集中在边疆省区，其中以西南边疆的云南，南部边疆的广西，西北边疆的甘肃、新疆，东北边疆吉林、黑龙江为主，内地省区市以北京、四川、陕西为主，沿海省市主要是上海、江苏、浙江、广东。发表成果较多的前十个单位分别是云南大学公共管理学院、中国社会科学院中国边疆史地研究中心、云南民族大学人文学院、云南大学西南边疆少数民族研究中心、中国社会科学院中国边疆研究所、云南大学人文学院、兰州大学西北少数民族研究中心、中央民族大学世界民族学人类学研究中心、云南师范大学历史与行政学院、云南大学发展研究院。第二，以发文量情况看，发表 1 篇文章的学术机构数量为 1469 个，占比还是比较高的，发表 2 篇文章的学术机构数量为 137 个，发表 3 篇文章的学术机构数量为 37 个，发表 4 篇文章的学术机构数量为 14 个，发表 5 篇以上文章的学术机构数量为 58 个。从这组数据可以得知，我国边疆研究学术机构还是相对集中的，涉及的研究机构并不多，这与边疆问题的特殊性有关，一般占据地缘优势的边疆地区成为边疆研究的主力，同时，在北京地区中央机构和高校依托资料、平台和资源优势，也成为边疆研究的重要地区。第三，在所有的学术机构中，以历史学院、历史系、民族研究中心、公共管理学院、发展学院、协同创新中心、人类学研究中心等类型的研究机构为主；同时，除了中国边疆研究所（中国边疆史地研究中心）作为专门边疆研究机构，也有大量的高校和研究机构设立的以边疆为主要研究内容的学术机构，并且近年来影响力越来越大。在下文的主要学术机构中笔者会进一步说明。

二、中国边疆研究主要学术机构

（一）中国边疆研究主要学术机构

鉴于中国边疆研究学术机构的总体状况分析只是粗线条的统计分析，并不能完全说明问题，也不能清晰了解我国边疆研究学术机构的具体情况，我们还需要对主要研究机构进行进一步的细化统计和分析。细化统计主要借助于人工干预的手段，对同一单位进行整合，再对其中的主要二级单位进行合并归类。基于以上标准，笔者统计了中国边疆研究主要研究机构，包括一级机构和二级机构及所在地区。需要说明的是，这里的主要学术机构是基于本章时间跨度和来源类别进行的统计，鉴于一些机构（包括这里的主要机构）发表了一定量的文章，不在本章的时间跨度和来源类型中，并未收录，但这一情况占比不大，不影响整个分析。二级机构中对主要二级机构发文单位进行了梳理，包含同一单位不同时期的情况。下文中将对这些边疆研究的专门机构进行进一步介绍说明。

五—表 1 中国边疆研究主要学术机构情况统计表

序	一级机构名称	主要二级机构名称	所在地区
1	广西民族大学	民族学与社会学学院	广西南宁
2	广西民族师范学院	以一级单位署名	广西崇左
3	广西师范大学	历史文化与旅游学院	广西桂林
4	广西师范学院	以一级单位署名	广西南宁
5	广西财经学院	以一级单位署名	广西南宁
6	云南大学	公共管理学院、西南边疆少数民族研究中心、人文学院、发展研究院、民族政治与边疆治理研究院、历史与档案学院、管理学院、马克思主义研究院、历史系、政治学系、西南环境史研究所、民族研究院、法学院、工商管理与旅游管理学院、高等教育研究院、民族学与社会学学院、马列部	云南昆明
7	云南民族大学	人文学院、政治与公共管理学院、云南省民族研究所、法学院、马列部	云南昆明
8	云南师范大学	历史与行政学院、文学院、民族教育信息化教育部重点实验室、哲学与政法学院、成人教育学院、中国西南对外开放与边疆安全研究中心	云南昆明
9	云南农业大学	农村发展政策研究中心、人文社科学院	云南昆明
10	云南财经大学	马克思主义学院、法学院、公共管理学院、东盟学院	云南昆明

（续表）

序	一级机构名称	主要二级机构名称	所在地区
11	中山大学	历史系、政治与公共事务管理学院	广东广州
12	中央民族大学	世界民族学人类学研究中心、历史文化学院、民族学与社会学学院、管理学院、历史系、中国民族理论与民族政策研究院、中国少数民族研究中心、东亚关系与边疆问题研究中心、中国边疆学研究中心	北京
13	中国人民大学	清史所、清史研究所	北京
14	中国社会科学院	中国边疆史地研究中心、中国边疆研究所、民族学与人类学研究所、民族研究所、近代史研究所	北京
15	中南民族大学	马克思主义学院、民族学与社会学学院	湖北武汉
16	内蒙古科技大学	文法学院、网络舆情与社会发展研究所	内蒙古包头
17	石河子大学	经济与管理学院、经贸学院、马克思主义学院、政法学院	新疆石河子
18	东北师范大学	历史文化学院、文学院	吉林长春
19	四川大学	历史文化学院、社会发展与西部开发研究院、中国西部边疆安全与发展协同创新中心、公共管理学院、博物馆、经济学院、政治学院	四川成都
20	四川文理学院	（一级单位署名占比较大）学报编辑部	四川达州
21	四川师范大学	历史文化学院、历史文化与旅游学院、华西边疆研究所	四川成都
22	兰州大学	西北少数民族研究中心、历史文化学院、中国边疆安全研究中心	甘肃兰州

（续表）

序	一级机构名称	主要二级机构名称	所在地区
23	吉林大学	文学院、边疆考古研究中心、马克思主义学院	吉林长春
24	西北师范大学	西北少数民族教育发展研究中心、历史文化学院、哲学与政治学研究院、西北边疆政治与治理研究中心	甘肃兰州
25	西南民族大学	西南民族研究院、民族研究院	四川成都
26	曲靖师范学院	人文学院	云南曲靖
27	华东师范大学	历史系、历史学系、社会发展学院	上海
28	武汉大学	历史学院、中国边界与海洋研究院（国家领土主权与海洋权益协同创新中心）	湖北武汉
29	陕西师范大学	中国西部边疆研究院、历史文化学院、西北民族研究中心、政治经济学院	陕西西安
30	南开大学	历史学院、周恩来政府管理学院	天津
31	南京大学	历史系、历史学院、中国南海研究协同创新中心、人类学研究所	江苏南京
32	复旦大学	历史地理研究中心	上海
33	浙江师范大学	人文学院、环东海与边疆研究院	浙江金华
34	塔里木大学	经济与管理学院、非传统安全与边疆民族发展研究院	新疆阿拉尔
35	厦门大学	历史系、人文学院、公共事务学院、南洋研究院、南海研究院、马克思主义学院	福建厦门
36	黑龙江省社会科学院	历史研究所	黑龙江哈尔滨
37	新疆大学	政治与公共管理学院、法学院、马克思主义学院	新疆乌鲁木齐
38	暨南大学	中外关系研究所、历史系	广东广州

（二）中国边疆研究主要学术机构特征

依据五—表 1 的统计，可以将我国边疆研究主要学术机构的特征总结如下：

第一，从一级机构看，中国边疆研究的学术机构绝大多数集中在高等院校，在 38 个单位中有 36 个为高校，占比达 94.74%。这些高校既有目前国内一流的重点大学，也有分布在边疆地区的普通本科院校。高校之外，各级社会科学院是重要的学术机构分布单位，其中最主要的是中国社会科学院，在地方社会科学院中，黑龙江省社会科学院比较突出。

第二，从二级学术机构看，中国边疆研究二级学术机构主要是高校的历史系（历史文化类学院）、民族类学院、公共管理类学院、社会发展类学院、马克思主义学院、政法类学院等，或者隶属于这些学院或者一级机构的各类研究中心（所）。高校之外，社会科学院的历史类、民族类研究所也是边疆研究的主要学术机构。一般而言，学院或研究机构与学科密切相关，从二级研究机构可以发现，除了历史研究，从政治学、民族学、社会学、法学、管理学等学科领域展开边疆研究的机构越来越多。

第三，随着我国边疆研究的不断发展，很多高校和研究机构成立了专门的边疆研究平台。这些平台的建立在凝聚研究方向、整合研究力量、培养研究人才、政策咨询等方面都有着巨大的帮助，极大地促进了我国边疆研究的深化。

第四，从分布区域看，我国边疆研究的学术机构主要分布在北京和陆地边疆与沿海省市区。其中北京主要分布在中国社会科学院的中国边疆研究所等研究机构和中央民族大学、中国人民大学等高校的研究机构；在陆地边疆地区以云南省为主，随后广西（亦兼具沿海性质）、甘肃、新疆、吉林比较靠前；在沿海地区主要分布在上海、广东、江苏、福建、天津等省市。此外，除了陆疆和沿海省市区，位于内陆的四川、陕西、湖北等省也是我国边疆研究学术机构的主要分布区域。

第六章

中国边疆研究的学术阵地分析

中国边疆研究的学术阵地指的是刊载中国边疆研究成果的主要学术刊物，在文献计量学界称为情报源，这里将其称为学术阵地。本章主要基于前文的样本对目前国内刊载中国边疆研究成果的学术刊物进行统计分析，主要包括三方面内容，其一是将学术阵地的整体情况进行统计分析，其二是将核心刊物进行筛选，进一步就其特征和主要刊物作分析说明，其三是总结中国边疆研究学术刊物特点并对新时期的新情况进一步说明。本章依据的依然是“中国边疆研究作者群体分析”章节中的样本，即在中国知网中将时间限定在“1979 至 2018 年”，来源类别选择“核心期刊”和“CSSCI”，以篇名检索，分别以“边疆”“疆域”“治边”“海疆”等关键词进行检索的 2764 篇文献样本。

一、中国边疆研究的学术阵地整体概况

运用文献题录信息统计分析工具（SATI）对 2764 篇样本进行格式转换、处理，提取“来源”并“频次统计”，同种期刊合并后，可知 2764 篇样本共来自 592 种学术期刊，平均每种期刊载文约 4.67 篇。其中载文 1 篇的期刊有 287 种，载文 2 篇的 94 种，载文 3 篇的 61 种，载文 4 篇的 41 种，载文 5 篇的 18 种，载文 6、7 篇的各 12 种，载文 8、

10、11、14 篇的各 5 种，载文 9 篇的 8 种，载文 12、17、23、25 篇的各 3 种，载文 13、15、16、18、33 篇的各 2 种，载文 19、21、28、29、32、34、40、50、53、59、62、91、96、108、278 篇的各 1 种。

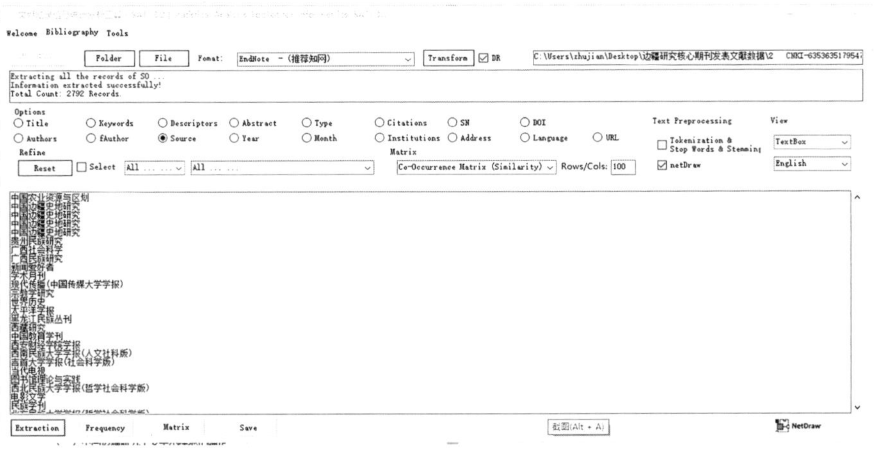

六—图 1　文献题录信息统计分析工具中国边疆研究来源期刊提取界面

二、中国边疆研究主要学术阵地

（一）中国边疆研究主要学术阵地的确定

确定中国边疆研究主要学术阵地，需要在所有发文的期刊中对发文较多的期刊进行筛选确定。在文献计量学研究领域中多运用布拉德福定律（Brandford's Law）进行确定，即："对于某一主题而言，将科学期刊按照刊登相关论文减少的顺序排列时，可以划分出对该主题最有贡献的核心区，以及含有与区域论文数量相同的几个区……"① 参照该定律，笔者运用 EXCEL 将样本进行拆分处理，并尽可能进行等量分区，得到文量的比为 937∶919∶908，所对应期刊量比为 12∶88∶492。可

① 王崇德：《文献计量学教程》，南开大学出版社 1990 年版，第 116 页。

知中国边疆研究领域内前 12 种发文量较多的期刊为其核心期刊。鉴于样本来源已是目前学界较为流行的核心期刊样本（北大核心和南大 CSSCI），并且样本容量较少，运用布氏定律所确定的主要学术阵地相对数量较少，不能更好地彰显我国边疆研究的学术成果展现平台情况，故这里笔者选取了发文达到 15 篇及以上的近 30 种期刊进行统计说明。

六—表 1　中国边疆研究主要学术阵地统计表（按笔画排列）

序	期刊名称	期刊类型	所在地	主办机构
1	广西民族大学学报（哲学社会科学版）	专业期刊	广西南宁	广西民族大学
2	广西民族研究	专业期刊	广西南宁	广西民族问题研究中心
3	广西社会科学	综合期刊	广西南宁	广西壮族自治区社会科学院
4	云南民族大学学报（哲学社会科学版）	专业期刊	云南昆明	云南民族大学
5	云南师范大学学报（哲学社会科学版）	综合期刊	云南昆明	云南师范大学
6	云南行政学院学报	综合期刊	云南昆明	云南行政学院
7	云南社会科学	综合期刊	云南昆明	云南省社会科学院
8	中央民族大学学报（哲学社会科学版）	专业期刊	北京	中央民族大学
9	中国历史地理论丛	专业期刊	陕西西安	陕西师范大学
10	中国边疆史地研究	专业期刊	北京	中国社会科学院中国边疆研究所
11	中国图书评论	专业期刊	辽宁沈阳	中国版协图书评论学会、辽宁人民出版社
12	中南民族大学学报（人文社会科学版）	专业期刊	湖北武汉	中南民族大学

（续表）

序	期刊名称	期刊类型	所在地	主办机构
13	北方民族大学学报（哲学社会科学版）	专业期刊	宁夏银川	北方民族大学
14	史学集刊	专业期刊	吉林长春	吉林大学
15	民族研究	专业期刊	北京	中国社会科学院民族学与人类学研究所
16	西北民族大学学报（哲学社会科学版）	专业期刊	甘肃兰州	西北民族大学
17	西南民族大学学报（人文社科版）	专业期刊	四川成都	西南民族大学
18	西域研究	专业期刊	新疆 乌鲁木齐	新疆维吾尔自治区社会科学院
19	社会科学战线	综合期刊	吉林长春	吉林省社会科学院
20	青海民族研究	专业期刊	青海西宁	青海民族大学民族学与社会学学院
21	学术月刊	综合期刊	上海	上海市社会科学联合会
22	学术交流	综合期刊	黑龙江 哈尔滨	黑龙江省社会科学信息中心
23	学术探索	综合期刊	云南昆明	云南省社会科学界联合会
24	经济问题探索	专业期刊	云南昆明	云南省经济研究院
25	贵州民族研究	专业期刊	贵州贵阳	贵州省民族研究院
26	思想战线	综合期刊	云南昆明	云南大学
27	清史研究	专业期刊	北京	中国人民大学清史研究所
28	黑龙江民族丛刊	专业期刊	黑龙江 哈尔滨	黑龙江省民族研究所
29	新疆师范大学学报（哲学社会科学版）	综合期刊	新疆 乌鲁木齐	新疆师范大学

从六—表1可知，中国边疆研究的主要学术阵地共载文1319篇，占总文献样本的近一半，占比较大，表明我国边疆研究的学术阵地相对集中。从学术阵地的期刊类型看，以专业期刊为主，除了《中国边疆史地研究》是专门期刊，其他的主要集中在民族类期刊中。从分布区域看，主要分布在北京和边疆地区的高校及社科系统，其中较多的是云南昆明（7种），北京（4种），广西南宁（3种），黑龙江哈尔滨、吉林长春、新疆乌鲁木齐（各2种），全部分布在直辖市和省会城市。从主办机构看，主要是社科系统的研究机构和高校。

在以上的主要学术阵地中，有多本期刊办刊特色突出，特点鲜明，这里进行特别说明。首先是《中国边疆史地研究》，该刊在原《中国边疆史研究导报》（创刊于1988年）的基础上于1991年创刊，由中国社会科学院主管、中国社会科学院中国边疆研究所主办，是目前中国边疆研究领域的唯一综合性学术刊物。该刊以马列主义、毛泽东思想、邓小平理论、“三个代表”重要思想、科学发展观、习近平新时代中国特色社会主义思想为指导，坚持“双百”方针，提倡不同学术观点的争鸣，为促进中国边疆地区稳定发展、促进中国边疆研究学科发展服务。该刊主要刊载边疆理论研究、边政研究、历代疆域、边疆开发、边疆民族、边务交涉、边疆地理、边界研究、海疆研究、与周边地区关系研究、边疆研究史、新书评介、边疆考察、学术动态，并不定期推出热点或重大边疆问题的“专题”“专稿”。截止到2018年底，《中国边疆史地研究》已出刊110期，共刊载文献条目1787条。自创刊以来，《中国边疆史地研究》一直强调所刊文稿的学术质量，得到学界与社会的广泛认可。在刊载专题边疆史地、海疆专题文章的同时，近十余年创新性地不时推出热点或重大边疆问题的“专题”“专稿”，组织一批稿件，集中发表，主要有“庆祝中华人民共和国成立60周年专栏”（2009年第3期）、“中国边疆研究的回顾与展望座谈会专稿”（2010年第2期）、“纪念和平解放西藏60年专稿”（2011年第2期）、“国际化视野下的中国西南边疆：历史与现状研讨会专稿”（2012 年第 1 期）、“纪念中国边疆史地研究中心成立三十周年专稿”（2013 年第 4 期）、“藩属与朝贡专题研究”（2014 年第 2 期、2015 年第 2 期、2017 年第 1 期）、“唐代边疆研究专辑”（2014 年第 3 期）、“纪念西藏自治区成立 50 周年专稿”（2015 年第 3 期）、“唯物史观与马克思主义理论论坛专稿”（2015 年第 4 期）、“百期笔谈：边疆史地与边疆学”（2016 年第 2 期）、“治国理政研究专稿”（2016 年第 3 期）、“清代甘青川边藏区法律与社会专题”（2017 年第 2 期）、“马克思主义与中国边疆研究”（2017 年第 3、4 期）、“马克思主义·十九大精神与中国边疆研究”（2018 年第 1、2 期）、“新时代的中国边疆研究”（2018 年第 1、3 期）、“‘新时代中国边疆学学术讨论会’专栏”（2018 年第 3 期）。[①] 经过 30 余年的发展，《中国边疆史地研究》取得了突出成绩，极大地提升了中国边疆史地研究的学术地位和学术影响力，在为边疆地区的稳定和发展提供智力支撑、推动中国边疆话语体系构建、壮大作者队伍、繁荣中国边疆学研究等方面做出了重要贡献。

其次是《云南师范大学学报（哲学社会科学版）》，该刊是云南师范大学主办的综合性社会科学学术期刊，创刊于 1958 年 8 月，从创刊至今，曾用名《红色教师》《教育革命》《昆明师院学报》，1984 年 4 月昆明师范学院更名云南师范大学，学报也随之更名为《云南师范大学学报》。根据中国知网数据，学报 1988 年开始有“边疆篇名”文章刊载，截止到 2018 年底刊载“边疆篇名”文章 102 篇、“边疆主题”文章 146 篇。《云南师范大学学报（哲学社会科学版）》2008 年第 5 期开始推出“中国边疆学”专栏，截止到 2018 年底，“中国边疆学”基本达到连续出刊（其中仅 2013 年第 6 期、2014 年第 6 期、2015 年第 3、

---

① 此处关于组稿的情况，是在周伟洲先生统计的基础上进行的增补。参见周伟洲《〈中国边疆史地研究〉杂志百期刊行寄语》，《中国边疆史地研究》2016 年第 2 期。

5期未出刊，2018年第2期同期出刊2栏），共出刊58期，刊载边疆研究学术论文173篇。在2008年第5期“中国边疆学研究开栏寄语”中指出：“作为边疆民族地区高校主办的一份高校学术刊物，长期以来，本刊对中国边疆研究和中国边疆学学科建设均十分关注，曾刊载过许多相关的研究论文。今开设‘中国边疆学研究’专栏，旨在进一步促进中国边疆学的学科建设和中国边疆研究的开展，并为国家社科基金特别项目‘西南边疆历史与现状综合研究项目’提供一个学术交流平台。”专栏的连续出刊，在学界获得了普遍认可和重要影响。2014年2月25日，教育部公布的高校哲学社会科学学报第三批名栏建设名单中，《云南师范大学学报（哲学社会科学版）》“中国边疆学”专栏在25个入选名栏中名列第二，成为云南第一、西南地区三个属于教育部的名栏。取得突出成绩的“中国边疆学”专栏，在新时期再次强调栏目“旨在进一步推进边疆学的研究并提高其水平，促进边疆学学科的建构与完善，服务国家建设和谐边疆和维护国土安全的战略需要。栏目的定位为以历史学、民族学、人类学、社会学为基础的多学科交叉的边缘学科”。经过十余年的发展，《云南师范大学学报（哲学社会科学版）》“中国边疆学”专栏为促进中国边疆地区的长期稳定和边疆社会的良性发展，为中国边疆学学科的构建和发展，提供了高质量、高级别的学术平台，做出了突出贡献。①

再次是《思想战线》，前身是《东陆校刊》，创刊于1923年。当年，云南大学的前身“东陆大学”建校，出版了云南大学历史上第一本具有学报性质的《东陆校刊》。1938年，《东陆校刊》改名为《云南大学学报（哲学社会科学版）》，1975年，《云南大学学报（哲学社会

---

① 《教育部高校哲学社会科学学报第三批名栏建设名单公布〈云南师范大学学报〉（哲社版）“中国边疆学研究”栏目名列第二成为云南第一、西南地区第三个教育部名栏》，《云南师范大学学报（哲学社会科学版）》2014年第2期。

科学版）》改名为《思想战线》，向中国国内外公开发行，为双月刊。1998 年，该刊由双月刊改为月刊。《思想战线》作为云南大学主办的综合性哲学社会科学理论刊物，创办之初，立“民族”“边疆”“西部”为学术特色，奠人类学与民族学学术研究重镇之基，长期以来，在坚持“学术立刊”和“注重原创”办刊宗旨的同时，依托云南边疆区位与民族学、人类学研究资源之优势，关注国家的重大发展战略需求和重大现实问题，巩固发展了优良的学术传统，形成了鲜明的学术特色和深厚的学术积淀。据中国知网数据，《思想战线》在 1975 年开始有“边疆篇名”文章刊出，截止到 2018 年底刊载“边疆篇名”文章 126 篇、“边疆主题”文章 192 篇。

以上学术阵地情况是基于样本得出的结论，可以反映我国边疆研究核心期刊主要刊载边疆研究成果的情况。需要特别指出的是，目前随着我国边疆研究的深化，很多开展边疆研究的学术机构创办了以书代刊的学术集刊，这些刊物定期出版，刊载了大量的边疆研究成果，影响逐步扩大。目前较具代表性的边疆研究学术集刊有：《中国边疆学》，由中国社会科学院中国边疆所主办，截止到 2018 年底，该刊已经出刊 10 辑，刊载边疆研究成果 207 篇；《中国边疆民族研究》，由中央民族大学民族地区边疆史地研究中心主办，截止到 2018 年底，该刊已经出刊 11 辑，刊载边疆民族研究成果 286 篇；《西南边疆民族研究》，由云南大学西南边疆少数民族研究中心主办，截止到 2018 年底，该刊已经出刊 26 辑，刊载西南边疆民族研究成果 757 篇（不包括前 5 辑数据）；《边疆考古研究》，由吉林大学边疆考古研究中心主办，截止到 2018 年底，该刊已经出刊 24 辑，刊载边疆考古研究成果 920 篇；《元史及民族与边疆研究集刊》，由南京大学元史研究室、民族与边疆研究中心主办，截止到 2018 年底，该刊已经出刊 36 辑，刊载元史及边疆民族研究成果 317 篇（不包括前 9 辑数据）；《华西边疆评论》，由四川大学社会发展与西部开发研究院主办，截止到 2018 年底，该刊已经出刊 5 辑，刊载边疆问题研究成果 139 篇。

三、中国边疆研究学术阵地特征总结

第一，从整体上看，我国边疆研究学术阵地期刊数量众多（这里仅是从学术评价体系中的核心期刊得出的结论，如果将所有期刊都作为参照，期刊量会更大），但载文相对集中。这些期刊多是某一领域的专业刊物，除了专门期刊，主要为民族类和历史类刊物，主要分布在边疆省区和比较发达的直辖市地区。

第二，主要的学术阵地期刊数量少、载文量占比大，表明我国边疆研究成果发表刊物集中，这从一定程度上来说不利于边疆研究的大发展。目前我国边疆研究成果发表的主要刊物，集中在民族类学术刊物中，一定程度上表明边疆研究与民族问题研究密切相关。

第三，我国边疆研究成果的学术阵地，分布相对集中在北京和边疆地区，其中云南省最多，极具代表性，既有专业类学术刊物，也有综合性刊物，同时，在综合性刊物中还特别开设了“边疆”研究专栏，取得了突出成绩。这一定程度表明云南地区边疆研究的成熟和高水平。这一情况与前文中分析的我国边疆研究的产文量趋势、作者群体分布、研究机构分布都是一致的。除了边疆省区，北京是我国边疆研究的重要的中心地区。中国社会科学院学术前贤高瞻远瞩，在 20 世纪 80 年代便成立边疆研究学术机构，创办边疆研究专业刊物，经过 30 余年的发展，已经取得了令人瞩目的成绩，对我国的边疆研究起到重要的引领作用。

第四，我国边疆研究成果发表的学术阵地在不断丰富。随着我国边疆研究的深化发展，除了学术期刊不断刊载边疆研究成果，越来越多的边疆学术机构整合学术资源和研究力量，主编了多部边疆研究集刊，这些集刊定期出版发行，刊载了边疆研究大量最新成果，影响越来远大，与学术期刊一起繁荣了我国的边疆研究。

第七章

中国边疆研究经典文献分析

所谓经典文献，指的是中国边疆研究成果中影响较大的文献。经典文献的确定主要通过被引文献数据获取。被引文献，指的是对中国边疆研究产生影响的文献，包括一些直接的原始文献和间接的研究成果。从被引文献可以一定程度了解中国边疆研究的关注领域，其中高被引文献能够反映边疆研究的关注热点，也反映了研究的主要内容，以及主要文献的学术影响力情况。通过对被引文献的梳理和分析能够使边疆学习和研究者快速了解边疆研究的基础文献和必读书籍，这些基础文献和必读书籍便是边疆问题研究的经典文献。被引文献的获取主要依托中国引文数据库数据。在中国引文数据库中选择高级检索，选择期刊库、学位论文库、会议论文库为来源文献范围，分别选择图书类型、期刊类型为被引文献类型。①

① 被引文献类型多样，除了图书类型和期刊类型，还包括全选学位论文类型、会议论文类型、报纸类型、专利类型、标准类型、年鉴类型、外文文献、其他类型等。鉴于图书类型和期刊类型的代表性，本章研究以这两个类型为主，一定程度涉及学位论文类型。

一、中国边疆研究被引文献的整体情况

在中国引文数据库中，选择高级检索，分别以“边疆”为关键词①，进行“主题”“篇名（书名）”“关键词”检索，被引文献类型分别选择“图书类型”和“期刊类型”，被引年截止到“2018 年”。据检索结果可知，“主题”检索被引“图书类型”文献总数为 1181 条，总被引 25158 次，篇均被引 21.30 次；“篇名”检索被引“图书类型”文献总数为 446 条，总被引 11924 次，篇均被引 26.74 次。可以发现，仅从图书类型角度看，我国边疆研究的被引图书数量不大，作为一个学科，所有被引图书条目只有千余条，并且这其中还存在一定的重复和不相关情况，相对还是较少的；篇名检索数据则更进一步说明，我国边疆研究图书类专题研究成果更少，仅四百余条。“主题”检索被引“期刊类型”文献总数为 14772 条，总被引 82729 次，篇均被引 5.60 次；“篇名”检索被引“期刊类型”文献总数为 3935 条，总被引 22891 次，篇均被引 5.82 次。仅从期刊的角度看，无论是“主题”还是“篇名”检索结果，都一定程度表明我国边疆研究被引期刊论文相对量较大，这与边疆研究的多学科交叉特征有一定的关系，但由于基础被引文献数量较大，虽然被引次数达到八万余次，但篇均被引次数较低。整体横向比较看，我国边疆主题的图书类型研究文献影响力较大，期刊类型的研究文献被引量较大，影响范围广，但影响力相对小一些。需要特别指出的是，随着改革开放以来我国高等教育的发展，尤其是研究生培养力度的加强，目前“学位类型”的边疆研究文献不断增多，并且被引水平也在提高。“主题”检索显示我国边疆研究的学位论文被引文献条数为

① 这里仅是以主题关联性最强、发文量最大的“边疆”主题词进行检索，只是说明大致情况，而“疆域”“海疆”“治边”等关键词的经典文献检索情况将在下文说明。

3395 条，被引总次数为 21130 次，篇均被引次数达到 6.22 次；但是“篇名”检索结果显示学位论文被引文献条数仅为 319 条，被引总次数为 1880 次，篇均为 5.89 次。这表明很多研究学科领域的研究生对边疆问题有所关注，但是真正属于边疆专题研究的学位论文还是较少的。不过，这表现出一种趋势，即边疆研究的学位论文影响力在不断增长，研究生学位论文选题往往是学科的热点和前沿问题，这可能是目前边疆研究学位论文影响力增强的原因。鉴于学位论文为非公开出版或发表成果，本章不展开分析。

二、中国边疆研究经典文献分析

中国边疆研究的经典文献主要指的是对我国边疆研究产生重要影响的原始文献和研究成果。本章经典文献的获取主要依据中国引文数据库的被引数据，主要分为著作类数据和学术文章数据。确定经典文献的方法主要借助“h-b 指数”，即指在领域文献集 N 中，h 篇文献每篇至少被引 h 次，剩余 N 减 h 篇文献被引频次均不大于 h，h 即为该领域 h-b 指数。①

（一）图书类型的边疆研究经典文献分析

通过“边疆”“疆域”“海疆”“治边”等关键词检索，选择“图书类型”，并对检索文献逐条整理，结合“h-b 指数”原则，合并被引频次相同频次项，基本可以确定 95 部边疆研究图书类型经典文献。（七—表 1）鉴于图书类型的文献在我国边疆研究中承担着基础作用，对后来的研究起到重要推动作用，故在“h-b 指数”原则下明确图书类型经典文献数量的基础上，进一步依据被引频次增添了一定具有代表性的研究文献（主要增加了被引达到 60 次及以上的文献），以便读者可以更大范围了解我国边疆研究的重要图书文献状况。

---

① 参见魏瑞斌：《h-b 指数的应用研究》，《情报理论与实践》2011 年第 3 期。

七—表 1　中国边疆研究被引文献著作类型统计表

序号	著作类成果名称	著、编、译者	出版机构与时间	被引频次
1	中国的亚洲内陆边疆	[美] 拉铁摩尔著，唐晓峰译	江苏人民出版社 2005 年版	644
2	中国边疆经略史	马大正主编	中州古籍出版社 2000 年版	643
3	清代的边疆政策	马汝珩、马大正主编	中国社会科学出版社 1994 年版	436
4	中国历史人文地理	邹逸麟主编	科学出版社 2001 年版	434
5	五代宋金元人边疆行记十三种疏证稿	贾敬颜著	中华书局 2004 年版	403
6	西域图志校注	钟兴麒等校注	新疆人民出版社 2002 年版	372
7	中国古代边疆政策研究	马大正主编	中国社会科学出版社 1990 年版	321
8	中国边疆与民族问题：当代中国的挑战及其历史由来	张植荣著	北京大学出版社 2005 年版	299
9	美国边疆史：西部开发模式研究	何顺果著	北京大学出版社 1992 年版	294
10	中国古代北方民族文化史	张碧波、董国尧主编	黑龙江人民出版社 1995 年版	283
11	嘉庆道光两朝上谕档	中国第一历史档案馆编	广西师范大学出版社 2000 年版	281
12	清代边疆开发研究	马汝珩、马大正主编	中国社会科学出版社 1990 年版	280
13	东北历代疆域史	张博泉等编	吉林人民出版社 1981 年版	271
	中国历史地理概述	邹逸麟编著	上海教育出版社 2005 年版	271
14	西北通史	谷苞主编	兰州大学出版社 2005 年版	264

（续表）

序号	著作类成果名称	著、编、译者	出版机构与时间	被引频次
15	中国西南边疆开发史	方铁、方慧著	云南人民出版社 1997 年版	176
16	奉天通志	金毓黻主编	辽海出版社 2003 年版	175
	中国高句丽史	耿铁华著	吉林人民出版社 2002 年版	175
17	汉唐藩属体制研究	李大龙著	中国社会科学出版社 2006 年版	170
18	俄国东西伯利亚与远东考古	冯恩学著	吉林大学出版社 2002 年版	164
19	中国边疆民族管理机构沿革史	赵云田著	中国社会科学出版社 1993 年版	162
	清代边疆开发	马汝珩、成崇德主编	山西人民出版社 1998 年版	162
20	中国历代中央王朝治理新疆政策研究	齐清顺、田卫疆著	新疆人民出版社 2004 年版	160
21	中国西南民族考古	张增祺著	云南人民出版社 1990 年版	157
22	中国自然地理纲要	任美锷主编	商务印书馆 1992 年版	155
23	北周地理志	王仲荦著	中华书局 1980 年版	149
24	东北古代民族·考古与疆域	张博泉、魏存成主编	吉林大学出版社 1997 年版	148
25	二十世纪的中国边疆研究	马大正、刘逖著	黑龙江教育出版社 1998 年版	147
	危险的边疆：游牧帝国与中国	[美] 巴菲尔德著、袁剑译	江苏人民出版社 2011 年版	147
26	越南历代疆域	[越] 陶维英著，钟民岩译	商务印书馆 1973 年版	139
27	中国边疆政治学	吴楚克著	中央民族大学出版社 2005 年版	138

（续表）

序号	著作类成果名称	著、编、译者	出版机构与时间	被引频次
28	西域历史地理	苏北海著	新疆大学出版社 1988 年版	136
29	跨国民族理论问题综论	马曼丽、张树青著	民族出版社 2005 年版	134
30	中国海洋政治地理学	张耀光著	科学出版社 2004 年版	131
31	西陲古地与羌藏文化	李文实著	青海人民出版社 2011 年版	130
	中国边疆治理研究	周平著	经济科学出版社 2011 年版	130
32	新疆乡土志稿	马大正整理	新疆人民出版社 2010 年版	129
33	敦煌归义军史专题研究续编	郑炳林主编	兰州大学出版社 2003 年版	128
34	明代辽东边疆研究	张士尊著	吉林人民出版社 2002 年版	123
35	中国历代疆域的变迁	葛剑雄著	商务印书馆 1997 年版	122
36	中国海疆通史	张炜、方堃主编	中州古籍出版社 2002 年版	121
37	清代北部边疆民族经济发展史	卢明辉主编	黑龙江教育出版社 1994 年版	120
38	中国西南边疆的社会经济	李中清著	人民出版社 2012 年版	119
39	中国疆域沿革史	顾颉刚、史念海著	商务印书馆 2004 年版	117
40	沙俄侵略中国西北边疆史	该书编写组编	人民出版社 1979 年版	116
	吴丰培边事题跋集	吴丰培著，马大正等整理	新疆人民出版社 1998 年版	116
41	大都市边疆：当代美国西部城市	［美］卡尔·艾博特著，王旭等译	商务印书馆 1998 年版	115
42	中国历史农业地理	韩茂莉著	北京大学出版社 2011 年版	114
43	清代藩部研究	张永江著	黑龙江教育出版社 2001 年版	113

（续表）

序号	著作类成果名称	著、编、译者	出版机构与时间	被引频次
44	秦封泥汇考	傅嘉仪编著	上海书店出版社 2007 年版	112
	中国海疆通史	张炜、方堃主编	中州古籍出版社 2002 年版	112
45	向西部扩张：美国边疆史	［美］比林顿著，周小松等译	商务印书馆 1991 年版	111
	中国南海疆域研究	李金明著	福建人民出版社 1999 年版	111
46	地缘政治中的西北边疆安全	丁建伟著	民族出版社 2004 年版	107
	清代东北边疆的满族	张杰、张丹卉著	辽宁民族出版社 2005 年版	107
47	边区开发论著	潘乃谷、马戎主编	北京大学出版社 1993 年版	106
48	元史研究	刘晓著	福建人民出版社 2006 年版	105
49	清代全史	王戎笙主编	辽宁人民出版社 1991 年版	103
	清代驿传及其与疆域形成关系之研究	刘文鹏著	中国人民大学出版社 2004 年版	103
	晚清政府对新疆蒙古和西藏政策研究	苏德毕力格著	内蒙古人民出版社 2005 年版	103
50	近代中朝日三国对间岛朝鲜人的政策研究	姜龙范著	黑龙江朝鲜民族出版社 2000 年版	102
51	秦汉交通史稿	王子今著	中国人民大学出版社 2012 年版	101
	中国边疆史地论集	吕一燃等著	黑龙江教育出版社 1991 年版	101
52	瀛堧杂志	（清）王韬著	上海古籍出版社 1989 年版	98
53	中国西北边疆发展史研究	马曼丽主编	黑龙江教育出版社 2001 年版	97

（续表）

序号	著作类成果名称	著、编、译者	出版机构与时间	被引频次
54	青城民族：一个边疆城市民族关系的历史演变	王俊敏著	天津人民出版社 2001 年版	96
	现代西方学术视野中的中国西南边疆史	陆韧主编	云南大学出版社 2007 年版	96
55	从多元走向一体：中华民族论	徐杰舜著	广西师范大学出版社 2008 年版	95
	古代中国的历史与文化	劳榦著	中华书局 2006 年版	95
56	历代西域诗钞	吴蔼宸选辑	新疆人民出版社 2001 年版	93
	清代西部历史论衡	马汝珩著	山西人民出版社 2001 年版	93
	英帝国与中国西南边疆	吕昭义著	中国藏学出版社 2002 年版	93
	中国治边机构史	赵云田著	中国藏学出版社 2001 年版	93
57	明清海疆政策与中国社会发展	王日根著	福建人民出版社 2006 年版	92
58	云南边地移民史	苍铭著	民族出版社 2004 年版	91
	中国东北边疆研究	马大正主编	中国社会科学出版社 2003 年版	91
59	边疆少数民族地区政治发展与政治稳定	马啸原主编	云南大学出版社 2000 年版	90
60	中国历代治理新疆国策研究	方英楷著	新疆人民出版社 2006 年版	87
61	东北民族史研究	魏国忠著	中州古籍出版社 1994 年版	86
	高边疆：新的国家战略	［美］格雷厄姆著，张健志等译	军事科学出版社 1988 年版	86

（续表）

序号	著作类成果名称	著、编、译者	出版机构与时间	被引频次
62	西部大开发与兴边富民行动	吴建国等著	民族出版社 2001 年版	83
	舆地纪胜	（宋）王象之撰	中华书局 2003 年版	83
63	大唐西域记	（唐）玄奘著	广西师范大学出版社 2007 年版	82
	国民政府对西南少数民族调查之研究	马玉华著	云南人民出版社 2006 年版	82
64	中国边疆研究论稿	马大正著	黑龙江教育出版社 2002 年版	81
65	六朝疆域与政区研究	胡阿祥著	学苑出版社 2005 年版	78
	中国中世纪西北民族关系研究	周伟洲著	广西师范大学出版社 2007 年版	78
66	两汉时期的边政与边吏	李大龙著	黑龙江教育出版社 1996 年版	76
	周振鹤自选集	周振鹤著	广西师范大学出版社 1999 年版	76
67	全球化境遇中的西方边疆理论研究	于沛等著	中国社会科学出版社 2008 年版	75
68	中国边疆学概论	郑汕著	云南人民出版社 2012 年版	74
69	中国民族史	王桐龄著	吉林出版集团有限责任公司 2010 年版	73
70	中国土司制度史	龚荫著	四川人民出版社 2011 年版	72
71	康雍乾时期舆图绘制与疆域形成研究	孙喆著	中国人民大学出版社 2003 年版	71
	都护制度研究	李大龙著	黑龙江教育出版社 2003 年版	71

（续表）

序号	著作类成果名称	著、编、译者	出版机构与时间	被引频次
以下为我国边疆研究图书类型重要影响力文献增补内容				
1	近代以来中国西北边疆安全问题研究	丁建伟、赵波著	民族出版社 2006 年版	69
2	20 世纪初的中国边疆	赵云田编著	黑龙江教育出版社 2004 年版	68
3	新纂云南通志	李春龙、刘景毛等点校	云南人民出版社 2007 年版	65
4	北魏政治史	张金龙著	甘肃教育出版社 2008 年版	64
5	中国边疆经略史	马大正主编	武汉大学出版社 2012 年版	64
6	中国边疆民族与环太平洋文化	凌纯声著	台湾联经出版事业公司 1979 年版	64
7	俄藏黑水城汉文非佛教文献整理与研究	孙继民等著	北京师范大学出版社 2012 年版	63
8	山东海疆文化研究	王赛时著	齐鲁书社 2006 年版	63
9	安西与北庭：唐代西陲边政研究	薛宗正著	黑龙江教育出版社 1995 年版	62
10	中国历代治边方略研究	孙建民著	军事科学出版社 2004 年版	62
11	边疆经济学	梁双陆著	人民出版社 2009 年版	61
12	当代民族主义与边疆安全	徐祇朋著	民族出版社 2009 年版	61
13	边疆的法律：对清代治边法制的历史考察	杜文忠著	人民出版社 2004 年版	60
14	从“天下”到“中国”：多民族国家疆域理论解构	李大龙著	人民出版社 2015 年版	60

（续表）

序号	著作类成果名称	著、编、译者	出版机构与时间	被引频次
15	民国时期云南边疆开发方案汇编	林文勋主编	云南人民出版社 2013 年版	60
16	清末川边藏区改土归流考	马菁林著	巴蜀书社 2004 年版	60
17	殊方未远：古代中国的疆域、民族与认同	葛兆光著	中华书局 2016 年版	60
18	唐朝和边疆民族使者往来研究	李大龙著	黑龙江教育出版社 2001 年版	60
19	英国与中国边疆危机	高鸿志著	黑龙江教育出版社 1998 年版	60
20	中国边疆地理（海疆）	张耀光编著	科学出版社 2001 年版	60
21	中国边疆治理研究	陈霖著	云南人民出版社 2010 年版	60
22	中国西南边疆变迁史	尤中著	云南教育出版社 1987 年版	60

第一，我国边疆主题的图书类型最突出的特点是国外研究成果对我国边疆研究产生了重要影响。国外研究成果主要分为两种类型，一种是国外学者关于中国边疆问题的研究，一种是国外学者的相应国家边疆问题研究。通过引用文献的大概检索发现，第一种情况多是国内学界对国外学者相关研究理论的解读、套用或者一定程度的批判；第二种情况主要是国外的一些研究对国内研究的启示和借鉴。

第二，我国边疆研究主题图书的经典文献多是以历史研究为主，现状研究的成果较少。历史研究是我国边疆研究的传统领域，研究基础深厚，研究水平也相对较高。而边疆的现状研究主要是基于历史研究展开，并且兴起时间较晚，著作性成果相对不多，这也导致了现状研究的著作类型经典文献较少。

第三，我国边疆研究主题图书的经典文献种类多样，研究内容丰富，重点突出。在文献类型方面，有专著、古籍整理、编著、主编、译著等多种形式，但是个人研究的学术专著占绝大多数。在研究内容方面，涉及历代边疆治理史、边疆民族史、疆域理论、当代边疆治理、边疆基础文献整理研究、边疆历史地理、边疆考古、域外边疆研究、区域边疆问题等众多研究内容，但重点集中在清代的边疆治理、边疆历史地理问题、边疆民族史、西南边疆史、东北边疆史方面。

第四，我国边疆研究主题图书的经典文献出版时间集中在 21 世纪前后 20 年左右的时间里，并且 2000 年以来的 10 年成果较多。如北京的一些重要出版社以及在边疆省区的一些出版机构。文献出版时间集中在 21 世纪前后的 20 年左右的时间段，符合文献生命周期特征，这表明早期的文献存在老化现象，而新的文献出于时效性等因素，产生影响的效果尚不明显。一些较早出版的研究成果依然发挥着重要影响力，如马汝珩、马大正等先生在 20 世纪 90 年代初期主持撰写的清代边疆问题研究成果，在今天依然有重要的影响力。

（二）期刊类型的边疆研究经典文献分析

通过“边疆”“疆域”“海疆”“治边”等关键词检索，选择“期刊类型”，并对检索文献逐条整理，结合“h-b 指数”原则，通过合并被引频次相同文献，基本可以确定 84 篇边疆研究期刊类型经典文献。（七—表 2）鉴于我国边疆研究期刊类型被引基数较大，为了更大范围说明主要期刊论文在边疆研究中的影响等情况，这里在七—表 2 中，笔者在“h—b 指数”原则下明确期刊论文经典文献数量之后，进一步增添了具有一定代表性的研究文献（主要增加了被引达到 30 次及以上的文献），让读者可以从更大范围了解我国边疆研究的重要期刊文献情况。

七—表 2　中国边疆研究被引文献期刊类型统计表

序号	文章题目	作者	来源期刊	时间	被引频次
1	从古籍中探索我国的西部民族——羌族	顾颉刚	社会科学战线	1980 年第 1 期	193
2	边疆治理视野中的认同问题	周平	云南师范大学学报（哲学社会科学版）	2009 年第 1 期	185
3	中国非物质文化遗产的空间分布特征及影响因素分析	程乾、凌素培	地理科学	2013 年第 10 期	164
4	关于南海诸岛的若干法律问题	赵理海	法制与社会发展	1995 年第 4 期	144
5	我国的边疆与边疆治理	周平	政治学研究	2008 年第 2 期	137
6	密山县新开流遗址	黑龙江省文物考古工作队	考古学报	1979 年第 4 期	134
7	历史上的中国和中国历代疆域	谭其骧	中国边疆史地研究	1991 年第 1 期	133
7	“多元文化”论争世纪回眸	李明欢	社会学研究	2001 年第 3 期	133
8	“族群”及其相关概念在西方的流变	潘蛟	广西民族学院学报（哲学社会科学版）	2003 年第 5 期	114
9	论多民族国家中民族认同与国家认同的冲突——以中国为例	徐黎丽	西北师大学报（社会科学版）	2011 年第 1 期	110
10	明代都司卫所制度与军管型政区	郭红、于翠艳	军事历史研究	2004 年第 4 期	107

（续表）

序号	文章题目	作者	来源期刊	时间	被引频次
11	中国的边疆治理：族际主义还是区域主义？	周平	思想战线	2008年第3期	106
12	我国的边疆治理研究	周平	学术探索	2008年第2期	94
13	民族与民族主义概论	李宏图	欧洲	1994年第11期	93
14	当代边疆地区的民族认同与国家认同——从云南谈起	郑晓云	中南民族大学学报（人文社会科学版）	2011年第4期	91
15	南海争端中的美国因素及其影响	何志工、安小平	当代亚太	2010年第1期	90
16	中国古代的边疆政策与边疆治理	马大正	西域研究	2002年第4期	86
17	关于“中华民族是一个”学术论辩的考察	周文玖、张锦鹏	民族研究	2007年第3期	83
18	汉族移民与云南统一	林超民	云南民族大学学报（哲学社会科学版）	2005年第3期	77
18	从“十八星旗”到“五色旗”——辛亥革命时期从汉族国家到五族共和国家的建国模式转变	张永	北京大学学报（哲学社会科学版）	2002年第2期	77
19	论我国边疆治理的转型与重构	周平	云南师范大学学报（哲学社会科学版）	2010年第2期	76

（续表）

序号	文章题目	作者	来源期刊	时间	被引频次
19	国家建构和民族建构：内涵、特征及联系——以欧洲国家经验为例	王建娥	西北师大学报（社会科学版）	2010 年第 2 期	76
	传统夷夏观与中国疆域的形成——中国疆域形成理论探讨之一	李大龙	中国边疆史地研究	2004 年第 1 期	76
	“茶马古道”的历史作用和现实意义初探	格勒	中国藏学	2002 年第 3 期	76
20	中央地方关系史的一个侧面（上）——两千年地方政府层级变迁的分析	周振鹤	复旦学报（社会科学版）	1995 年第 3 期	75
21	边疆治理视野中的民族认同与国家认同研究探析	李崇林	新疆社会科学	2010 年第 4 期	71
22	对解决南沙群岛主权争议几个方案的解析	李国强	中国边疆史地研究	2000 年第 3 期	70
23	明代甘肃镇边境保障体系述论	田澍	中国边疆史地研究	1998 年第 3 期	69
	国家认同的建构——从边疆民族跨国流动视角的讨论	何明	云南师范大学学报（哲学社会科学版）	2010 年第 4 期	69
24	古代“守中治边”“守在四夷”治边思想初探	方铁	中国边疆史地研究	2006 年第 4 期	68

（续表）

序号	文章题目	作者	来源期刊	时间	被引频次
25	试论晚清边疆、内地一体化政策	苏德	中国边疆史地研究	2001 年第 3 期	67
26	我国边疆概念的历史演变	周平	云南行政学院学报	2008 年第 4 期	65
27	边疆民族地区的政治文明建设	周平	思想战线	2003 年第 3 期	64
28	南京国民政府时期的民族思想和民族政策——以蒙藏问题为中心	张双志	中国藏学	2003 年第 4 期	63
29	如何认识“民族”和“中华民族”——回顾 1939 年关于“中华民族是一个”的讨论	马戎	中南民族大学学报（人文社会科学版）	2012 年第 5 期	62
29	边疆在国家发展中的意义	周平	思想战线	2013 年第 2 期	62
29	《禹贡》学会研究边疆计划书	无作者	史学史研究	1981 年第 1 期	62
30	南海主权争端的战略态势及中国的应对方略	杜德斌、范斐、马亚华	世界地理研究	2012 年第 2 期	61
31	试论中华民族多元文化与一体教育观的形成与发展	王鉴	广西民族研究	2002 年第 4 期	60
31	清前期治边思想的新变化	李世愉	中国边疆史地研究	2002 年第 1 期	60

（续表）

序号	文章题目	作者	来源期刊	时间	被引频次
	论社会转型期少数民族政治认同的国家转向	高永久、陈纪	广西民族研究	2008 年第 2 期	60
	“中华民族多元一体格局”理论研究述评	徐杰舜、韦小鹏	民族研究	2008 年第 2 期	60
32	国家视阈里的中国边疆观念	周平	政治学研究	2012 年第 2 期	59
	“八景”文化的起源及其在边疆民族地区的发展——以云南“八景”文化为中心	周琼	清华大学学报（哲学社会科学版）	2009 年第 1 期	59
33	从悬泉汉简看两汉西域屯田及其意义	张德芳	敦煌研究	2001 年第 3 期	58
	茶马古道与茶马贸易的历史与价值	张永国	西藏大学学报（汉文版）	2006 年第 2 期	58
34	中国传统羁縻政策略论	彭建英	西北大学学报（哲学社会科学版）	2004 年第 1 期	57
	南海断续线的法律地位：历史性水域、疆域线、抑或岛屿归属线？	李金明	南洋问题研究	2010 年第 4 期	57
35	文化认同与边疆民族地区和谐社会的构建	赵世林、陈为智	西南民族大学学报（人文社科版）	2006 年第 6 期	56
	少数民族文化的特征与变迁	张桥贵	云南民族大学学报（哲学社会科学版）	2005 年第 3 期	56
	民国时期的南海诸岛问题	吴士存	民国档案	1996 年第 3 期	56

（续表）

序号	文章题目	作者	来源期刊	时间	被引频次
35	两宋政治地理格局比较研究	余蔚	中国社会科学	2006 年第 6 期	56
	抗战时期民国政府的边疆教育政策	孙懿	中国边疆史地研究	2005 年第 4 期	56
	对清代朝贡体制地位的再认识	祁美琴	中国边疆史地研究	2006 年第 1 期	56
	21 世纪南海主权研究的新动向	李金明	南洋问题研究	2001 年第 1 期	56
	20 世纪上半叶的中国边疆和边政研究——李绍明先生访谈录	王利平、张原、汤芸、李绍明	西南民族大学学报（人文社科版）	2009 年第 12 期	56
36	习近平新时代中国特色社会主义思想与民族工作	郝时远	民族研究	2017 年第 6 期	55
37	民国时期的边疆教育制度	周泓	民族教育研究	2000 年第 4 期	54
	鄂尔多斯地区近代移民研究	王卫东	中国边疆史地研究	2000 年第 4 期	54
38	中国疆域的形成与发展	马大正	中国边疆史地研究	2004 年第 3 期	53
	南京国民政府初期十年边疆民族事务管理机制与政策	周竞红	中国边疆史地研究	2005 年第 3 期	53

（续表）

序号	文章题目	作者	来源期刊	时间	被引频次
39	张家山汉简所示汉初西北隅边境解析——附论秦昭襄王长城北端走向与九原云中两郡战略地位	辛德勇	历史研究	2006年第1期	52
40	明代边防与边垦	李三谋	中国边疆史地研究	1995年第4期	52
	国家能力基本理论研究	黄清吉	政治学研究	2007年第4期	52
41	清代北部边疆八旗驻防概述	定宜庄	中国边疆史地研究	1991年第2期	51
	论我国朝鲜族加入中华民族大家庭的历史过程	孙春日、沈英淑	东疆学刊	2006年第4期	51
42	中国少数民族的文化变迁与民族认同	David Y. H. Wu、冷非	贵州民族研究	1996年第3期	50
	内地的边缘：传统中国内部的“化外之区”	鲁西奇	学术月刊	2007年第5期	50
	关于清代新疆军府制的几个问题	王希隆	西域研究	2002年第1期	50
	关于构筑中国边疆学的断想	马大正	中国边疆史地研究	2003年第3期	50
	二十世纪的中国边疆史地研究	马大正	历史研究	1996年第4期	50

（续表）

序号	文章题目	作者	来源期刊	时间	被引频次
43	明朝土司制度述略	李世愉	中国边疆史地研究	1994 年第 1 期	49
	夫余的疆域和王城	李健才	社会科学战线	1982 年第 4 期	49
44	试论中华民族整体观念的形成与发展	刘正寅	民族研究	2000 年第 6 期	48
	利益边疆：国家主权的发展性内涵	杨成	现代国际关系	2003 年第 1 期	48
	边疆、民族与国家：对拉铁摩尔“中国边疆观”的思考	黄达远	中国边疆史地研究	2011 年第 4 期	48
45	唐明律“化外人”条辨析——兼论中国古代各民族法律文化的冲突和融合	苏钦	法学研究	1996 年第 5 期	47
	论当前我国边疆治理中的民族认同与国家认同整合	陆海发、胡玉荣	广西民族研究	2011 年第 3 期	47
	跨境民族问题与边疆安全刍议	栗献忠	学术论坛	2009 年第 3 期	47
46	重返“古苗疆走廊”——西南地区、民族研究与文化产业发展新视阈	杨志强、赵旭东、曹端波	中国边疆史地研究	2012 年第 2 期	46

（续表）

序号	文章题目	作者	来源期刊	时间	被引频次
46	中国边疆研究的近代转型：20 世纪 30—40 年代边政学的兴起	汪洪亮	四川师范大学学报（社会科学版）	2010 年第 5 期	46
	文化安全视角下的云南跨境民族教育问题	何跃、高红	云南师范大学学报（哲学社会科学版）	2010 年第 4 期	46
	明长城军堡与明、清村堡的比较研究	李严、张玉坤	新建筑	2006 年第 1 期	46
	论中国边疆学学科建设的若干问题	方铁	中国边疆史地研究	2007 年第 2 期	46
以下为我国边疆研究期刊类型重要影响力文献增补内容					
1	清末边疆地区新政举要	赵云田	中国边疆史地研究	1996 年第 4 期	45
2	论中国疆域最终奠定的时空坐标	于逢春	中国边疆史地研究	2006 年第 1 期	45
3	论回汉民族关系的历史特点	马宗保	西北民族研究	2001 年第 4 期	45
4	殷商疆域史中的一个重要问题——“点”和“面”的概念	王玉哲	郑州大学学报（哲学社会科学版）	1982 年第 2 期	44
5	乡村振兴视域下边疆民族地区乡村治理机制创新研究	廖林燕	西北民族大学学报（哲学社会科学版）	2018 年第 1 期	44
6	唐代吐蕃军事占领区建制之研究	林冠群	中国藏学	2007 年第 4 期	44

（续表）

序号	文章题目	作者	来源期刊	时间	被引频次
7	碎叶城今地考	张广达	北京大学学报（哲学社会科学版）	1979 年第 5 期	44
8	试论滇藏茶马古道文化遗产廊道的构建	王丽萍	贵州民族研究	2009 年第 4 期	44
9	狮子山楚王陵出土印章和封泥对研究西汉楚国建制及封域的意义	王恺	文物	1998 年第 8 期	44
10	明代云南汉族移民定居区的分布与拓展	陆韧	中国历史地理论丛	2006 年第 3 期	44
11	民国海疆版图演变与南海断续国界线的形成	徐志良	太平洋学报	2010 年第 4 期	44
12	考古学上汉代及汉代以前的东北疆域	佟柱臣	考古学报	1956 年第 1 期	44
13	反思“边疆”概念：文化想象的政治意涵	关凯	学术月刊	2013 年第 6 期	44
14	清代维吾尔族人口考述	苗普生	新疆社会科学	1988 年第 1 期	43
15	秦汉时期南岭交通的开发与南北交流	王元林	中国历史地理论丛	2008 年第 4 期	43
16	蒙藏委员会与民国时期的边疆教育	朱慈恩	民族教育研究	2008 年第 5 期	43
17	国民政府边疆民族政策初探	马玉华	贵州民族研究	2007 年第 5 期	43

（续表）

序号	文章题目	作者	来源期刊	时间	被引频次
18	从地理边疆到“利益边疆”——“冷战”结束以来西方边疆理论的演变	于沛	中国边疆史地研究	2005年第2期	43
19	“中国”与“天下”的重合：古代中国疆域形成的历史轨迹——古代中国疆域形成理论研究之六	李大龙	中国边疆史地研究	2007年第3期	43
20	字小与国家利益：对于明朝就朝鲜壬辰倭乱所做反应的透视	陈尚胜	社会科学辑刊	2008年第1期	42
21	中国边疆学及其研究的若干问题	邢玉林	中国边疆史地研究	1992年第1期	42
22	两汉边防战略思想的发展及其主要特征	黄今言	中国边疆史地研究	2004年第1期	42
23	抗战前后中国政府维护西沙、南沙群岛主权的斗争	李金明	中国边疆史地研究	1998年第3期	42
24	近代中国边疆研究的第二次高潮与国防战略	韦清风	中国边疆史地研究	1996年第3期	42
25	简述民国年间有关中国边疆的机构与刊物	房建昌	中国边疆史地研究	1997年第2期	42
26	云南回族马帮的组织与分布	姚继德	回族研究	2002年第2期	41

（续表）

序号	文章题目	作者	来源期刊	时间	被引频次
27	新中国 60 年的民族平等和民族团结政策	何叔涛	云南民族大学学报（哲学社会科学版）	2009 年第 5 期	41
28	试论抗战前十年国民政府对内蒙古的政策定位	闫天灵	中国边疆史地研究	2001 年第 1 期	41
29	明代羁縻卫所制述论	彭建英	中国边疆史地研究	2004 年第 3 期	41
30	明代的关西七卫及其东迁	高自厚	兰州大学学报	1986 年第 1 期	41
31	论中国古代治边思想的特点、演变和影响	方铁、张维	中国边疆史地研究	2003 年第 1 期	41
32	论羁縻治策向土官土司制度的演变	方铁	中国边疆史地研究	2011 年第 2 期	41
33	陆疆治理：从“族际主义”转向“区域主义”	周平	国家行政学院学报	2015 年第 6 期	41
34	非传统安全视角下的云南跨界民族问题	何跃	云南民族大学学报（哲学社会科学版）	2006 年第 5 期	41
35	从石刻史料看入华粟特人的汉化	程越	史学月刊	1994 年第 1 期	41
36	边疆民族地区公共安全治理体系与能力现代化	李俊清	中国行政管理	2014 年第 11 期	41
37	新疆各民族人口的空间分布格局及变动研究	童玉芬、李建新	西北民族研究	2001 年第 3 期	40

（续表）

序号	文章题目	作者	来源期刊	时间	被引频次
38	试论中国边疆学的研究方法	方铁	云南师范大学学报（哲学社会科学版）	2008年第5期	40
39	明代“达官”在内地卫所的分布及其社会生活	彭勇	内蒙古社会科学（汉文版）	2003年第1期	40
40	20世纪上半叶民国政府对西南边疆少数民族的调查	马玉华	中国边疆史地研究	2005年第1期	40
41	西周中央政权机构剖析	杨宽	历史研究	1984年第1期	39
42	明朝统一云南、巩固西南边疆进程中对云南的军事移民	陆韧	中国边疆史地研究	2005年第4期	39
43	论国民政府对西南边疆及边疆民族的治理	马玉华	中国边疆史地研究	2008年第3期	39
44	国家意识与地域文化	班红娟	中央民族大学博士学位论文	2010年	39
45	关于当代中国边疆研究中的几个问题	马大正	当代中国史研究	2004年第4期	39
46	边疆的概念与边疆的法律	杜文忠	中国边疆史地研究	2003年第4期	39
47	中国的海疆与我国海洋地缘政治战略	张耀光	人文地理	1996年第2期	38
48	云南建设民族团结示范区与和谐民族关系的基本经验及启示	王延中、管彦波	民族研究	2014年第3期	38

（续表）

序号	文章题目	作者	来源期刊	时间	被引频次
49	由族群到民族：中国西南历史经验	王明珂	西南民族大学学报（人文社科版）	2007 年第 11 期	38
50	清代黔东南新辟苗疆六厅地区的法律控制	周相卿	法学研究	2003 年第 6 期	38
51	明代的河州卫——《明史·西番诸卫传》研究之一	王继光	西北民族研究	1986 年第 1 期	38
52	民族地区要在服务“一带一路”战略大局中大有作为	王正伟	求是	2015 年第 14 期	38
53	论古代中国的国家观与天下观——边境与边界形成的历史坐标	张文	中国边疆史地研究	2007 年第 3 期	38
54	另类社会空间：中国边疆移民社会主要特殊性透视（1644—1949）	张世明、龚胜泉	中国边疆史地研究	2006 年第 1 期	38
55	郡县国家：中国国家治理体系的传统及其当代挑战	曹锦清、刘炳辉	东南学术	2016 年第 6 期	38
56	从“军城”到“治城”：北边民族交错带城镇发展的一个轨迹——以明清时期陕北榆林为例	张萍	民族研究	2006 年第 6 期	38

（续表）

序号	文章题目	作者	来源期刊	时间	被引频次
57	清末新政期间东北边疆的政治改革	赵云田	中国边疆史地研究	2002 年第 3 期	37
58	民国政府与南沙群岛	李国强	近代史研究	1992 年第 6 期	37
59	论明代的朝贡贸易	晁中辰	山东社会科学	1989 年第 6 期	37
60	历史语境中的王朝中国疆域概念辨析——以天下、四海、中国、疆域、版图为例	毕奥南	中国边疆史地研究	2006 年第 2 期	37
61	50 年来的中国近代边疆史研究	赵云田	近代史研究	2000 年第 4 期	37
62	清代海疆政策的思想探源	何瑜	清史研究	1998 年第 2 期	36
63	论辽与高丽的关系及辽的东部边疆政策	武玉环	吉林大学社会科学学报	2001 年第 4 期	36
64	汉代对西北边疆的经营管理	高荣	中国边疆史地研究	1994 年第 4 期	36
65	中国海权发展战略问题的若干思考	刘中民	外交学院学报	2005 年第 1 期	35
66	我国海岛的旅游资源	黄仰松	资源开发与市场	1995 年第 6 期	35
67	网络空间全球治理：国际情势与中国路径	檀有志	世界经济与政治	2013 年第 12 期	35
68	秦汉对北部边郡的开发	肖瑞玲	中国边疆史地研究	1996 年第 4 期	35
69	论藏族古代史的几个问题	南喀诺布、才让太	中国藏学	1988 年第 2 期	35

（续表）

序号	文章题目	作者	来源期刊	时间	被引频次
70	新疆历史研究中的几个问题	马大正	西域研究	2006 年第 2 期	34
71	南海问题现状与前瞻	张铁根	亚非纵横	2009 年第 5 期	34
72	蒙藏事务局与民国初年的边疆治理论析	孙宏年	中国边疆史地研究	2004 年第 1 期	34
73	两汉北部边防若干问题之比较	陈晓鸣	中国边疆史地研究	2002 年第 3 期	34
74	国内外有关南海断续线法律地位的研究述评	李金明	南洋问题研究	2011 年第 2 期	34
75	关于中国海权发展战略问题的若干思考	刘中民、赵成国	中国海洋大学学报（社会科学版）	2004 年第 6 期	34
76	关于中国边疆学构筑的几个问题	马大正	东北史地	2011 年第 6 期	34
77	地理环境与民族关系	郭家骥	贵州民族研究	2008 年第 2 期	34
78	清代前中期云贵地区政治地理与社会环境	杨伟兵	复旦学报（社会科学版）	2008 年第 4 期	33
79	南宋海防初探	王青松	中国边疆史地研究	2004 年第 3 期	33
80	南海断续线：产生背景及其法律地位	李金明	现代国际关系	2012 年第 9 期	33
81	两汉的护羌校尉	边章	西北师大学报（社会科学版）	1991 年第 1 期	33
82	中华民族之含义及形成史的分期	陈连开	社会科学战线	1996 年第 4 期	32
83	国家利益的延伸与软边疆概念的发展	徐黎丽	云南师范大学学报（哲学社会科学版）	2011 年第 5 期	32

（续表）

序号	文章题目	作者	来源期刊	时间	被引频次
84	构筑中国疆域的文明板块类型及其统合模式序说	于逢春	中国边疆史地研究	2006 年第 3 期	32
85	东汉王朝的边疆经略	李三谋	中国边疆史地研究	1997 年第 3 期	32
86	中越北部湾划界谈判及其对解决海疆争端的启示	张植荣	国际论坛	2005 年第 2 期	31
87	从历史与国际海洋法看黄岩岛的主权归属	李金明	中国边疆史地研究	2001 年第 4 期	31
88	边疆观念的转变与多元边疆的构建	何明	云南师范大学学报（哲学社会科学版）	2013 年第 5 期	31
89	边疆多民族地区政治文明建设的重大问题分析	周平	思想战线	2006 年第 5 期	31
90	边疆多民族地区的社会利益格局变动与利益协调（上）	周平	云南行政学院学报	2008 年第 2 期	31
91	“藩属”与“宗藩”辨析——中国古代疆域形成理论研究之四	刘志扬、李大龙	中国边疆史地研究	2006 年第 3 期	31

第一，边疆主题研究的期刊类型中经典文献研究内容广泛，重点突出。其主要涉及领域有历史学、民族学、政治学、社会学等，主要研究内容集中在历代边疆治理史、当代边疆治理、边疆民族史、疆域理论、边疆考古、明清时期的边疆、海疆（南海）维权、西南边疆等方面。

与边疆主题图书类型不同的是，边疆主题期刊类型的经典文献中现状问题文献较多，占比较大。

第二，一些边疆研究学者在我国边疆研究学科的形成和深化中起到了重要作用。关于这一问题，笔者在前文作者群体部分的核心作者探讨中已经做了整体分析，在本章上节的图书类型经典文献中也有体现，但是期刊类型经典文献量体现出更为清晰的特点。首先，周平先生的边疆治理研究在当代中国边疆治理研究中发挥了重要作用。其次，马大正、方铁先生的历代边疆治理史、边疆学学科构建研究对我国的边疆史研究和边疆学学科构建起到了基础性作用。再次，谭其骧、马大正、李大龙等先生的疆域理论研究，为当前我国疆域问题历史与现状研究提供了理论基础；李金明、李国强等先生的南海维权研究，对我国海疆问题研究，尤其是南海问题研究，产生了重要推动作用。

第三，我国边疆研究的期刊类型经典文献主要发表时段集中在2000年以来的头十年，这一情况与图书类型的经典文献出版时间有一定区别。除了文献老化规律的因素，与期刊类型的文献发表周期短有一定的关系。同样，期刊类经典文献中一些较久的文献依然发挥作用，比如顾颉刚、谭其骧先生的民族史和疆域理论研究成果在20世纪80至90年代发表，至今依然产生重要影响；同时，一些刚刚发表的边疆现实问题研究成果，短时间内便产生了重要影响，这是期刊类文献的突出特征。比如，郝时远先生2017年发表的《习近平新时代中国特色社会主义思想与民族工作》、廖林燕先生2018年发表的《乡村振兴视域下边疆民族地区乡村治理机制创新研究》等，这主要是由特殊的时代背景决定的，同时与期刊文献的周期性短和实效性强也有关系。

第八章

对中国边疆研究进展的总结与思考

一、对中国边疆研究进展的总结

依据前文各章节的统计分析，我们可以发现改革开放 40 年来我国的边疆研究取得了突出成就，同时亦存在一些问题。

第一，40 年来我国的边疆研究产出了一大批研究成果，在图书类型的文献资料中学术专著、编著、主编学术著作、整理校勘文献资料等都取得了突出成绩；在学术论文的文献资料中，以期刊论文为代表的学术论文的发表更是突飞猛进。研究成果的大量问世，极大地促进了边疆研究的繁荣。

第二，40 年来我国边疆研究的研究广度和深度均取得突破，我国的边疆研究在过去 40 年实现了由边疆史地研究向边疆历史与现状结合研究拓展，并逐步形成历史与现实研究并重的局面；不同学科背景的学术同仁参与到边疆研究的大潮中，在研究内容拓展的同时，研究方法和手段不断丰富，研究的视野和视角也逐步扩大和多样化。

第三，40 年来大量的研究者参与到边疆研究中来，我国的边疆研究形成了一定规模的作者群体，作者群体不仅具备了一定的数量，也实现了质的变化。可以说，早期开展边疆研究的人员多是从事历史研究中的民族史、历史地理、断代史、区域史、专门史方面的研究者，边疆问题研究只是其研究的一个组成部分。经过多年的发展，很多学者已经从其研究的相关领域转移到边疆史专门研究中，使得边疆研究成为其研究的核心。更有一定量的新研究者直接就具备了边疆研究的教育背景，并直接从事边疆专门研究。

第四，40 年来我国的边疆研究搭建了众多学术平台，为边疆研究的方向凝练、队伍建设、人才培养做出了重要贡献。早在改革开放初期的 1983 年中国社会科学院就组建了当代中国第一个从事边疆问题研究的专门研究机构——中国边疆史地研究中心，经过 30 余年发展中国边疆史地研究中心已经发展成为中国社会科学院完整建制的研究所——中国边疆研究所。多年来，中国边疆研究所除了本身在我国边疆学术研究和资政建言方面起着重要作用，在全国范围内对边疆研究力量的组织、科研项目立项、学术丛书出版、学术交流等方面均发挥着引领作用。此后，我国的众多高校，尤其是具备一定地缘优势的高校也开始整合力量，使越来越多冠以“边疆”名义的研究机构不断得以组建。在这些研究机构组建和发展过程中，我国边疆研究领域凝聚了一批研究者，培养了大量的边疆问题研究的专门人才。

第五，40 年来我国边疆研究的学术阵地不断发展成熟，同时逐步创办了一定量的专业学术刊物，一些综合性刊物不断开设边疆问题专栏，极大地繁荣了我国的边疆研究。40 年里我国的边疆研究成果专业刊物《中国边疆史地研究》从创刊到不断壮大，已连续发行 110 余期，成为各类评价体系中的核心期刊，期刊的载文量也在不断跃升，获得学界认可，被很多高校和研究机构定级为权威期刊。此外，一些高校和研究机构所办的专业刊物也在这一过程中得以创办并不断成长，尤其是一些以书代刊的学术出版物更是大量出现，极大地繁荣了我国的边疆研究。

第六，40 年来我国的边疆研究产出了一大批有代表性的精品力作，在宏观研究层面出版了中国边疆研究的通史性丛书、中国边疆治理丛书等，在微观研究的层面出版了大量的地区性边疆通史或专题研究。各边疆省区通史也相继出版，这些大部头、系统性的研究著作对边疆研究的深化将起到重要作用。此外，大量重要学术论文不断发表，尤其是一些关乎学科体系、学术体系和话语体系构建的理论性思考和研究成果，对新时期的边疆研究起到了重要的指导作用。

40 年来我国的边疆研究取得的成就是令人瞩目的，更是值得肯定的。但是系统回顾 40 年的边疆研究工作之后，我们不得不承认的是我国的边疆研究工作依然存在一些问题和不足，换句话说，可以认为是“边疆研究理论的发展与现实的迫切需要还存在一定的差距”。这种现实需要表现在两个层面。其一是边疆研究本身学科发展的需要。多年来，边疆研究尽管有快速进步，但由于研究者的学科背景多样，我国的边疆研究在一些基本问题上依然存在分歧，这就迫使我国的边疆研究首先要在学科理论层面进行通论性研究，尽快构建一个共识性的标准或体系。其二，新时期我国边疆问题更为复杂多样，党和国家高度重视边疆安全与发展，可以说边疆的有效治理是国家治理能力现代化的基本前提，这就要求边疆研究要更好地适应新形势的需要，多做超前性和预测性研究，但是就目前的研究看，我们的边疆研究除了历史学科的基础性研究，很多现状研究是滞后于国家现实需要的，或者说目前的很多研究是在国家大政方针下展开的解读性研究。当然，边疆研究是一个庞大的系统，需要大量的人才，需要政策引导，需要资金支持，需要科学规范，需要宽松的环境等。实现边疆研究的大发展需要长期的努力，目前来看我国的边疆研究尚属于冷门（国家社科基金冷门“绝学”和国别史等研究专项设有边疆问题研究课题）。经过改革开放 40 年的摸索与实践，我们已经迈出了坚实的步伐，未来一定会取得辉煌的成绩。

二、对未来中国边疆研究的几点思考

第一，充分认识中国边疆研究的重要性和时代重任。一方面，边疆问题研究本身就具有重要的价值意义。马大正先生在总结中国边疆学的基本功能时，概括指出中国边疆学具有文化积累和资政育民两大功能，并进一步从四个方面进行了解读。其一是描述功能。描述是指客观地搜集、记录和整理边疆社会事实及其过程，着重解决“是什么”的问题。这是任何一门学科研究的基础和出发点。其二是解释功能。中国边疆是一个不断变化的复杂有机体，现实社会的各种现象和众多问题相互矛盾、相互依存、相互交错，中国边疆学的解释功能就是要在说明“是什么”的基础上，解决“为什么”的问题，探寻中国边疆形成和发展的规律。其三是预测功能。中国边疆学研究的最终目的是促进边疆地区的巩固，促进边疆地区社会的正常运行和发展，因此在理清因果关系、明了事实的基础上，还必须对边疆社会的现象与问题及其发展趋势做出科学预测，制定战略规划，提出可操作性的对策，使学科发展与社会实践更加紧密地结合。也就是说，在解决了“是什么”“为什么”后，应进而探求“怎么办”的问题。前瞻性、预测性与对策性研究是中国边疆学实用价值的集中反映，也是学科服务于实践的直接体现。其四是教育功能。中国边疆学作为综合研究中国边疆历史与现状的学科，在对边疆社会的认识与分析中，本身即影响着广大民众的世界观、价值观、国家观、民族观、历史观等方面，事实上发挥着直接教育和间接教育的功能。①

另一方面，边疆研究与时代发展密切相关。经过改革开放的推动，中国现代化取得了巨大成就，中国的面貌发生了巨大变化。从国家治理

---

① 马大正：《中国边疆学构筑是当代中国学人的历史担当》，《云南师范大学学报（哲学社会科学版）》2019 年第 1 期。

和发展的地理空间角度来看，一是在国家治理和发展的双重推动下，国家领土范围内边缘地带的治理与发展受到前所未有的重视；二是随着国家活动在领土之外广泛、稳定的覆盖成为常态，外溢的国家利益日益突出并越来越具有根本利益的性质，海外利益维护在地理空间维度上的问题日渐凸显。在国家活动、国家发展的地理空间范围空前拓展以后，如何在疆域的边缘地带维护好国家利益的问题就显得十分突出，这个问题必须纳入国家治理和发展的视野中来审视和谋划。这是国家崛起必然遇到的问题，关乎国家崛起目标的实现，因而也是必须审慎对待的重大问题。从现实问题与现有知识体系的关联性上看，业已存在的“边疆研究”无疑是讨论这些问题适合且方便的学术平台。[①] 2013 年 3 月 9 日，习近平总书记在参加全国人大十二届一次会议西藏代表团审议时，提出了“治国必治边、治边先稳藏”的重要战略思想。这一重要战略思想明确指出了“治边”在国家治理中的重要意义和突出地位。党的十九大报告中又指出要“加大力度支持革命老区、民族地区、边疆地区、贫困地区加快发展，强化举措推进西部大开发形成新格局，深化改革加快东北等老工业基地振兴，发挥优势推动中部地区崛起，创新引领率先实现东部地区优化发展，建立更加有效的区域协调发展新机制……加快边疆发展，确保边疆巩固、边境安全。坚持陆海统筹，加快建设海洋强国”[②]。可以说，在新时代，边疆问题既是国家的核心利益所在，又是党和国家治国理政的首要问题，在这一背景下边疆研究的重要性不言而喻。

---

① 周平：《当前边疆研究的审视与反思（代主持人语）》，《云南师范大学学报（哲学社会科学版）》2019 年第 5 期。

② 习近平：《决胜全面建成小康社会　夺取新时代中国特色社会主义伟大胜利——在中国共产党第十九次全国代表大会上所作的报告》，人民出版社 2017 年版，第 32～33 页。

第二，要充分认识研究人才和学术机构在边疆研究中的重要作用。边疆研究的深化人才是前提，科学发展平台是关键。人才队伍建设是目前我国边疆研究的首要任务。在中国边疆研究作者群体分析章节，通过数据可以发现我国边疆研究虽然已经拥有一个庞大的作者群体，但是真正在边疆领域从事持续性研究的核心作者还是相对较少的，从发文量和影响力两个维度去筛选，结果显示我国边疆研究的核心作者群体人数不过百余，这其中还包含一定量的其他相关研究者。这些核心作者群体，一定程度存在老龄化现象，这就要求我们未来必须重视人才队伍建设。笔者认为，人才队伍建设可以从两个方面突破：其一，人才的聚集，即将已经具备研究能力的相关研究者聚集到边疆研究的队伍中来，使其研究重心转移到边疆方面。关于这一问题，40 年来在边疆研究热潮的带动下，已经取得了一定成效，但多属于自发现象。未来可以采取一定措施，去加速聚集过程。其二，后继人才的培养，主要是以研究生培养为基础，同时一些重要研究机构对青年人才采取传帮带的形式进行。无论是人才的聚集，还是后继人才的培养，学术机构都应当发挥积极作用。学术机构首先是边疆研究的学术平台，具备行政、学术、教育等多重身份，可以发挥行政功能招揽人才，发挥学术功能规划研究、凝练方向、组建团队，发挥教育功能以培养人才。

第三，要充分认识牢牢把握我国边疆研究话语权的重要性。话语权是主体表达自己想法的权利，是社会意识形态的工具。中国边疆研究涉及边疆稳定、领土完整、周边关系、民族团结、社会发展等系列问题，具有其特殊性。这一特殊性要求边疆研究的话语权必须掌握在我们自己手中，这是毫无疑问的。通过 40 年的发展，当代中国边疆研究有了快速发展，中国学者中国边疆研究的话语权并不存在丢失的问题，但域外相关研究对我国边疆研究话语权存在严重的挑战或干扰。要强调的是，我国的边疆研究是历史与现实相结合的，讲究经世致用，但是很多时候我们对国外相关研究的探讨和争论，并没有给我国边疆的研究，边疆问题的有效解决，乃至边疆话语体系的构建带来益处，反而使问题更为复杂化。不否认国外学者的思路和方法存在一定的借鉴之处，但我们更要擦亮眼睛去分辨其研究所秉持的立场和价值取向问题。

第四，在坚持边疆史地研究基础地位的同时，要积极开展历史与现状的融合性研究。中国边疆史地研究是我国边疆研究的传统，可以说，当代中国边疆研究也肇始于边疆史地研究，从本书各个维度的数据也能够看出目前我国边疆研究中边疆史地研究的绝对优势地位。习近平总书记在致中国历史研究院成立的贺信中曾指出“历史研究是一切哲学社会科学的基础”，这明确指出了历史研究的学科地位。在我国边疆研究领域更是如此，除了边疆史研究的传统优势，我国边疆的绝大多数的现实问题都与历史密切相关，都需要从历史上追根溯源。在新时期，随着边疆问题的复杂化和多样化，边疆研究的外延不断扩大，要求我们必须对边疆历史进行全面、深入和客观的研究——中国边疆史地研究依然是中国边疆研究的核心内容和重点领域。[①] 同时需要指出的是，边疆史地研究是边疆学的源而非流。[②] 未来，无论是传统的史学研究，还是具有时代特点的现实问题研究，都不是孤立存在的，必须把历史和现实二者融为一体进行贯通性研究，在历史的长河中探索当代中国边疆治理的重大问题[③]，真正发挥历史研究的经世致用功能，去指导现实问题的解决。

第五，要明确中国边疆学研究对象和知识体系。所谓明确中国边疆学研究对象和知识体系，指的是中国边疆学的特殊性问题，这是学科体

---

① 邢广程：《关于中国边疆学研究的几个问题》，《中国边疆史地研究》2013 年第 4 期。

② 林文勋：《从边疆史地到边疆学》，《中国边疆史地研究》2016 年第 2 期。

③ 李国强：《在探索中开拓中国边疆史地研究的新局面——中国边疆史地研究中心 20 年来科研成就综述》，《中国边疆史地研究》2003 年第 3 期。

系和学术体系建设的基本前提。首先，要明确中国边疆的基本内涵，也就是说边疆有什么特征。李大龙先生将“中国边疆”内涵特征总结为六大方面：政治属性是“边疆”得以形成的第一要件，或称之为决定性因素；“主权国家”理论较“民族国家”理论更适合阐述多民族中国尤其是“中国边疆”的形成与发展；“边疆”是动态的，会随着国家实力的强弱和国际环境的变化而改变，“中国边疆”的长期发展过程更体现了这一点；“陆疆”和“海疆”是构成今天“中国边疆”的两大基本要素；“边疆”具有地缘优势，既是军事防御的前沿，也是连接两个乃至多个国家的纽带；“边疆”不能脱离“疆域”而存在，将其泛化也不利于对“中国边疆”的研究。① 边疆的内涵与特征是边疆有别于其他问题的特殊性，也是边疆学学科构建的基本前提。其次，要明确中国边疆概念的范围问题，即我国的边疆涉及哪些领域。从学科建设角度看这一问题不应做加法，而是做减法。因为目前边疆问题存在泛化现象，但需要清楚的是边疆的本质并没有变化，只是形态不断丰富。中国边疆形态已由陆疆和海疆二维向多维深化发展，但本质依然是陆疆和海疆问题。新时期随着中国改革开放的深度发展，加之全面参与全球化治理，我国的边疆已经由传统的陆地边疆、近海海域向深海远洋、高空宇宙、信息网络等有形或无形的多维形态转变。由此出现了高边疆、利益边疆、战略边疆、文化边疆、网络边疆等边疆概念。传统的边疆和全新边疆形态交织一起，为新时期的边疆治理和利益权衡带来了挑战。在这种情况下，应该适时更新边疆观念，应对新形势的发展。但是在边疆问题处理过程中不能脱离陆地边疆和海洋边疆基本内核，要明确所有的边疆新形态都是在传统边疆的基础上衍生出来的，这些新型边疆概念其实并没有离开陆地边疆和海疆的范畴。而目前学界讨论众多边疆概念，其中

---

① 李大龙：《“中国边疆”的内涵及其特征》，《中国边疆史地研究》2018 年第 3 期。

个别概念已经脱离或超越了边疆的核心意涵。此外，将我国边疆核心问题界定在传统意义的陆疆和海疆上，对于一些工作的开展和问题的处理相对要容易一些，否则会陷入极为复杂的境地，并不利于边疆问题有效解决和利益的维护。再次，要在中国边疆基本内涵和范围内构建中国边疆的独立知识体系。所谓“独立知识体系”，指的是边疆研究的理论（或知识）基础，决定了中国边疆学所具有的独立性，它包含了中国边疆从无疆无界，到有疆无界，到有疆有界发生、发展的全部历史。在空间格局上，以陆地边疆和海洋边疆为主体，涵盖我国所有边疆地区；在时间脉络上，遵循历史发展轨迹，覆盖中国边疆由古至今的全时段；在研究内容上，通过对边疆历史和边疆现实多层次、宽领域的学术考察，诠释国家历史疆域与国家领土的形成与演进、边疆治理与边疆发展的嬗变与精髓。① 任何学科从事的中国边疆研究只要在这个体系内，都属于中国边疆学范畴。

第六，根据边疆学研究对象和研究基本方法确定学科和归属。关于中国边疆学的归属，按照目前的研究现状，主要归属于历史学科和政治学科领域，可以从相关学科中去寻找突破口。关于这一问题学界的探讨已经比较深入了，这里不再赘述。笔者以为，在现实迫切需要的大背景下，其实不必纠结一定归属于某一个学科，乃至将其定为一个独立的学科。随着哲学社会科学的发展和研究的深化，未来学科的交叉性将是主流。习总书记在“5・17 讲话”中也特别强调“要加快发展具有重要现实意义的新兴学科和交叉学科，使这些学科研究成为我国哲学社会科学的重要突破点”。中国边疆学无疑是属于具有重要现实意义的新兴学科和交叉学科，这就决定了中国边疆学很难归属在哪一个学科之下。这并不代表中国边疆学研究特点不突出或者不重要，反而更能体现其重要性

① 李国强：《开启中国边疆学学科建设新征程》，《中国边疆史地研究》2018 年第 1 期。

和不可或缺性。正因为中国边疆问题涉及内容广泛、涉及学科门类复杂、研究群体庞大，才使中国边疆学无法归属。中国边疆学要做的是在多学科和研究方法指导下，在不同学科领域进行突破，形成新的学术增长点。同时，在人才培养和队伍建设方面，亦不用将边疆学明确在任何一个学科之下，主要根据培养对象的研究方向和成果，最终确定学位授予。就如一些高校开设人文教育专业，学生根据兴趣和研究方向，最终决定自己选择教育学、历史学或文学学位。关于学科交叉背景下的中国边疆学学科发展，下文在“新文科背景下的中国边疆学发展思考”中将系统探讨。

第九章

新文科背景下的中国边疆学发展思考

新文科的兴起与理念为中国边疆学学科发展提供了契机，也带来了一定的挑战。中国边疆学与新文科之间有着极强的耦合互动关系，同时中国边疆问题的复杂性、中国边疆学话语体系建设、中国边疆治理体系与治理能力现代化、人才培养与队伍建设的紧迫性都助推中国边疆学与新文科有效结合。新文科由学科专业目录导向转向为现实需求导向，为中国边疆学人才培养提供了新的思路，而“交叉学”学科门类的设置，则为中国边疆学成为一级学科提供了一种可能，更有助于人才培养的规范化。当然，新文科背景下的中国边疆学亦存在挑战，不能因新文科而使中国边疆学进一步泛化，新文科背景下更需要重视历史研究在中国边疆学科发展中的根本作用，尽快形成中国边疆研究学术共同体，立足国内走中国特色的边疆学道路。

新文科，是近年来教育部针对我国文科教育的创新发展提出的一种理念，并逐步推进实施，目的在于培养满足新时代需求的文科人才。新文科之新在于创新和革新，强调文科与新科技革命融合、中国话语体系主导、复合型人才培养、国家软实力的增强等。新文科的理念与中国边疆学学科存在极强的契合性，在新文科背景下中国边疆学学科将得到深化发展，亦面临各种挑战。本章在新文科兴起、内涵与特征分析的基础上，尝试构建中国边疆学与新文科之间的耦合关系，并作解读分析，进而对新文科背景下的中国边疆学人才培养路径选择加以设想，最后对新文科背景下中国边疆学学科建设要注意的几点问题进行反思。本章是笔者依据上文的统计分析，并结合当前新文科快速兴起和中国边疆学学科发展现状基础上的一些思考，其中关于中国边疆学与新文科之间的耦合关系、中国边疆学人才培养路径选择问题只是一种设想，尚须学界前辈研判。不当之处，请方家批评指正。

一、新文科的兴起、内涵与特征

新文科在我国兴起，是伴随着“新工科”的发展逐步拓展而来的。2016 年 6 月在吉隆坡举行的国际工程联盟会议，全票通过中国科协代表我国由《华盛顿协议》预备会员“转正”，成为该协议第 18 个正式成员。成为国际工程联盟正式成员后，为适应新形势，我国便提出建设和发展“新工科”。2017 年，教育部牵头组织召开会议，相继推出“复旦共识”“天大行动”“北京指南”等助推“新工科”发展的政策文件，“新工科”进入了快速发展阶段。2018 年 5 月 24 日，教育部高教司司长吴岩在“2018 年教育部产学合作协同育人项目对接会”上提出全面推进“新工科、新医科、新农科、新文科”等建设的倡议，“四新”学科建设的总目标是在我国原有学科基础上，通过学科整合、开拓创新、凝练特色，建成具有反映中国特色理论水平、学术水平和话语水平的世界一流学科。① 2019 年 4 月 29 日，教育部、科技部、财政部等部门在天津联合召开“六卓越一拔尖”计划 2.0 启动大会，标志着国家“四新”建设工程正式开启，其中“新文科”从概念提出走向正式实施。此后，山东大学、北京理工大学等院校相继牵头组织新文科建

① 王铭玉、张涛：《高校“新文科”建设：概念与行动》，《中国社会科学报》2019 年 3 月 21 日第 4 版。

设高端论坛和座谈会。2019 年 10 月底山东大学出台了《山东大学新文科建设工作方案（2019—2021 年）》，率先展开了新文科建设的山大模式探索。① 2020 年 6 月 17 日，教育部高教司、中国法学会、天津市政府、天津市高级人民法院、天津市人民检察院、天津市公安局、天津市法学会和全国 50 多所法学院校的领导专家齐聚一堂，研讨新时代高校法学教育新思路、新举措、新成效，中国人民大学法学院等 17 所著名大学共同发起成立了我国“新文科”的首个联盟——法学教育创新联盟。② 与此同时，国内学界也掀起了新文科研究的浪潮，通过对中国知网数据库进行文献“篇名”检索（检索时间 2021 年 1 月 2 日，篇名检索范围较窄，但检索结果准确，基本为专题研究）。“新文科”专题研究成果自 2018 年开始出现，为 5 篇；2019 年出现快速增长趋势，为 61 篇；到了 2020 年研究成果出现“井喷式”增长，一跃达到 213 篇。③ 通过大讨论，当前我国“新文科”建设的一些共识已经基本形成，有关建设路径也初现端倪。

“新文科”到底是什么，“新”在哪里？教育部原部长陈宝生在“六卓越一拔尖”计划 2. 0 启动大会上所提交的报告《掀起一场高等教育“质量革命”助力打造“质量中国”》指出：“新文科是发展社会主义先进文化的重要载体，要把握好新时代哲学社会科学发展的新要求，推动哲学社会科学与新科技革命交叉融合，培养新时代的哲学社会科学家，积极投身社会主义文化强国建设，提升国家文化软实力和中华

---

① 袁凯、姜兆亮、刘传勇：《新时代新需求新文科——山东大学新文科建设探索与实践》，《中国大学教学》2020 年第 7 期。

② 《17 所高校发起！我国“新文科”首个联盟在这所“双一流”高校成立》，中国教育在线（https：//www. sohu. com/a/402718328_100226214），检索时间：2021 年 1 月 3 日。

③ 2020 年的数据也是不完全统计，主要原因是中国知网数据库存在一定的延迟，一些发表在 2020 年末的成果，由于存在一定的延迟，还尚未被收录。

文化影响力。”可以发现，“新文科”的最突出特点是要推动哲学社会科学与新科技革命交叉融合，培养新时代的哲学社会科学家，是新形势下研究手段创新和人才培养的革新，最终目的是要完成新时代哲学社会科学发展的新要求，提升国家文化软实力和中华文化影响力。陈部长的讲话，从宏观上为“新文科”的发展指明了方向。对于“新文科”之“新”的具体要义，教育部新文科建设工作组组长樊丽明提出了新科技革命与文科的融合化发展、历史新节点与文科新革命、进入新时代与文科中国化、全球新格局和文科国际化四点看法。[①] 教育部新文科建设工作组副组长徐显明进一步明确新文科与传统文科相较有四个不同：其一，在话语体系上，应把西方话语体系主导下的文科转向中国话语体系主导下的文科，不完成这个转变就无所谓新文科；其二，在内容上，应把纯文科转向文理交叉的学科；其三，在作用上，应从探讨人文社科所涉对象的规律性转向对社会价值观的重塑和形成国家软实力，为理工科甚至为国家和社会提供指导思想；其四，在方法论上，应从运用传统的人文社科方法转向运用现代科技及算法，将文科的定性方法与定量方法相统一，彰显新文科的科学性。新文科将是文理打通、人文与社科打通、中与西打通、知与行打通的“四通文科”。[②] 由于学科背景的不同，尽管当前学界对于“新文科”内涵、特点、实践路径等的研究开展多种解读和分析，但大方向都没有离开以上教育部及其新文科建设工作组的指导性意见。

二、中国边疆学与新文科之间的耦合关系

自近代边疆学概念提出以来，学界关于该研究领域与学科特征一直

---

① 樊丽明：《对“新文科”之“新”的几点理解》，《中国高教研究》2019 年第 10 期。

② 徐显明：《高等教育新时代与卓越法治人才培养》，《中国大学教学》2019 年第 10 期。

讨论不止。民国时期我国边疆学术研究主体和载体都呈现前所未有之气象，出现职业化学者群体，边疆研究开始从个体行为向自觉的群体行为，从以书斋研究为主到以实地调查为主的转变。研究者的学科背景经历了由单一向复杂，以史地学者为主向以社会文化学者为主的转变。[①]边疆研究者学科背景的多样化，也就催生了当时边疆学的多学科交叉化。1936 年顾颉刚先生在《禹贡学会与边疆研究计划书》中就强调从事边疆研究要重视实地调查的重要性，且须具备民族文化语言习俗及地质、生物等专业知识。[②] 1937 年杨堃先生提出“边疆教育学”概念，并指出边疆教育学“不仅是一门科学而且是一门的比较的与综合的大科学”。[③] 后来在 20 世纪 40 年代初吴文藻先生《边政学发凡》和杨成志先生《边政研究导论》对“边政”研究的基础理论展开探讨，均认为“边疆”不是简单的地理概念，具有政治和文化意义；指出边疆民族及文化是解决边疆问题的关键和边政研究中的核心议题，强调边政研究既要以民族学为基础和核心，又要有相关学科的广泛参与。[④] 20 世纪 80 年代末，边疆学再次被提及，并特别强调要建立“中国边疆学”学科。[⑤] 与此同时，边疆史地研究学者强调：“中国边疆史地研究也离不开考古学、社会学、民族学、地理学、语言学等学科的配合。从这一意义上说，中国边疆史地研究，实际上是一门众多相关学科交叉的边缘学

---

① 汪洪亮：《民国时期边疆研究机构的兴起及对边疆学术之形塑》，《北方民族大学学报（哲学社会科学版）》2017 年第 4 期。

② 顾颉刚：《禹贡学会研究边疆学之旨趣》，《顾颉刚全集 · 宝树园文存》卷四，中华书局 2011 年版，第 221~224 页。

③ 杨堃：《边疆教育与边疆教育学》，《杨堃民族研究文集》，民族出版社 1991 年版，第 96~101 页。

④ 汪洪亮：《“问题与主义”之变奏：近代以来中国边疆学构筑的回顾与前瞻》，《中国边疆史地研究》2020 年第 4 期。

⑤ 边众：《新的起步——中国边疆史地研究中心工作回顾：1987 年》，《中国边疆史地研究导报》1988 年第 1 期。

科，称之为边疆学也未尝不可。”①

后来一些学者专门对边疆学学科特征展开了专题研究。1991 年杨建新先生在其《边疆研究三题》一文中“创立边疆学的理论体系”部分，专门指出“边疆学是一门综合、交叉、边缘学科，边疆史地研究，是其重要的一个组成部分，这门学科及其分支若要得到长足发展并得到学术界的承认，必须有自己的理论系统……”② 1992 年邢玉林先生首次以专题论文对“中国边疆学”若干问题进行分析，再次强调边疆学“是一门综合的、交叉的、边缘的学科”，具体指出“从历史的角度看，中国边疆学研究边疆这一实体自身及其历史，它必然与中国历史学、中国政治学等学科发生横向性的跨界关系；从边疆的社会内容看，中国边疆学研究中国边疆的政治、经济、军事（边防）、地理、文化民族及其关系、边疆与内地和边疆与境外的关系等，它也必然与相应的学科如区域经济学、区域地理学等发生横向性的跨界关系；从边疆的主体看，中国边疆学各领域的研究都不能脱离以边疆为载体、与边疆发生互为对象性关系的边疆主体，即不能脱离聚居于边疆地区的各少数民族，这又不能不使中国边疆学与民族学、民族史学、民族语言学等学科发生横向性的跨界关系；从边疆的类别看，中国边疆分陆疆和海疆，中国边疆学研究同时着眼于上述两者，又必然与国际法学、外交学、海洋学等有关学科发生横向性的跨界关系”③。马大正先生专门探讨了边疆研究的跨学科问题，对中国边疆学学科特征作了界定，认为“中国边疆学的内涵不仅应包括中国边疆的历史、政治、经济、民族、军事、社会、文化等

---

① 吕一燃、马大正：《中国边疆史地研究的几个问题》，《中国边疆史地研究》1988 年第 1 期。

② 杨建新：《边疆研究三题》，《中国边疆史地研究》1991 年第 1 期。

③ 邢玉林：《中国边疆学及其研究的若干问题》，《中国边疆史地研究》1992 年第 1 期。

人文科学和社会科学领域的研究，还应包括中国边疆的自然环境、生态环境等自然科学领域的研究”①。

结合上文关于新文科的内涵特征的梳理总结，可知建设新文科是新时代哲学社会科学发展的新要求和新趋势，目的是推动哲学社会科学与新科技革命交叉融合，培养新时代的哲学社会科学家，强调研究方法的学科交叉性、国际话语权的掌握、价值观的重塑和文化软实力的形成；中国边疆学学科则是近代以来就已经开始强调构建的学科种类，尤其近30余年再一次进入热潮期，学术研究、学科建设、人才培养、政策咨询等众多领域均取得了丰硕成果，已经成为一个新的学术增长点和学科突破点。新形势下中国边疆研究强调学科要具备综合性和交叉性特点，并且这种学科的交叉不仅仅是人文科学与社会科学，还包括了自然、生态等领域的自然学科。可以发现，新文科和中国边疆学在学科特点上存在很大的相似性，二者联系密切，笔者将其定义为具备一定程度的“耦合关系”。这一耦合关系包含两部分内容，其一是内部耦合互动，其二是外部动力机制。为了更直观地彰显新文科与中国边疆学之间的耦合关系，笔者特意绘制了新文科与中国边疆学学科之间的耦合关系图加以辅助说明。

所谓内部耦合互动，指的是图中的内部盾形图。该图中第一个层次是新文科与中国边疆学之间的直接双向关系，新文科能够为中国边疆学研究提供全新的手段和研究方法，进而助推研究深化；中国边疆学作为一个新兴学科和交叉学科，可以为新文科的发展提供学科载体，助力新文科理念和方法在边疆研究领域的发展壮大。新文科和中国边疆学有效结合之后，能够进一步实现人才培养的多样化和快速化，有助于人才队伍壮大和研究成果产出。人才队伍壮大则进一步产出具有更高水平的创

---

①　马大正：《组织跨学科力量对中国边疆重大问题研究进行联合攻关》，《中国边疆史地研究》2002年第4期。

新性成果，而研究成果的不断产出则能带动人才培养壮大和研究队伍凝聚，形成中国边疆研究的学术共同体或学派。随着人才队伍壮大、学术共同体的形成，有关研究成果则会不断产出，对于中国边疆的一些基本理论问题也会逐步形成共识，这将为中国边疆问题的解决提供源源不断的智力支撑。新文科和中国边疆学结合的整个过程将形成一个耦合互动的闭环，不仅能够达到研究深化、学科壮大的效果，而且有助于人才培养和队伍建设，最终实现为边疆问题解决提供智力支持的目的。当然这一闭环并非完美无缺，学科之间顺利实现交叉融合是一个难点，与此同时，研究深化、队伍建设、问题解决也并不一定是正相关关系，因为当前的中国边疆学建设已经一定程度触及以上的情况，但是目前学科之间依然存在严重壁垒，存在各自为政的情况，并没有实现研究队伍的壮大和凝聚，反而导致边疆研究和学科本身变得极为复杂。针对这一问题，下文在新文科与中国边疆学学科关系的几点反思中将展开分析。

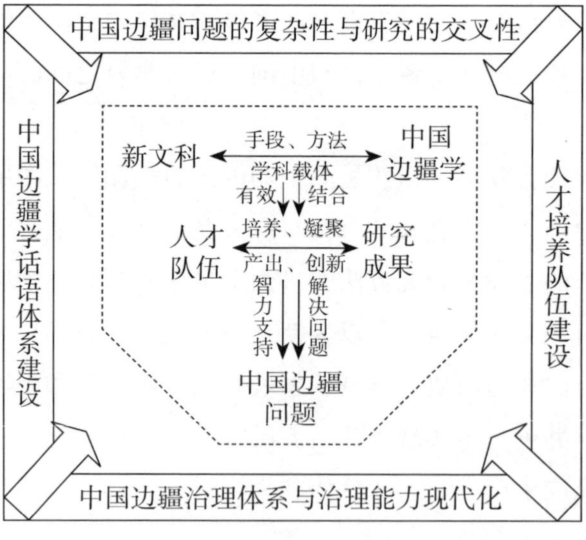

九—图 1　新文科与中国边疆学学科之间的耦合关系模型图

所谓外部动力机制，是新文科与中国边疆学学科之间耦合关系的重要组成部分，也是指二者能否实现有效交叉和融合的外部因素。鉴于新文科与中国边疆学二者的学科特征相似、互补性强，学科发展目标存在一致性，故关于这里的外部助力笔者主要从边疆问题的特殊性、重要性和中国边疆学学科发展的视角展开说明。

首先，中国边疆学研究的对象“中国边疆”是一个极其复杂且内涵丰富的概念，要求我国边疆研究必须进行多学科交叉融合。李大龙先生曾对“中国边疆”的内涵及其特征做过专门探讨①，是有关边疆内涵问题较具代表性的理论思考。可以发现，中国边疆不仅仅是一个普通的地理、区域概念，还与国家安全、民族团结、社会稳定、经济发展、话语构建、对外关系等系列问题密切相关。新时期随着我国改革开放的深度发展，加之全面参与全球化治理，我国的边疆外延不断扩大，已经由传统的陆地边疆、近海海域向深海远洋、高空宇宙、信息网络等有形或无形的多维形态转变。传统的边疆和全新边疆形态交织一起，为新时期的边疆治理和利益权衡带来了挑战，使边疆问题更为复杂。这就必然要求边疆研究随之复杂化和多学科交叉化。这一背景下，中国边疆学借助新文科的方法和手段深化研究并展开专业性人才培养已是大势所趋。

其次，中国边疆学话语体系建设，要求我国边疆研究要针对中国边疆具体问题，在中国话语体系主导下展开研究。中国边疆学话语体系建设是我国哲学社会科学话语体系建设的重要组成部分。从边疆对于国家安全的重要性角度看，中国边疆学话语体系建设尤为紧迫。中国边疆学话语体系建设当前存在内外部的双重挑战。内部，当前国内对于古今边疆民族和政权归属依然存在模糊认识乃至偏见；外部，邻国在构建各自“国史”过程中，往往人为将我国的不同时期的边疆民族纳入其所谓的

---

① 李大龙：《“中国边疆”的内涵及其特征》，《中国边疆史地研究》2018 年第 3 期。

历史叙事之中，同时西方国家从来没有停止在学术层面展开对我国疆域整体性的解构，并且一些相关成果在国内还甚为流行，给我国的边疆安全带来巨大挑战。新文科之新首要任务就是把西方话语体系主导下的文科转向中国话语体系主导下的文科，实现文科中国化转型，还要不断产生中国思想、发出中国声音、提出中国方案。这一点与中国边疆学话语体系建设紧迫性完全吻合。这决定了中国边疆学和新文科理念要密切结合，强化中国边疆学研究，普及边疆基础知识，将话语权牢牢把握在我们自己手中。

再次，中国边疆治理体系与治理能力现代化，要求中国边疆研究更多为国家的边疆治理提供决策依据、为边疆稳定与发展提供智力支持。十八大以来，以习近平同志为核心的党中央高度重视边疆问题，对边疆的稳定与发展做出了一系列重大部署，提出“治国必治边、治边先稳藏”的重要战略思想，十九大报告，十九届四中、五中全会则明确强调要加强边疆治理、边疆建设，推进兴边富民、稳边固边。显然，边疆治理在国家治理中占据首要位置，是国家能否有效治理的基本前提。与此同时，在新时期我国边疆局势也面临着前所未有的挑战。国内方面，国家统一以及我国和一些国家陆海边界问题尚未彻底解决，“疆独”“藏独”“港独”“台独”等分裂势力活动猖獗。在国际方面，以美国为首的西方反华势力妄图将我国边疆作为“突破口”，与分裂势力朋比为奸，妄图拿“涉边问题”制造事端，遏制中国崛起。党中央的高度重视和边疆局势的复杂性与紧迫性要求必须强化边疆研究，更好地服务于边疆安全与发展需要，服务于党和国家边疆治理大局与周边外交需要。新文科的重要作用也体现在探讨人文社科所涉对象的规律性转向对社会价值观的重塑和形成国家软实力，为理工科甚至为国家和社会提供指导思想。从这个意义上讲，新文科与中国边疆学再次实现契合。

最后，人才培养和队伍建设的紧迫性要求中国边疆学尽快寻求学科突破口。当前中国边疆学只是一个处在构建过程中的学科，尚未出现在国务院学位委员会规定的学科目录中。为了更快更好地培养专业人才，当前一些高校和研究机构已经开始进行尝试，以中国边疆学、中国边疆治理、中国边疆史等专业方向进行招生，尽管在最终授予学位时仍需依托其他一级学科或者学科门类，但依然取得了一定的成效。中国边疆学作为具有重要现实意义的新兴学科和交叉学科，已经成为当前我国哲学社会科学的重要突破点，重要的是结合现实需要培养专业人才，壮大研究队伍。将中国边疆学与新文科理念结合起来，将有效地解决这一问题。当然，目前国务院学位委员会已经开始尝试解决这一问题，特别设立了“交叉学”学科门类。下文中关于新文科背景下的中国边疆学人才培养路径选择部分，笔者将进一步讨论。

三、新文科背景下的中国边疆学人才培养路径选择

新文科理念由教育部相关部门提出并推广，说到底是一场文科教育的革命①，其最终的落脚点在新型人才的培养。新文科之“新”有一个重要特点就是在具体的学科管理上，新文科由学科专业目录导向转向为现实需求导向。新文科建设致力于破除专业壁垒与学科障碍，倡导不同学科的交织与融合。通过对学科知识与社会实践、个体认知实践的整合，告别行政化的学科专业设置机制，建立以现实需求为导向的多元主体超（跨）学科发展模式。② 有学者尖锐指出，未来新文科建设的重心就是弱化学科、突出问题；强调分科是为了治学，但治学绝不是为了巩固分科、强化分科，或者搞什么学科建设，而是为了解决问题。高校哲学社会科学下一步要突破的瓶颈，就是以问题为平台整合学科，改变当

① 王铭玉：《新文科——一场文科教育的革命》，《上海交通大学学报（哲学社会科学版）》2020 年第 1 期。

② 段禹、崔延强：《新文科建设的理论内涵与实践路向》，《云南师范大学学报（哲学社会科学版）》2020 年第 2 期。

下这种“重学科轻问题”的价值追求。① 其实早在十年前，就有学者研究认为《学科专业目录》对学科体系的规制性影响是我国人文社会科学的重要特点，其作为一种“层级管理”手段影响巨大。但是，这种“层级管理”已经与当前人文社会学科“横向交叉”的发展趋势产生了某种冲突：这一冲突在组织和管理层面表现为此起彼伏的学科升格运动，在知识、教育和学术层面表现为跨学科人才培养和跨学科研究的发育不良。②

基于以上背景，笔者以为，在现实迫切需要的大背景下，人才培养无疑是当前中国边疆学亟须解决的重要问题之一。人才培养过程中无论招生、培养，还是最终学位授予都一定程度受制于学科的“层级管理”。对于中国边疆学而言，更应当突出解决问题的意识，弱化学科特色。习总书记在“5・17 讲话”中也特别强调“要加快发展具有重要现实意义的新兴学科和交叉学科，使这些学科研究成为我国哲学社会科学的重要突破点”。中国边疆学无疑是属于具有重要现实意义的新兴学科和交叉学科，这就决定了中国边疆学很难归属在哪一个学科之下。其实，当前不必纠结于一定将中国边疆学归属于某一个学科，这并不代表中国边疆学研究特点不突出或者不重要，反而更能体现其重要性和不可或缺性。中国边疆学要做的是在多学科和研究方法指导下，在不同学科领域进行突破，在形成新的学术增长点的同时实现优秀人才培养。从事边疆研究和学科教育的学者和机构，不应有学科本位主义。具体而言，快速展开人才培养，可以在不同学科门类下设置边疆研究的二级学科和研究方向。目前中国边疆研究的主要学科和内容涉及中国史、政治学、民族学、考古学、应用经济学、社会学、公安学等多个一级学科。例

① 王学典：《何谓“新文科”?》，《中华读书报》2020 年 6 月 3 日第 5 版。

② 沈文钦、刘子瑜：《层级管理与横向交叉：知识发展对学科目录管理的挑战》，《北京大学教育评论》2011 年第 2 期。

如，可以在中国史下设中国边疆史地、中国边疆史学史二学科或研究方向；在政治学下设边疆政治、周边关系二学科或研究方向；在民族学下设边疆民族问题二级学科或研究方向；在考古学下设边疆考古二级学科或研究方向；在应用经济学下设边疆经济问题二级学科或研究方向；在社会学下设边疆社会问题二级学科或研究方向。这种学科归属的设计会大大促进边疆研究在不同学科领域的大发展，人才培养路径也会变得通畅。可以直接根据培养对象的研究方向和成果，最终确定学科归属和学位授予。目前，中国社会科学院大学（中国社会科学院中国边疆研究所）、云南大学、南京大学、武汉大学、陕西师范大学等高校和研究机构已经开始了相关工作，通过自设专业将中国边疆学设置到中国史、政治学、民族学等一级学科之下，展开招生和培养，取得了很大成效。

当然，中国边疆学根据研究对象的特殊性，在基础理论构建完善的前提下，也完全具备条件成为一个一级学科，但是所归属的学科门类就很难进行明确。值得庆幸的是，国家相关部门已经开始着手解决这一类问题。2021 年 1 月 13 日，教育部官网公布了《国务院学位委员会教育部关于设置“交叉学科”门类、“集成电路科学与工程”和“国家安全学”一级学科的通知》（下称《通知》）。《通知》明确指出，根据党和国家事业发展需要，按照《学位授予和人才培养学科目录设置与管理办法》的规定，经专家论证，国务院学位委员会批准，决定设置“交叉学科”门类、“集成电路科学与工程”一级学科和“国家安全学”一级学科。国务院学位委员会办公室负责人就《通知》答记者问指出，学科交叉融合是当前科学技术发展的重大特征，是新学科产生的重要源泉，是培养创新型人才的有效路径，是经济社会发展的内在需求。

显然，从设置学科和目的看，这一“交叉学科”门类，正是为迎合“新工科、新医科、新农科、新文科”等建设的倡议而设置的。中国边疆学的学科特征和现实需求特点，符合“交叉学科”门类一级学科特征要求和设置需要。前文已述，中国边疆的复杂性和研究的学科多样性，要求中国边疆学学科不能是单纯跨学科研究，而是多学科深度交叉融合研究，这是边疆研究无法回避的现实，也是边疆研究的突出特色。可以尝试将“中国边疆学”学科纳入“交叉学科”门类一级学科，这将为当前中国边疆学人才培养提供一种清晰的发展路径。

“交叉学科”作为一个单独的学科门类，“中国边疆学”纳入其中作为一级学科，自然解决了中国边疆学是否能够作为一个独立学科取得共识的问题，同时由依托学科带来的学科本位主义之争也就不存在了。不同学科背景学者，只要最终的目的是为边疆安全与发展服务、解决边疆问题，都可以依托交叉学科展开学术研究和人才培养。“中国边疆学”学科纳入“交叉学科”门类一级学科将有效解决当前边疆研究人才培养存在的问题。由于以往中国边疆学并非独立学科，各高校和研究机构分别依托于历史学、法学、经济学等学科门类展开人才培养，尽管由多学科介入，但是人才培养专业类型还是比较单一，很难满足现实需要。此外，由于采取交叉学科培养模式，必须依托单一学科授予学位，这也给学生和指导教师在毕业论文选题和指导上带来了一定的困难，同时培养方案和培养过程都会变得复杂，给学生和教师带来困扰，也给培养单位造成了过高的管理和沟通成本。当前，为推动交叉学科的科学有序发展，国务院学位委员会正在研究制定交叉学科设置与管理的相关办法，进一步明确什么是交叉学科、交叉学科如何建设发展、依托交叉学科如何开展人才培养等基本问题，并在交叉学科设置条件、设置程序、学位授权与授予、质量保证等方面作出具体规定，探索具有中国特色的交叉学科设置与目录管理制度。交叉学科设置与目录管理制度一旦出台，中国边疆学学科将依据交叉学学科相关要求展开人才培养，授予交叉学相应的学位，人才培养过程中存在的问题自然迎刃而解。

四、新文科背景下中国边疆学学科发展的几点反思

第一，新文科不应使中国边疆学进一步泛化。中国边疆学泛化问题，主要指中国边疆研究的外延不断扩大，从陆疆、海疆二维向多维转变，由此出现了高边疆、利益边疆、战略边疆、文化边疆、网络边疆等边疆概念。这些边疆形态是中国边疆现实发展的必然，但是边疆形态的多样化，并不代表边疆研究就要随之多样化。从研究的角度讲，无论边疆形态如何变化，其本质应该没有超出中国陆地边疆和海疆这两个基本内核。要明确所有的边疆新形态都是在传统边疆的基础上衍生出来的。而目前学界讨论众多边疆概念，其中个别概念已经脱离或超越了边疆的核心意涵，这似乎并不能给我国边疆稳定带来益处，反而使边疆研究逐步泛化，争议也越来越多。随着新文科理念的介入，想必中国边疆研究会进一步复杂化，基于新的研究手段和方法展开的对中国边疆多维形态的研究成果将会涌现，一定程度会导致当前边疆外延再扩大，边疆学也极有可能随之进一步泛化。必须明确，新文科为中国边疆学只是提供了一种人才培养模式和研究手段，而关于中国边疆研究对象和研究本身并不应随之复杂化，反而更应当进一步清晰化，强调特殊性。有学者提出了构建中国边疆学和边疆研究的独立知识体系，这一“独立知识体系”指的是边疆研究的理论（或知识）基础，决定了中国边疆学所具有的独立性，它包含了中国边疆从无疆无界到有疆无界，到有疆有界发生、发展的全部历史。在空间格局上，以陆地边疆和海洋边疆为主体，涵盖我国所有边疆地区；在时间脉络上，遵循历史发展轨迹，覆盖中国边疆由古至今的全时段；在研究内容上，通过对边疆历史和边疆现实多层次、宽领域的学术考察，诠释国家历史疆域与国家领土的形成与演进、边疆治理与边疆发

展的嬗变与精髓。① 笔者以为，从事中国边疆研究者，无论是什么研究方法和学科背景，都应在这一知识体系下展开研究，不应扩大化。

第二，重视历史研究在中国边疆研究与学科发展中的根本作用。习近平总书记在致中国历史研究院成立的贺信中，明确指出“历史研究是一切社会科学的基础”。对于中国边疆研究和中国边疆学学科发展而言，历史研究的作用则更为突出，起到根本性作用。所谓根本性作用，指的是历史研究的本源和根基作用。自20世纪80年代以来，中国边疆研究已经突破了史地研究的范围，将中国边疆历史与现状相结合，形成了成果众多、选题深化、贴近现实的特点。② 新时期，随着中国的综合实力和国际影响力不断增强，以美国为首的西方反华势力妄图拿“涉边问题”制造事端，遏制中国崛起。这导致我国的边疆安全与发展问题变得更为复杂多样，边疆研究的外延也随之进一步扩大。现实问题的复杂性并不能使边疆历史研究弱化，更不是可有可无，反而是必须全面、深入和客观地加以研究，中国边疆史地研究依然是中国边疆研究的核心内容和重点领域。③ 历代文献资料，不仅为还原边疆历史、追溯中国疆域形成发展的轨迹提供了极为丰富的史料，同时积淀了丰富的学术思想，厚实了观察现实边疆的理论根基，筑牢了破解当代边疆难题的思想根脉。边疆史研究是不同时期边疆研究的出发点和着力点，它铸就了新时代构建中国边疆学的学术之源，锻造了新时代构建中国边疆学的思想之根，奠定了新时代构建中国边疆学的理论之魂，因而成为在构建中国边疆学的进程中应当首先把握的学术规律。边疆历史研究是边疆研究

① 李国强：《开启中国边疆学学科建设新征程》，《中国边疆史地研究》2018年第1期。

② 马大正：《思考与行动——以边疆研究深化与边疆中心发展为中心》，《中国边疆史地研究》2001年第1期。

③ 邢广程：《关于中国边疆学研究的几个问题》，《中国边疆史地研究》2013年第4期。

的理论起点、逻辑起点和实践起点。[①] 也只有通过科学、客观、严谨的历史研究，才能够为中国边疆研究深化和学科发展提供源源不断的动力，为我国边疆问题的解决、国家核心利益的维护提供基本的学术支撑。

当然，强调历史研究在边疆研究和学科发展中的根本作用，目的是要突出历史研究在我国边疆问题中的特殊性，并不是说其他学科不重要。有学者指出，边疆史地研究是边疆学的源而非流。[②] 未来，无论是传统的史学研究，还是具有时代特点的现实问题研究，都不是孤立存在的，必须把历史和现实二者融为一体进行贯通性研究，在历史的长河中探索当代中国边疆治理的重大问题[③]，真正发挥历史研究的经世致用功能。

第三，尽快建立中国边疆研究学术共同体和学派。中国边疆学作为新文科的一种学科类型，注定了该学科参与群体的学科背景多样化。当前中国边疆学在研究的过程中已经存在一定的学科壁垒，对于一些基础理论问题尚未达成共识，并且学科队伍存在少、散、乱的特征。[④] 尽管有学者多年前就提出“中国边疆研究学术共同体”的概念[⑤]，但是目前为止尚没有明确的学术共同体形成，即便是同一学科内部依然没有鲜明的学术队伍。笔者以为，在新文科建设的大背景下，中国边疆学需要尽

---

① 李国强：《构建中国边疆学的理论逻辑与实践路径》，中国社会科学院中国边疆研究所中国边疆学讲坛暨新疆智库讲坛，2021 年 3 月 5 日。

② 林文勋：《从边疆史地到边疆学》，《中国边疆史地研究》2016 年第 2 期。

③ 李国强：《在探索中开拓中国边疆史地研究的新局面——中国边疆史地研究中心 20 年来科研成就综述》，《中国边疆史地研究》2003 年第 3 期。

④ 李大龙：《试论中国边疆学“三大体系”建设》，《中国边疆史地研究》2020 年第 2 期。

⑤ 孙勇、孙昭亮：《中国边疆研究学术共同体巡检述略》，《新疆师范大学学报（哲学社会科学版）》2018 年第 3 期。

快构建学术共同体，对一些基础理论问题达成共识，并构建基础理论，进而指导下一步的研究。当前中国边疆研究学术共同体建设可以循序渐进，前期可以结合不同的学科背景或学术领域形成不同的学派。学派应形成自己的规范和制度，学派成员必须秉持共同的学术理论旨趣；学派成员应当运用基本一致的方法进行研究；学派成员应当拥有科学合理的、可供互补的、共享的学术资源；学派不是若干高度相似的同质性摹本的积聚，而是既各有其独特理论个性，又享有类似的理论旨趣、研究方法和学术资源的学者共同体；学派可以梳理出一条鲜明的思想轨迹，它往往不是一代而终，而是几代人学术传承的结果。① 其实，在民国时期，我国的边疆和边政研究就已经出现“政治派”“史学派”“社科派”“地学派”等不同领域的学派，这些学派和派系一定程度繁荣了民国时期的边疆和民族研究，但在民国时期国家发展背景与今天完全不同，民国的边疆研究似乎缺乏一种有效的规范和积极的引导，最终未能找到一条符合中国国情、妥善解决边疆问题的学术方案。这里提出形成中国边疆学派，有四个层面需要注意：不同学科领域和学派的学人完全可以根据自己的旨趣和研究方法开展边疆研究，但是各学科领域的边疆学派研究旨趣应该集中于该领域的学术增长和学科突破，并非各学科之间学科本位主义的争端；不同边疆学派要有共同的学术理想，即为了中国的边疆稳定与发展、维护国家主权和领土完整贡献学术力量；边疆学派要做到高度自觉，并且国内要尽快创建中国边疆学会相关机构，除了一级学会，各学派可建设各自的二级学会，形成科学的管理制度和规范，同时推选一定的学术带头人，起到引领作用；边疆学派发展的最终目标是整合和统一，各学科的边疆学学派需要打破壁垒、广泛交流，最终实现具有广泛共识的、具有中国特色的边疆学派。

---

① 王波：《坚持问题导向，秉持民族立场，构建具有中国气派的学术体系》，《中国社会科学报》2019 年 3 月 12 日第 1 版。

第四，立足国内走中国特色的边疆学道路。新文科强调把西方话语体系主导下的文科转向中国话语体系主导下的文科，这是新文科之“新”的特征之一。近年来，随着海外中国学成果不断被引入国内，尤其一些翻译成果的出版，对国内相关领域的研究产生了重要影响，这一现象在我国边疆研究方面显得尤为突出。国外有关中国边疆研究问题往往视角独特、视野宏大，的确能够给我国的边疆研究带来一些启示。国内学界对国外研究也是辩证分析，加以利用。不得不承认我们也存在一些在国外研究理论模式下的套用性研究，甚至对一些“新颖”的概念进行追捧。比如目前关于边疆问题研究，出现了“内陆亚洲”“内陆欧亚”“东部欧亚”“新清史”等一些概念或研究视角，对国内边疆学界产生了重要影响。从概念的角度来看，在我国的历史上一定程度存在相应的概念，比如“内陆亚洲”“内陆欧亚”这些概念，区域范围跟我国历史上的“西域”“北边”有很大的重合性；从研究视角看，在我国边疆研究的众多通论性著述，多少都考虑了不同时期治边政策的整体性、宏观性问题，只是没有使用相关概念而已。需要指出的是，我国的边疆问题研究，尤其是某一区域边疆问题研究，在宏观视野的前提下，一定要判断清楚主与次、源与流的区别，不能一概而论，更不能为了强调新视角，而将这种所谓宏观视野或全盘化、联动性进行过度渲染，使其喧宾夺主。我国多民族国家的形成、历代王朝的边疆经略、边疆与内地多维融合、古代中国与外界的交往、交流等这一系列问题，是极为复杂的，更是丰富多彩、形式多样的，不是哪一种或两种研究视角或者研究方法就能够完全说明问题的。

有学者更是明确指出，当前中国边疆研究遇到的问题和挑战主要来自四个方面：一是国内一般民众乃至不少学者受到历代王朝史观和“民族国家”影响下形成的“汉人”史观的影响，对中国边疆尤其是历史上存在的边疆族群与政权的归属存在模糊认识。二是国外学界长期以来存在一种脱离中国历史来探讨中国边疆的做法，而随着出版的有关论著翻译为中文在国内出版，被不少学者视为“圭臬”，进而对国内学界认识中国边疆带来了严重影响。三是相邻国家出于凝聚民心的需要而构建的“国史”往往将在中国边疆历史上存在的民族或政权视为己有并纳入其“国史”，不仅让邻国民众对历史上中国边疆的认识出现了误差，甚至也严重影响了中国边疆地区广大民众对居住地区历史的认识。四是境内外分裂势力相互勾结，出于分裂中国的目的，利用“民族国家”观念故意歪曲有关的中国边疆历史，对国内外一般民众认识中国边疆历史与现状都造成了误导。① 显然这四个方面的问题，无论是民族国家理论影响、域外成果的流入、相邻国家所谓“国史”的构建，还是分裂势力的直接歪曲，都或多或少与域外干扰密不可分，要对这些挑战进行有力的还击，就需要我们立足国内，将古今中国边疆放在中国的话语体系中去认识、解读，并不断完善我国自己的话语体系。

之所以强调立足国内，主要有两方面的考虑。其一，中国边疆在世界上是独一无二的，是历经数千年逐步形成的，不同时期特点不同，具有鲜明的中国特色。无论是历史时期的历代边疆治理和民族交往交流，还是当今边疆发展、稳定和周边关系等一系列问题，只有立足国内，依托我国丰富的历史文献、考古发掘，依托我国边疆地区土地、人民、经济、社会等资料和资源开展相关研究，才能得出符合我国边疆国情的研究认识和结论，只有这样的认识和结论才能够更好地指导边疆治理和发展。其二，当前我国边疆问题受到了来自域外的诸多挑战，尽管不存在话语权丢失，但依然给我国边疆研究造成了一定的困扰，促使我们要立足国内深化研究、形成话语，进而有效应对。

当今西方有关中国边疆和民族研究的各种学说和理论，虽然在话语叙述、理论体系、研究方法、研究视角和学术视阈等方面具有很大的借

① 李大龙：《试论中国边疆学“三大体系”建设》，《中国边疆史地研究》2020年第2期。

鉴价值与意义，但是即使抛弃其背后可能存在的政治考量不谈，其学术背景和文化立场无疑是存在的。[①] 在这种情况下，我们更要擦亮眼睛去分辨西方研究所秉持的立场和价值取向问题，更应当有信心，站在中国本土，依托国内资源，发挥自我独立精神，构建具有中国特色的边疆研究理论体系、研究范式，在国际学界发出我们的边疆研究学术声音。笔者相信，中国学者有能力科学、严谨地去开展我国边疆研究，并建构具有中国特色、中国风格和中国气派的边疆理论和话语体系。

① 王欣：《关于中国边疆学学科话语理论体系建构的几点思考》，《中国边疆史地研究》2018 年第 3 期。

第十章

关于中国边疆研究成果数据分析的几个问题

近年来不少学者依托数据库，借助文献计量学等分析方法和工具对我国边疆研究成果展开了系统分析。在引言部分笔者已经对相关研究成果作了梳理。这些研究成果的发表，有利于促进当前边疆研究的深化，也能一定程度助推学科发展，但是个别成果存在计量标准不统一、数据不准确、分析不客观的情况，这不但不利于研究深化和学科发展，而且容易误导读者，对贡献较大的相关学者和研究机构也不公平。鉴于此，本章对既有边疆研究数据分析成果进行总结，指出其研究方法存在的问题，进而基于边疆研究的特殊性，对边疆研究成果样本选择的原则，中国边疆研究核心作者、核心期刊、研究机构，引文与被引如何明确，研究热点和前沿问题的区别和联系等系列问题加以分析说明。

基于主流数据库和相关对象，运用文献计量、知识图谱等研究方法对中国边疆研究成果的统计与分析，通过量化指标将目前的边疆研究进行直观展现，鉴于研究方法和数据样本的客观性，故所得出的认识和结论也较为清晰明了，能够相对明确我国边疆研究及其学科建设的整体状况和发展趋势，也为我国边疆研究的探讨（学术史）拓展了全新的视角。需要注意的是，文献计量学和知识图谱等研究方法和分析工具在应用方面，目前还主要集中在情报学、图书馆学等领域，在其他学科的应用则主要体现在管理学、科技管理、医学、计算机科学等学科，在人文社科领域的应用时间并不长，只是数据库平台处在不断完善过程中，虽然取得了一定的成果①，但尚未达到成熟的水平。对于中国边疆研究而言，当前相关成果数据分析的研究成果越来越多，不可避免出现一些问题，存在个别过于依赖数据库和分析工具，乃至导致统计错误、分析偏差的现象，这不仅不利于研究深化和学科发展，也会给读者造成一定的误导。同时由于数据错误和分析的偏差，对于一些做出重要贡献的学者和研究机构也是不公平的。笔者以为，边疆研究具有其特殊性，涉及学科领域多样，研究内容丰富，在数据库选择、样本提取、数据分析和结论得出各方面都不能只依靠分析工具和数据库，也需要人工干预手段介入，让定量分析和定性分析有效结合，才能得出相对客观、全面的认识。

当前我国的边疆研究处在深化发展时期，“中国边疆学”学科构建正在系统推进，边疆学“三大体系”建设尤为紧迫。运用文献计量和知识图谱展开边疆研究成果的统计与分析显得尤为必要，对研究成果的发表量和趋势、学术队伍与核心作者群体、研究机构和平台、核心期刊、研究热点、前沿问题、被引文献等的总结和分析，一定程度上能够为边疆研究机构、研究者和潜在研究者提供一个快速了解和把握我国边疆研究现状的途径，也为相关职能部门提供判断和决策依据，对新时期“中国边疆学”学科体系的构建起到一定助推作用。正是因为此类研究的价值和重要性，未来随着研究成果的增加和数据库的完善，相关数据分析文章还会不断发表。所以，针对中国边疆研究成果数据分析目前存在的问题和未来需要注意的问题，应该做一个说明。下文笔者主要就相关研究在样本选择、研究结论等方面提出一些不成熟的看法，不当之处

① 蒋颖：《人文社会科学领域文献计量学研究》，社会科学文献出版社 2013 年版。

还请方家批评指正。

一、样本选择："中国边疆研究"成果界定的注意事项

依据上文对目前已有边疆研究成果数据统计看，研究对象基本是对目前主流学术数据库收录边疆研究文献的统计和分析，相信在未来的研究中，数据来源也不会离开这些数据库。但研究对象除了对边疆研究成果的整体宏观分析，未来可能是边疆研究的某一个细化学科或某一研究领域。那么如何筛选样本？换句话说，哪些研究属于"边疆研究"范畴？这是尤为重要的。一方面，边疆研究是极其复杂的研究领域，涉及的学科门类多样，研究内容也极为丰富，无论是整体研究，还是某一细化学科领域，都需要科学界定；另一方面，样本的选择是数据分析的前提，样本选择较窄或者较宽，都会影响到全文分析的准确性和客观性，便不能科学揭示学科发展趋势和规律，可能会给研究带来不利因素，乃至误导。

哪些成果属于中国边疆研究成果范畴，的确是一个极为复杂的问题，目前并没有明确的界定，但是前辈学者有关中国边疆和边疆学研究内涵和对象的分析，可以说为中国边疆研究成果的界定提供了基本遵循。马大正先生在对中国边疆界定的基础上，指出："边疆研究的对象是中国边疆，包括陆疆和海疆的历史和现状，可谓是上下五千年，东西南北中。中国边疆的发展不是孤立的，与统一多民族中国内地紧密相关，是相互补充，密不可分的，中国边疆的历史必须要和全国历史的发展，和中国历代封建王朝的治边政策，和中国疆域形成和发展的进程结合起来。"① 众多学者在探讨中国边疆学学科构建的过程中较为直接地论述了学科研究内涵和对象问题。邢玉林先生在对中国边疆学学科名称

① 马大正：《热点问题冷思考：中国边疆研究十讲》，上海辞书出版社 2013 年版，第 111 页。

概念分析的基础上，指出中国边疆学研究的对象，即以边疆地区及其硬系统（如社会结构、区划沿革、管理机构等）和软系统（如各项政策、政教措施、治边思想等）为研究客体。① 马大正先生根据中国边疆学的学科特点，指出中国边疆学内涵包括基础研究领域和应用研究领域。基础研究领域包括中国边疆理论、中国历代疆域、历代治边政策、边疆经济、边疆人口、边疆社会、边疆立法、边疆民族、边疆文化、边疆考古、边疆地理、边疆国际关系、边疆军事、边界变迁、边疆人物等诸多研究方面；应用研究领域则是在基础研究的基础上对当今及未来中国边疆的发展与稳定的战略性、预测性的宏观与微观相结合的研究，其研究范围也包括了边疆经济、边疆人口、边疆政治、边疆社会、边疆立法、边疆民族、边疆文化、边疆地理、边疆国际关系、边疆军事以及自然和生态环境等诸多方面，其与基础研究领域的不同点主要表现为有更强的现实性。② 方铁先生指出，在研究领域方面，中国边疆学应涵盖以下内容：国内外边疆问题研究状况与相关的理论；中国边疆（包括陆疆、海疆与边界）形成与巩固的理论；中国疆域形成发展史与边疆研究史；中国边疆的民族史、移民史与人口史；边疆地区人类活动与自然环境变迁历史与现实方面的关系，即通常人们所说的边疆地区人地关系的历史与现状；中国边疆与邻国关系的历史与现实，包括友好合作、分歧与争端、未来展望等方面的问题；历史上与现实生活中产生重要影响的边疆思想与治边政策；边疆地区经济、社会发展历史与现实方面的问题；等等。③ 李国强先生指出，中国边疆学就研究内容而言有两个重点方向，

---

① 邢玉林：《中国边疆学及其研究的若干问题》，《中国边疆史地研究》1992 年第 1 期。

② 马大正：《关于构筑中国边疆学的断想》，《中国边疆史地研究》2003 年第 3 期。

③ 方铁：《论中国边疆学学科建设的若干问题》，《中国边疆史地研究》2007 年第 2 期。

其一，以“中国历史疆域的法律地位”作为中国边疆历史和中国疆域理论研究的出发点，重点开展以羁縻政策、藩属制度为主的中国历代边疆治理与历史疆域形成发展的研究，同时将中国边疆研究置于世界各国边疆（或边界）研究之中，注重中国边疆与世界各国边疆、中国边疆研究与世界各国边疆研究局部与全局的关系，注重中国边疆研究的中外贯通和古今贯通，进而深入探索古代中国边疆的发展规律，并构筑相应的理论体系；其二，以“当代中国边疆的稳定与发展”作为中国边疆现状研究的出发点，以中国边疆的重大现实问题为主攻方向，探讨21世纪新形势下中国边疆发展规律。①

综合上述，基本可以明确边疆研究的主要内容，宏观上看涉及陆疆和海疆两大基础领域，包括历史和现状两大基本方向；微观上看又涉及疆域变迁、边疆治理、周边关系、边界问题、边疆发展等一系列边疆“形”和“态”问题。笔者以为，我国的边疆研究应分为狭义和广义两个方面，所谓狭义，即上述探讨的陆疆和海疆及其衍生的边疆“形”与“态”问题的研究，而广义应该是在狭义的基础上，进一步包括历史上对疆域变迁和形塑起到促进作用的民族和民族政权，周边与内地互动过程中涉及疆域与边疆变迁的历史问题等的研究；还包括当今边疆稳定、经济、社会、文化等发展，以及周边关系、地缘政治、国际关系等系列问题的研究。因此，在从事中国边疆研究成果数据分析时，如何筛选样本就显得尤为复杂和重要。目前看，已有研究的统计分析对象都是狭义的边疆研究成果，还很难实现广义边疆研究成果的数据分析。但是，即便是狭义的边疆研究成果统计分析，其样本选择依然有很多问题需要注意。

一方面，在边疆整体研究中的样本选择，要避免单一化，否则得出

① 李国强：《中国边疆学学科构筑的透视》，《云南师范大学学报（哲学社会科学版）》2008年第5期。

的数据和结论自然会出现偏差。整体研究中选择样本不能仅仅依托一个关键词“边疆”进行检索。从上述的分析可知，整体边疆研究至少还应包括“疆域”“陆疆”“海疆”“边界”“治边”“沿边”“边境”“周边”等关键词。因为疆域是边疆得以存在的基础，也是古今边疆研究的基本范畴；陆疆和海疆是边疆的最重要的组成部分，虽然一些边疆研究成果已经包括了二者，但是有关海疆和陆疆的专题研究也是重要内容；边界问题尤其是近代以来有关边界条约和边界争端与解决问题的研究也是边疆研究的重要内容；治边则是治理边疆研究的缩写，目前相关研究成果越来越多；沿边、边境是开放的前沿，边疆合作与交流的桥头堡，边疆的稳定与发展、中国的崛起与周边关系密切相连，沿边、边境与周边问题研究成果也是边疆研究的重要内容。只有将以上边疆相关问题的研究成果尽可能囊括进来，才能较为全面地彰显我国边疆研究的整体情况。

另一方面，在具体学科和研究领域的研究成果数据分析中，也需要更为明确地界定关键词或者有清晰的说明。比如，在探讨边疆治理专题研究的同时，样本筛选的关键词应该包括边疆治理、治边、边疆政策、边疆思想、边疆经略、边疆稳定、沿边合作（开放）、边疆发展等，如果将外延稍扩大，还应该包括藩属、宗藩、羁縻、朝贡、边界争端、周边关系等；在探讨海疆专题研究时样本筛选关键词应该包括海疆、南海、东海、钓鱼岛、九段线、海洋权益、海洋史等关键词；在探讨边疆民族问题时，其样本筛选则更为复杂，在历史研究方面需要与民族史研究成果进行区分，在现状研究方面还需要与民族学、人类学、社会学研究成果进行区分。

在样本的筛选过程中还要注意一些不相关成果的剔除。由于数据库无法做到完全智能化，一些涉及检索关键词的研究成果，可能内容并不是严格的边疆问题。比如在“边疆”关键词检索方面，会有一些基于边疆地区研究的金融、农牧业等的研究，或其他学科使用的边疆词汇，但并不属于传统的边疆研究，这些成果需要剔除；在海疆领域，一些涉及海洋经济、养殖、勘探、物流等的研究也应该剔除。

二、结果分析：中国边疆研究文献计量分析遵循原则

文献计量和知识图谱的统计和分析，分析结果基本是学科的作者群体（核心作者）、学科成果的情报源（核心期刊）、研究机构、研究热点和前沿[①]、引文和被引分析（经典文献）方面。对于中国边疆研究而言，这些结论的得出，都需要具体问题具体分析。

（一）核心作者确定标准与准确性

核心作者指的是在边疆研究领域发文较多的作者，也可以认为是学术代表人物。一般分为两种情况：其一是独撰或第一作者，其二是整体分析（包括非第一作者）。在人文社科领域合作情况相对少一些，目前合作情况多集中在一个单位内部或者导师和所指导的学生之间。为了统计得准确客观，应当取独撰或第一作者。

在文献计量学理论中确定核心作者有专门的原则，即普赖斯定律（Price's Law）。该定律认为在同一主题中，全部论文的一半，由该领域中全部作者的平方根的那些人所撰。推导数学公式为：$m \approx 0.749$（nmax）1/2，（其中 m 为核心作者最少的发文量，nmax 是发文量最多者，0.749 是常数）。[②] 在边疆研究成果统计时就需要首先明确发文量最多者，进而代入计算公式就能确定核心作者的最低发文量，发文量大于等于核心作者最低发文量的作者就是核心作者。笔者认为，边疆研究成果有跨学科和复杂性，其研究相对分散，不具有高度集中性，这也就导

---

① 研究热点和前沿问题是目前边疆研究成果数据分析的关注重点，鉴于边疆研究的特殊性，其热点和前沿有着明显的区别和联系，下文将单独说明。

② 王崇德：《文献计量学引论》，广西师范大学出版社 1997 年版，第 162~164 页。

致核心作者群体的聚集性不强。仅仅依靠这一标准确定的核心作者群可能存在泛化情况，需要结合其他标准进一步细化。这里可以依托被引数据，从学者影响力角度进行进一步的筛选，将同时具备发文量和影响力的作者确定为核心作者。在筛选的过程中，还要特别注意是否存在作者同名的情况。目前相关研究在核心作者确定方面，就存在数字不准确和标准不统一问题，比如《近年来我国边疆研究发展脉络及理论前沿——基于CSSCI（1998—2018）的知识图谱分析》一文①，按照其统计标准，在核心作者的统计中，落下了马大正、吴楚克等重要的作者。该文的检索关键词仅为“边疆”，所以体现出的核心作者面也较窄。如果将检索关键词进而扩大至上文所谈“疆域”“陆疆”“海疆”“边界”“治边”“沿边”“边境”“周边”等范围，笔者初步统计按照该文5篇以上标准，至少还应包括（按照姓氏笔画排序）于逢春、厉声、邢广程、吕文利、吕朝辉、朱金春、孙保全、李大龙、李国强、李金明、李庚伦、李鸿宾、杨天宏、杨明洪、张世明、张健、陆韧、陈征平、林文勋、罗群、周伟洲、周智生、娄贵品、黄达远、章永俊、管彦波等近30位学者。此外，该文在影响力作者统计方面，除了提到当代的学者，还涉及近代费孝通、吴文藻、顾颉刚三位学者的贡献，以及国外学者拉铁摩尔学术著作的影响，指出这些学者的研究“对于后世的中国边疆研究具有重要的意义，被广泛引用”。这里就产生了混淆，高被引作者与高产作者情况不能形成比较和呼应，存在标准不统一问题。该文研究的是基于CSSCI（1998—2018）的期刊数据，为什么会出现这个时间段以外的学者和成果类型？对于这一问题作者并没有交代。笔者理解，该文的被引指的并不是CSSCI（1998—2018）收录的学术论文被引，而是“边疆”这一关键词涉及研究领域被引，涉及样本的引文内容。

---

① 张高原：《近年来我国边疆研究发展脉络及理论前沿——基于CSSCI（1998—2018）的知识图谱分析》，《西南民族大学学报（人文社科版）》2020年第6期。

需要强调的是，无论依托何种数据库、何种统计标准，样本选择和核心作者的确定及排序一定要做到尽可能准确，因为这涉及学者们的学术贡献问题，是学术评价的重要指标，对核心作者本人也尤为重要。此外，必要时可以将核心作者的年龄、职称和单位等情况一并统计，从而更大程度把握核心作者群体的状况。当然职称和单位问题存在一些不确定因素，比如文章所属作者职称变化存在滞后性、作者单位存在不同阶段的变动性等，都需要具体问题具体分析。

（二）核心期刊的确定

期刊是文献计量学中文献情报源的一种。核心期刊指的是学术成果发表的主要学术刊物。这里的“核心”并非学术界评价体系中的核心期刊，而是统计分析对象中载文量靠前的期刊。根据目前国内学术期刊数据库特点，收录期刊类型有以下两种主要情况：一是中国知网的全文收录，基本上涵盖了目前国内所有公开发行的学术期刊，包括人文社科方面的普通期刊、北大核心期刊、CSSCI 期刊、学术集刊等；二是人文社科专门学术数据库收录期刊，包括 CSSCI 收录期刊、人大复印资料转载来源期刊、国家哲学社会科学学术期刊数据库收录期刊。目前人文社科研究领域相关统计分析主要依托中国知网、CSSCI 和人大复印资料数据。

核心期刊的确定依据是布拉德福定律（Brandford’s Law），即“对于某一主题而言，将科学期刊按照刊登相关论文减少的顺序排列时，可以划分出对该主题最有贡献的核心区，以及含有与区域论文数量相同的几个区……”① 对于我国边疆学研究而言，专业学术期刊目前只有《中国边疆史地研究》，个别期刊开设了边疆学研究专栏或者较多刊载边疆主题研究文献，诸如《云南师范大学学报（哲学社会科学版）》《思想战线》《西南民族大学学报（人文社会科学版）》《云南民族大学学报

① 王崇德：《文献计量学教程》，南开大学出版社 1990 年版，第 116 页。

（哲学社会科学版）》等，但整体看与其他成熟学科相比存在很大差距。所以，边疆研究部分成果的期刊分布呈集中特征。如果只依托布拉德福定律进行分区，会存在核心期刊只有几种，不能较好彰显边疆研究的期刊分布情况。这种情况下，应当进行一定说明，将发文量达到某一数值的期刊纳入核心期刊范畴。

此外，目前《中国边疆学》《中国边疆民族研究》《西南边疆民族研究》《边疆考古研究》《元史及民族与边疆研究集刊》《华西边疆评论》等学术集刊大量刊载了边疆研究成果。未来在边疆研究成果的统计分析时，不能忽略这一部分学术出版物的情况。

（三）研究机构的明确与整合

研究机构，指的是从事相关研究的学术平台，主要以文献署名单位体现。边疆研究的研究机构分为两种情况：一种是专门研究机构，即研究机构直接冠以“边疆”类的名头，这些机构主要有中国社会科学院中国边疆研究所，云南大学西南边疆少数民族研究中心、民族政治与边疆治理研究院，云南师范大学中国西南对外开放与边疆安全研究中心，四川大学中国西部边疆安全与发展协同创新中心，陕西师范大学中国西部边疆研究院，四川师范大学华西边疆研究所，兰州大学中国边疆安全研究中心，武汉大学中国边界与海洋研究院（国家领土主权与海洋权益协同创新中心），南京大学中国南海研究协同创新中心，浙江师范大学环东海与边疆研究院，厦门大学南海研究院，吉林大学边疆考古研究中心，中央民族大学东亚关系与边疆问题研究中心、中国边疆学研究中心，塔里木大学非传统安全与边疆民族发展研究院等；一种是将边疆问题作为其主要研究方向的学术机构，主要有云南大学公共管理学院、历史与档案学院，复旦大学历史地理研究中心，中国社会科学院民族学与人类学研究所，四川师范大学历史文化与旅游学院，兰州大学西北少数民族研究中心、历史文化学院，云南民族大学人文学院、政治与公共管理学院，武汉大学历史学院，厦门大学历史系，中国藏学研究中心，广西民族大学民族学与社会学学院，中央民族大学历史文化学院，吉林大学考古学院、文学院，东北师范大学历史文化学院等。

边疆研究机构的确定，主要依据发文量的多少，可以确定一个最低数值，然后进行整体排序。边疆研究机构发文量统计时需要注意几个问题。其一是边疆研究机构在不同历史时期存在名称变化的情况，如中国边疆研究所，在此前称为中国边疆史地研究中心，2014 年更为现名；云南大学历史与档案学院是 2015 年学校进行校内机构调整后新设立的一个学院，由原人文学院历史系和公共管理学院情报与档案学系合并组建而成。其二是边疆研究机构存在一支队伍两块牌子的情况，一些专门研究机构属于非实体单位，基本挂靠在二级学院下，这种情况比较多，这里不再举例说明。以上两种情况要求我们在确定边疆主要研究机构时，一定要进行人工整合说明，如果仅仅依托数据库和提取工具，得出的结果肯定存在偏差。

（四）引文与被引的区别和作用

引文指的是一篇文章作者所引证的文献，即参考文献，对期刊引文的统计分析可以更快速有效理解和掌握相关研究的情况，对评价一篇文章质量和学术期刊的办刊水平也有一定的参考价值。被引指的是研究文献被后续研究引证、引用的情况，分为两种情况，一是数据库某一学科或研究领域被引文献，以 CSSCI 数据库为例，其数据库被引文献指的是被 CSSCI 期刊论文引用较多的关于该学科或研究领域的研究文献；二是研究过程中所选择的样本被引情况。通过被引的统计可以有效评价某学者、某研究成果、某学术期刊的价值和影响力。引文和被引也是总结某学科或研究领域经典文献、核心期刊、核心作者的一种途径。

就中国边疆研究而言，在统计分析过程中无论是借助引文还是被引数据，一定要进行清晰的界定和区分。比如用引文数据确定经典文献的话，可能会出现一些边疆史地的原始古籍和学术著作，用引文确定核心期刊时可能会出现一些不同时期的边疆学术刊物，用数据库被引界定经典文献可能主要是一些边疆研究学术著作、界定期刊则可能出现样本之外的期刊类型。这些问题在分析过程中都需要进行必要的说明，否则读者很难做出清晰的判断，可能还产生误导。

（五）研究热点与前沿问题的确定及二者的区别和联系

研究热点和前沿问题是文献计量分析中重要的研究内容。通过研究热点的总结可以明确已有研究的主要关注领域，而前沿问题的分析则能够为未来深化研究指明方向。热点问题和前沿问题二者存在一些交叉，但绝不是相同的概念，在进行学术总结时不能将二者模糊处理乃至合二为一。

研究热点和前沿问题的确定都是依托关键词的统计分析。研究热点主要运用高频关键词共现网络分析法，即某一关键词如果在多篇文献中同时出现，而且与其他词汇共现的频率较高，就可以认为该词所代表的是本领域研究热点。① 研究前沿主要是依据关键词突现技术加以实现，突现词是指短时间内在文献中频次变化率较高或者出现次数较多的词，可以根据突现词的相应变化，研究领域的研究热点与演化趋势做出相应的判断。② 无论是热点关键词共现还是前沿的关键词凸现，得出的只是热点和前沿的关键词组，还需要进一步总结。

就中国边疆研究而言，中国边疆研究的热点和前沿有着明显的区别。李大龙先生研究指出："如果说多数学者给予关注的问题可以视其为研究热点的话，那么前沿问题则应该是研究中难点问题的

---

① 赵蓉英、李飞：《基于社会网络分析方法的国内外信息计量比较研究》，《情报科学》2013 年第 2 期。

② Chaomei，Chen；Zhigang，Hu；Shengbo，Liu；Hung，Tseng. Emerging trends in regenerative medicine：a scientometric analysis in CiteSpace. [J]. *Expert Opinion on Biological Therapy*，2012（5）.

聚焦，而难点问题的研究则是少数学者倾力的方向，代表着边疆研究前沿。”① 所以，在关键词统计的基础上，对我国边疆研究热点和前沿进行分析时，一定要将二者进行明确界定和区分。

关于边疆研究热点问题，笔者在以往的研究统计主要集中在西南边疆、边疆治理、西北边疆、边疆民族关系、边疆（史地）研究、边疆稳定、中国边疆学、边疆政策等众多领域。② 观察近年研究的发展，笔者进一步统计并将近500个高频关键词进行聚类整合，大概集中在十二大领域，即边疆治理、边疆关注主要时段、边疆史地与热点专题、边疆民族关系与民族国家认同、边疆涉及国家（区域）与国际关系、边疆地区与区域边疆、边疆稳定与发展、边疆重点地区、边疆理论与学科构建、海疆、边疆人物、边疆其他。③ 但是边疆研究前沿问题，并不是这些热点问题，而是需要在高频关键词基础上系统总结，关于这一问题前辈学者们已经在相关研究中有所考虑。邢广程先生《关于中国边疆学研究的几个问题》首先分析了我国边疆地区的新形势与边疆研究的新要求，进而从中国边疆研究视野的拓展、将“建设海洋强国”作为中国边疆研究新的学术增长点、加强对我国边疆长治久安问题的深入研究、加强对边疆地区发展问题的研究、加强对我国边疆地区与周边关系的研究、研究“一国两制”的成功经验促进中国统一大业、中国边疆史地研究依然是中国边疆学的核心内容和重要研究领域八个方面指出我国边疆研究需要关注的

① 李大龙：《新时代边疆学研究的热点与前沿问题》，《云南师范大学学报（哲学社会科学版）》2019年第1期。

② 朱尖、苗威：《中国边疆研究的文献计量分析》，《云南师范大学学报（哲学社会科学版）》2015年第1期。

③ 朱尖：《中国边疆研究学术热点、特征与边疆内涵认知——以研究成果的关键词分析为中心》，邢广程主编：《中国边疆学》第13辑，社会科学文献出版社2020年版，第70~86页。

方向。[①] 李大龙先生《新时代边疆学研究的热点与前沿问题》一文则对边疆研究前沿问题进行了专门探讨，将其总结为中国边疆话语体系建设、多民族中国形成与发展的理论解构、“东亚天下秩序”的理论解构、中国海疆的形成与发展、治边思想的形成与发展、中国边疆学学科体系建设六大方面。[②] 笔者以为，邢广程先生在八个方面的分析和阐释，可以认为是新形势下我国边疆研究的前沿问题，李大龙先生在六大方面的具体分析可以认为是中国边疆研究传统的前沿问题。我们在对边疆研究前沿问题总结分析时，应该在高频关键词突现基础上，将这些具有重要指导意义的研究成果和认识吸收到分析系统中来，以便得出更为全面的认识。

依据以上样本选择和结果分析两个方面探讨，笔者认为关于边疆研究成果的数据分析注意事项，说到底还是研究方法的问题。所谓研究方法，不仅是数据库和分析工具，更重要的是对数据的提炼总结。文献计量学方法、分析工具和数据库数据只是为我们的分析提供便利手段，并不能提供准确的判断和总结。开展多学科研究，一定要注意“交叉”问题，这里不仅仅是二者的简单结合，更需要有效融合。对研究者而言，一方面要善于利用已有数据库资源、掌握使用数据统计方法和工具，另一方面要对分析对象的研究现状乃至学术发展史有系统的了解和判断，二者缺一不可。

---

① 邢广程：《关于中国边疆学研究的几个问题》，《中国边疆史地研究》2013 年第 4 期。

② 李大龙：《新时代边疆学研究的热点与前沿问题》，《云南师范大学学报（哲学社会科学版）》2019 年第 1 期。

参考文献

（按作者姓氏音序排列）

[1] Chaomei, Chen; Zhigang, Hu; Shengbo, Liu; Hung, Tseng. Emerging trends in regenerative medicine: a scientometric analysis in CiteSpace. [J]. *Expert Opinion on Biological Therapy*, 2012 (5).

[2] 边众.新的起步——中国边疆史地研究中心工作回顾：1987年 [J]. 中国边疆史地研究导报，1988 (1).

[3] 曹李海、李月明.边疆治理研究的认知谱系与深层机理探究 [J]. 实事求是，2018 (2).

[4] 陈理宣.知识教育论——基于多学科视域的知识观与知识教育理论研究 [M]. 北京：人民出版社，2011.

[5] 戴豫君、刘晖.《中国边疆史地研究》2010—2012年载文统计与评介 [J]. 中国边疆史地研究，2013 (3).

[6] 刁书仁.中朝边界沿革史研究 [J]. 中国边疆史地研究，2001 (4).

[7] 丁学东.文献计量学基础 [M]. 北京：北京大学出版社，1993.

[8] 段金生.20世纪三四十年代的中国边疆研究及其发展趋向 [J]. 中国边疆史地研究，2012 (1).

[9] 段禹、崔延强.新文科建设的理论内涵与实践路向 [J]. 云

南师范大学学报（哲学社会科学版），2020（2）.

［10］樊丽明．对“新文科”之“新”的几点理解［J］．中国高教研究，2019（10）.

［11］樊明方．宋教仁与中国边疆史地研究［J］．西北大学学报（哲学社会科学版），1991（4）.

［12］方铁．论中国边疆学学科建设的若干问题［J］．中国边疆史地研究，2007（2）.

［13］方铁．西南边疆史研究60年的回顾与展望［J］．中国边疆史地研究，2007（3）.

［14］方铁．西南疆域史研究综述（1989—1998）［J］．中国边疆史地研究，2001（4）.

［15］封磊．近十年来清代西北边疆史地研究述评［J］．伊犁师范学院学报（社会科学版），2013（3）.

［16］顾颉刚．禹贡学会研究边疆学之旨趣［C］．顾颉刚全集·宝树园文存（卷四）［M］．北京：中华书局，2011年．

［17］蒋颖．人文社科领域文献计量学研究［M］．北京：社会科学文献出版社，2013.

［18］李大龙、张振利．中国边疆学构筑的新突破——《当代中国边疆研究（1949—2014）》读后［J］．中国边疆史地研究，2017（1）.

［19］李大龙．“中国边疆”的内涵及其特征［J］．中国边疆史地研究，2018（3）.

［20］李大龙．立足历代治边理论与实践，推动中国边疆话语体系构建——《中国边疆史地研究》百期感言［J］．中国边疆史地研究，2016（2）.

［21］李大龙．试论中国边疆学“三大体系”建设［J］．中国边疆史地研究，2020（2）.

［22］李大龙．新时代边疆学研究的热点与前沿问题［J］．云南师

范大学学报（哲学社会科学版），2019（1）.

［23］李国强．关于海洋史与海疆史学术界定的思考——兼贺《中国边疆史地研究》出刊百期［J］．中国边疆史地研究，2016（2）.

［24］李国强．开启中国边疆学学科建设新征程［J］．中国边疆史地研究，2018（1）.

［25］李国强．新中国海疆史研究60年［J］．中国边疆史地研究，2009（3）.

［26］李国强．在探索中开拓中国边疆史地研究的新局面——中国边疆史地研究中心20年来科研成就综述［J］．中国边疆史地研究，2003（3）.

［27］李国强．中国边疆学学科构筑的透视［J］．云南师范大学学报（哲学社会科学版），2008（5）.

［28］李尚英．边疆研究稔熟于胸——读《当代中国边疆研究（1949—2014）》［N］．光明日报，2017-4-16（12）.

［29］厉声、贾建飞．60年来西北边疆史地研究的回顾与展望［J］．中国边疆史地研究，2009（3）.

［30］厉声、李国强．中国边疆史地研究综述：1989—1998年［M］．哈尔滨：黑龙江教育出版社，2002.

［31］厉声、李国强．中国边疆史地研究综述［M］．哈尔滨：黑龙江教育出版社，2014.

［32］厉声．改革开放30年来中国边疆史地研究学科的繁荣与发展——兼述中国边疆史地研究的第三次研究高潮［J］．中国边疆史地研究，2008（4）.

［33］林文勋、罗群、潘先林．云南大学的中国边疆学——基于学科建构的回顾与展望［J］．中国边疆史地研究，2015（3）.

［34］林文勋．从边疆史地到边疆学［J］．中国边疆史地研究，2016（2）.

[35] 刘启元、叶鹰．文献题录信息挖掘技术方法及其软件 SATI 的实现——以中外图书情报学为例［J］．信息资源管理学报，2012（1）．

[36] 刘清涛．60 年来中国历史疆域问题研究［J］．中国边疆史地研究，2009（3）．

[37] 刘洋．近年来中国边疆研究学位论文的分析与展望——以中国社会科学院大学（研究生院）中国边疆历史系 2010—2020 年学位论文为例［C］．邢广程主编．中国边疆学（第 13 辑）［M］．北京：社会科学文献出版社，2020．

[38] 龙木、林荣贵．历代王朝北疆经略及与北疆各族关系研究（1989—1998）［J］．中国边疆史地研究，2001（3）．

[39] 娄贵品．近代中国“边疆学”概念提出与传播的历史考察［J］．学术探索，2012（8）．

[40] 吕文利．何谓“边疆”——论中国“边疆”概念的三重空间［J］．中央民族大学学报（哲学社会科学版），2019（4）．

[41] 吕文利．新中国成立 60 年来北部边疆研究评述［J］．中国边疆史地研究，2009（3）．

[42] 吕一燃、马大正．中国边疆史地研究的几个问题［J］．中国边疆史地研究，1988（1）．

[43] 吕一燃．中国边疆史地研究的回顾和展望［J］．中国边疆史地研究，1991（1）．

[44] 马大正、刘逖．二十世纪的中国边疆研究［M］．哈尔滨：黑龙江教育出版社，1998．

[45] 马大正．1978 年以来中国近代边疆问题研究述评（上）［J］．中国边疆史地研究，1994（3）．

[46] 马大正．1978 年以来中国近代边疆问题研究述评（下）［J］．中国边疆史地研究，1994（4）．

[47] 马大正．当代中国边疆研究（1949—2014）[M]．北京：中国社会科学出版社，2016.

[48] 马大正．当代中国边疆研究（1949—2019）[M]．北京：中国社会科学出版社，2019.

[49] 马大正．二十世纪的中国边疆史地研究 [J]．历史研究，1996（4）.

[50] 马大正．关于构筑中国边疆学的断想 [J]．中国边疆史地研究，2003（3）.

[51] 马大正．热点问题冷思考：中国边疆研究十讲 [M]．上海：上海辞书出版社，2013.

[52] 马大正．思考与行动——以边疆研究深化与边疆中心发展为中心 [J]．中国边疆史地研究，2001（1）.

[53] 马大正．我与中国边疆学 [J]．中国边疆史地研究，2013（4）.

[54] 马大正．新世纪以来中国学者对中国边疆学构筑的探索 [C]．邢广程主编．中国边疆学（第3辑）[M]．北京：社会科学文献出版社，2015.

[55] 马大正．中国边疆学构筑是当代中国学人的历史担当 [J]．云南师范大学学报（哲学社会科学版），2019（1）.

[56] 马大正．中国边疆学构筑札记 [M]．北京：中央广播电视大学出版社，2016.

[57] 马大正．中国古代边疆政策研究综述（上）[J]．中国边疆史地研究导报，1989（3）.

[58] 马大正．中国古代边疆政策研究综述（下）[J]．中国边疆史地研究导报，1989（4）.

[59] 马大正．组织跨学科力量对中国边疆重大问题研究进行联合攻关 [J]．中国边疆史地研究，2002（4）.

［60］马琳娜．中国边疆治理研究的发展态势分析及展望——基于科学文献计量视角［J］．西藏民族大学学报（哲学社会科学版），2020（6）．

［61］马元喜．中国边疆研究的前沿热点分布及发展趋势分析——基于 CNKI 刊源（1999—2019）的文献计量统计［J］．西藏民族大学学报（哲学社会科学版），2020（3）．

［62］牛海桢．徐松及其西北边疆史地研究［J］．甘肃教育学院学报（社会科学版），2000（2）．

［63］牛小燕．论治边名臣松筠［D］．中央民族大学博士学位论文，2006．

［64］沈文钦、刘子瑜．层级管理与横向交叉：知识发展对学科目录管理的挑战［J］．北京大学教育评论，2011（2）．

［65］孙宏年．中国边疆与周边地区关系史研究 60 年［J］．中国边疆史地研究，2009（3）．

［66］孙勇、孙昭亮．中国边疆研究学术共同体巡检述略［J］．新疆师范大学学报（哲学社会科学版），2018（3）．

［67］谭洪安．改革开放四十年名家访谈系列——马大正：西域"行者"［N］．中国经营报，2018-10-20．

［68］唐超．我国边疆研究的热点与范式探析：以国家社科基金和教育部人文社科项目立项信息为对象［J］．武警学院学报，2013（5）．

［69］汪洪亮．"问题与主义"之变奏：近代以来中国边疆学构筑的回顾与前瞻［J］．中国边疆史地研究，2020（4）．

［70］汪洪亮．民国时期边疆研究机构的兴起及对边疆学术之形塑［J］．北方民族大学学报（哲学社会科学版），2017（4）．

［71］汪洪亮．民国时期的边政与边政学 1931—1948［M］．北京：人民出版社，2014．

［72］王波．坚持问题导向，秉持民族立场，构建具有中国气派的

学术体系［N］．中国社会科学报，2019-3-12（1）．

［73］王崇德．文献计量学教程［M］．天津：南开大学出版社，1990.

［74］王崇德．文献计量学引论［M］．桂林：广西师范大学出版社，1997.

［75］王家斌、荆蕙兰．回顾与展望：我国边疆治理研究的现状、热点与趋势——基于CNKI期刊的文献计量分析［J］．西南民族大学学报（人文社会科学版），2021（2）．

［76］王铭玉、张涛．高校“新文科”建设：概念与行动［N］．中国社会科学报，2019-3-21（4）．

［77］王铭玉．新文科——一场文科教育的革命［J］．上海交通大学学报（哲学社会科学版），2020（1）．

［78］王齐齐．边疆治理研究的文献计量考察：进展、前沿与展望［J］．西藏民族大学学报（哲学社会科学版），2021（1）．

［79］王文光、龙晓燕．论梁启超早期的中国边疆民族史研究［J］．中南民族大学学报（人文社会科学版），2008（5）．

［80］王欣．关于中国边疆学学科话语理论体系建构的几点思考［J］．中国边疆史地研究，2018（3）．

［81］王学典．何谓“新文科”？［N］．中华读书报，2020-6-3（5）．

［82］王振刚．新世纪以来当代云南边疆问题研究述评［J］．中国边疆史地研究，2016（2）．

［83］王振刚．学界对民国学人西南边疆问题著述研究综述［J］．中国边疆史地研究，2010（4）．

［84］魏瑞斌．h-b指数的应用研究［J］．情报理论与实践，2011（3）．

［85］习近平．决胜全面建成小康社会　夺取新时代中国特色社会

主义伟大胜利——在中国共产党第十九次全国代表大会上所作的报告［M］. 北京：人民出版社，2017.

［86］习近平．在哲学社会科学工作座谈会上的讲话（2016 年 5 月 17 日）［M］. 北京：人民出版社，2016.

［87］邢广程．关于中国边疆学研究的几个问题［J］. 中国边疆史地研究，2013（4）.

［88］邢玉林．1989 年—1998 年中国古代疆域理论问题研究综述［J］. 中国边疆史地研究，2001（1）.

［89］邢玉林．中国边疆学及其研究的若干问题［J］. 中国边疆史地研究，1992（1）.

［90］徐显明．高等教育新时代与卓越法治人才培养［J］. 中国大学教学，2019（10）.

［91］杨建新．边疆研究三题［J］. 中国边疆史地研究，1991（1）.

［92］杨堃．边疆教育与边疆教育学［C］. 杨堃民族研究文集［M］. 北京：民族出版社，1991.

［93］杨琳．基于文献计量法的边疆问题研究［J］. 红河学院学报，2017（4）.

［94］于逢春．60 年来东北边疆研究论衡［J］. 中国边疆史地研究，2009（3）.

［95］于浏洋．改革开放以来中国东北边疆历史与现状研究综述［J］. 中国商界（下半月），2010（11）.

［96］袁凯、姜兆亮、刘传勇．新时代新需求新文科——山东大学新文科建设探索与实践［J］. 中国大学教学，2020（7）.

［97］张高原．近年来我国边疆研究发展脉络及理论前沿——基于 CSSCI（1998—2018）的知识图谱分析［J］. 西南民族大学学报（人文社科版），2020（6）.

［98］张永攀．边疆史视野下西藏研究60年［J］．中国边疆史地研究，2009（3）．

［99］张宗海．中俄边界沿革史研究［J］．中国边疆史地研究，2001（4）．

［100］章永俊．论鸦片战争前后中国边疆史地研究热潮中的史书编纂［J］．史学史研究，2004（2）．

［101］章永俊．鸦片战争前后的中国边疆史地研究［J］．史学理论研究，2004（3）．

［102］赵蓉英、李飞．基于社会网络分析方法的国内外信息计量比较研究［J］．情报科学，2013（2）．

［103］周平．当前边疆研究的审视与反思（代主持人语）［J］．云南师范大学学报（哲学社会科学版），2019（5）．

［104］周伟洲．《中国边疆史地研究》杂志百期刊行寄语［J］．中国边疆史地研究，2016（2）．

［105］周伟洲．世纪之交中国边疆史地研究的回顾与展望［J］．中国边疆史地研究，2001（1）．

［106］朱尖、苗威．中国边疆史地研究现状分析——基于《中国边疆史地研究》（1988—2013年）的计量统计［J］．中国边疆史地研究，2015（3）．

［107］朱尖、苗威．中国边疆研究的文献计量分析［J］．云南师范大学学报（哲学社会科学版），2015（1）．

［108］朱尖．中国边疆研究学术热点、特征与边疆内涵认知——以研究成果的关键词分析为中心［C］．邢广程主编．中国边疆学（第13辑）［M］．北京：社会科学文献出版社，2020．

附　录

传承与创新：中国边疆学的新视野、新进展

——第七届中国边疆学论坛综述

习近平总书记在党的“十九大”报告中明确指出，要“加大力度支持革命老区、民族地区、边疆地区、贫困地区加快发展”，“要确保边疆巩固、边境安全。坚持陆海统筹，加快建设海洋强国”。这一重要论述为新时代中国边疆稳定与发展指明了方向，也为当今的边疆研究提出了新要求。新时代我国的边疆历史与现状研究在继承中创新，中国边疆学学科体系、学术体系、话语体系的构建提上日程。在这一背景下，中国社会科学院中国边疆研究所联合甘肃社会科学院、新疆智库、中国西部开发促进会于2019年9月10日至11日，在兰州举办了“第七届中国边疆学论坛”。此次论坛主题为“传承与创新：中国边疆学的新视野、新进展”，共有来自全国40余家单位的90多位专家学者围绕主题进行研讨。根据大会主旨发言和分论坛讨论，现将本次论坛情况综述如下。

一、边疆理论问题研究进一步深化

边疆理论研究一直是边疆研究的重要内容，为边疆学学科发展提供了基本的理论支撑。本次论坛边疆理论研究相关文章有15篇，议题涉及边疆学学科构建、多民族国家疆域的形成和发展、边疆治理体系与治

理能力现代化和边疆研究的方法论和手段等诸多方面。

在边疆学学科构建方面。中国社会科学院中国边疆研究所（下称“中国边疆研究所”）马大正探讨了边疆学构筑问题，指出要对中国边疆学构筑演进历程中 4 个节点展开深入研究。一是对中国边疆研究千年积累、百年探索的继承，以及 40 年创新的实践，是中国边疆学构筑的准备；二是对中国疆域理论的不断探究，是中国边疆学构筑的学科基础；三是对中国古今边疆治理理论与实践的全方位、多层面研究，是中国边疆学构筑的有效切入口；四是当代鲜活的现实生活的迫切需求，是推动中国边疆学构筑的重要推动力，或可称之为原动力。强调构建中国边疆学学科话语体系，要走出象牙塔，直面现实，走向社会，要坚持制度自信、理论自信、道路自信和文化自信。此外，还指出中国边疆治理研究要做到三个重视，第一要努力构建中国边疆治理研究的“三大体系”，将其作为当前研究重要任务；第二，中国的边疆治理研究不要忘记中国特色理论，要从中国的历史和现实出发；第三，应该借鉴吸纳国际边疆研究新成果，但不能盲目跟随。中央民族大学吴楚克对当前中国边疆观的思维路径进行了纠正，进而对边疆的本质问题作了探讨，强调不能用“形态想象”代替边疆本质，也不能用边疆的特征来代替边疆的本质，应走出历史的边疆和跨民族的边疆，提炼边疆的一般性，指出新时期我们应该建立什么样的边疆学，既不是历史问题也不是现实问题，而应从未来出发寻找答案，具有中国特色的地缘政治学应该是中国边疆学的实质。四川师范大学孙勇指出通过哲思收敛后的有穷集合，去发现“跨学科研究”可以跨通的方法，是一种宽领域的思路，中国边疆学或一般边疆学的建构，如果没有哲思收敛，只是随波逐流，分头去建立某个单科往下的“某某边疆学”，虽然自身有成立的理由，但要建构出有着学科顶层意义的边疆学是十分困难的。

在多民族国家疆域的形成和发展方面。中国边疆研究所李大龙从匈奴置僮仆都尉和西汉置西域都护府两项重要历史事件说起，探讨了边疆民族政权在中国历史话语体系建构中的地位问题。他指出目前在中国历史话语体系建构中，无论是历代王朝话语体系还是民族国家话语体系，都不同程度将边疆民族政权排除在外，匈奴人所置僮仆都尉就是典型案例。他强调是僮仆都尉还是西域都护被视为西域纳入中国版图的标志，代表着不同的史观，而这种不同史观对我们解读中国历史会带来截然不同的效果，应给予充分关注。中国边疆研究所王义康通过挖掘不同时期佛教信徒在行纪、佛教地志中记录的点滴关于唐代疆域变化的信息资料，去窥探不同时期唐朝的疆域变迁情况，这一研究所使用资料在正史之外，为认识唐代疆域变迁提供了一个新的视角。吉林大学高福顺通过对《游牧行国体制与王朝藩属互动研究》一书的评价，探讨了“五方之民”的自然凝聚与文化认同问题，强调在研究内地农耕族群与边疆游牧族群抑或渔猎农耕族群时，应审慎对待西方的学术话语体系。他呼吁要立足中国本土传统回答中国学术问题。宝鸡文理学院韩虎泰考察了春秋时期诸侯国疆防中“候人”与“边候”问题。

在边疆治理体系与治理能力现代化方面。中国人民警察大学张保平梳理了“十九大”前后我国边海安全管理体制的演进与体制改革情况。他指出现阶段我国边海安全管理体制改革的任务基本完成，力量体系彼此关系基本理顺，未来中短期将重点通过加强工作机制建设、推进相关立法、加强队伍能力建设等方面巩固改革成果。未来中长期边海安全管理体制的一些要素还将继续改革和优化。云南大学杨明洪认为族际治理与区域治理仅是边疆治理某一层面的政策取向，并不是当前中国边疆治理的全部内容，从更大范围看，阶级—人民治理是当前中国边疆治理的本质内容。天津师范大学常士訚运用地缘政治学、时空社会学和比较政治学的理论和方法，从资源、交通和交往、边疆和边界建设以及生态文明建设等多个方面解释了国家领土建设对当代中国国家建设的战略意义。西北师范大学曹亚斌从边疆的有界和无界的边疆视角，对全球化时代中国边疆政治研究展开了新探索。长江师范学院包莲梳理了新中国成立70年民族自治县民族事务管理职能变迁及法治化进程。

在边疆研究的方法论和手段方面。山东大学苗威依托于数据和相关技术手段考察了边疆民族话语体系建构问题，指出以文本的可视化，以及历史地理信息的叠加动态化，去反映历史的面貌，不仅有助于建构我们边疆研究的科学话语体系，同时可以解构邻国的话语体系，为客观历史的呈现、边疆认知的理性提供可行性视角与可用性方法。中国边疆研究所范恩实探讨了边疆史地研究的方法论问题，分析了“二重证法”的发展及其在边疆史地研究中的应用，指出目前边疆史地研究面临来自文化人类学与民族社会学的挑战，并提出边疆族群发展史研究中历史学与考古学结合的新思路。中国边疆研究所朱尖通过技术手段对主流数据库中中国边疆研究文献的关键词提取，总结了我国边疆研究的热点问题。

二、东北边疆及相关问题研究不断拓展

本次论坛中，东北边疆问题研究涉及东北边疆的历史与现状研究，同时还有部分学者探讨了与东北边疆有关的东北亚与北极地区区域合作问题，共有相关文章14篇，研究内容与以往相比有拓展。

在东北边疆历史与现状研究方面。吉林省社会科学院于凌对东北古代农耕文明传承要素做了分析，指出，从纵向分析，对东北农耕文明进行传承的主体决定了文明发展的历史走向；从横向分析，东北农耕文明传承的技术因素决定了文明发展的程度；从内因和外因分析，东北农耕文明传承的内在动力和外在影响决定了文明的冲突与交融；自然地理环境因素是东北农耕文明传承的前提。当代上海研究所张莉依托出土墓志铭记载，探讨了唐中前叶对东北蕃部的经营，并对万岁通天年间契丹、奚两蕃之叛问题做了分析。黑龙江省博物馆勾海燕对唐宋文献中记载的“渤海人”进行梳理和考证，以此来区分学界存在混淆的“渤海人”和“渤海国人”。中国边疆研究所铁颜颜探讨了辽朝统治者利用汉人宗法

文化，对皇族内部秩序进行改造，以及辽初皇族内乱原因问题。黑龙江大学阿拉腾以满族民间祭祀礼仪及乾隆朝《钦定满洲祭天祭神典礼》为蓝本，对满族“树柳枝祭”祭祀礼仪的诸多行为细节做了挖掘。黑龙江省社会科学院时妍对鄂温克跨界民族形成的主要历史阶段进行了讨论，总结了鄂温克跨界民族的形成特点。中国社会科学院民族文学研究所王敌非以满译《诗经·关雎》为切入点，探讨了少数民族文献中的文化体现问题。杭州师范大学林航以敖鲁古雅鄂温克“生态移民”为个案，结合其实地调研，解析了鄂温克猎民群体的变迁与分化。吉林省社会科学院朱立春总结了东北冰雪文化的民俗传统，在此基础上进一步讨论了东北冰雪文化民俗传统的产业化发展问题。

在东北亚与北极地区区域合作研究方面。辽宁省社会科学院毕德利指出“海赤乔”次区域国际合作金三角是“中蒙俄经济圈”和“东北亚经济圈”的核心，提出共建“东北亚经济圈”的政策建议。内蒙古财经大学李瑞峰系统分析了中蒙跨境物流存在的主要问题，以及跨境物流便利化的制约因素。在此基础上从六个方面提出改进中蒙跨境物流便利化的意见与建议。大连海事大学李振福通过对疆域概念的解读，提出北极疆域的概念，建议以边疆构建论为切入点，以历史客观视角分析北极疆域的历史变迁规律与现状，探讨北极政治、经济、文化、交通疆域的发展趋势，借以为北极问题的后续研究提供新的角度。吉林大学李天籽通过定量分析，探讨了冰上丝绸之路沿线国家的经贸格局，指出北极航线开通将从经济地理、贸易格局和产业分工等方面对世界经济格局产生影响，但同时依然面临诸多挑战，应通过完善基础设施保障条件和合理的制度安排，提高区域一体化水平，实现沿线国家的互利共赢。中国边疆研究所初冬梅在政治话语的视角下，以俄罗斯北极地区为例，探讨俄罗斯国家精英所制定的国家发展战略如何对边界景观产生作用，让俄罗斯北极地区从一个不适合人类居住的边缘地区，转变为地缘政治意义上的中心区域。

三、西北、北部边疆研究重点突出

鉴于本次论坛直接的北部边疆研究成果相对少一些，按照大会分论坛设置情况，这里将西北和北部边疆论文情况一并综述。这组文章整体占比较大，总计21篇，其中西北边疆方向15篇，北部边疆方向6篇。整体上看以历史研究为主，重点集中在清代和民国时期的新疆治理问题。

在西北边疆方面。一方面是关于新疆的专题研究：兰州大学李树辉探讨了新疆的民族关系和非传统安全问题，指出对新疆民族问题的研究，必须从历史研究入手分析其深层原因，在新疆的维吾尔族干部群众中最需要解决的问题就是“国家观”“民族观”“宗教观”“历史观”和“文化观”问题和“对祖国的认同”“对中华民族的认同”“对中华文化的认同”问题。中国边疆研究所许建英从政治体制改革、经济与财政政策、军事改革、民族宗教政策、对外关系政策五大方面分析了金树仁治疆政策，指出金树仁主政新疆期间试图有所作为，但最终新疆原来维持的微妙平衡受到破坏，给新疆留下了战乱、分裂与外部势力渗入的混乱局面，负面影响极为深远。山西财经大学贾建飞基于清代满汉档案所载涉及回人的刑案，探讨了回疆地方法律回例在刑案司法中的应用，以及清政府对回例适用范围的不断调整。暨南大学章成基于北京大学秘藏新疆奏折、长庚密函等新见未刊史料，考证新政期间伊犁将军长庚所推动的新疆设督事件真相，发掘西北主政隐情，揭示清廷对新疆治理的策略与态度。中国边疆研究所王垚利用全球恐怖主义数据库分析近20年来中国所遭受的恐怖主义袭击事件，以地级行政区为基本空间单元构建面板数据分析恐怖主义袭击对中国经济发展的冲击；进而以新疆为例，借助合成控制方法估算恐怖主义活动所造成的经济损失。中共新疆维吾尔自治区委党校、新疆行政学院古丽米拉·阿林别克对新疆阿勒泰市民族关系进行了调查分析。除了新疆治理与发展问题，部分学者还从其他视角探讨了新疆问题。西北民族大学刘佳莹以边疆园林典型代表——伊犁“绥园”为例，分析了清代西北边疆的景观文化与西域流人的文化心理。山西师范大学鲁靖康对清政府在新疆三次限制和查禁戏曲进行了再探讨。

另一方面是西北边疆相关问题研究。甘肃省社会科学院侯宗辉考察了汉代河西边塞屯戍系统中的雇佣人口及其影响，指出雇佣人口有效缓解了边塞屯戍劳动力不足的问题，为边疆屯戍系统的良性运行提供了支撑，也提高了屯戍系统事务处理效率。兰州大学王力对策妄阿喇布坦与俄国的关系做了探讨，指出在 17 世纪末 18 世纪初，由于自身政治使命与地缘政治等因素的影响，策妄阿喇布坦与俄国的关系呈现“和平相处—军事对抗—臣服俄国”的阶段性差异。山东省社会科学院李楠分析了汉代西域质侍制度管理与体系问题，并总结了汉代西域质侍制度的特点与作用。甘肃省社会科学院李志鹏以地方文献及碑铭史料为基础，结合明王朝的西北布防经略思想和文物普查结果，对永泰“龟城”的修筑目的及其所构筑的河西东部军事布防体系进行探讨。北京师范大学邓涛在前人研究基础上探讨了清代甘肃“内边疆”的这一特殊属性，还论及甘肃在清朝西北边疆经略中的地位问题。河南大学郭胜利从丝路交通、丝路经贸、丝路文化三个方面对近代中国西北地区丝绸之路做了考察。兰州大学聂红萍将察合台文献与汉文献相互对照，考证了鄂斯璊与《和卓传》的细节问题。

在北部边疆研究方面。西北大学彭建英分析了突厥阿史德氏与汗族阿史那氏、唐朝互动关系背景下，阿史德氏政治地位和部落势力的变迁，及其与突厥汗国兴亡之关联性，借以呈现突厥时代漠北游牧部落内部权力结构的具体样态以及两大核心氏族之间的合作与制衡。西北师范大学胡小鹏对元代巩昌二十四城做了解读释义。中国边疆研究所阿拉腾奥其尔探讨了中国边疆研究所的北部边疆研究状况，具体对研究历程、主要成果、重点学者、存在问题和发展方向等系列问题做了梳理分析。

吉林省社会科学院赵红梅提交论文从西汉昭帝始置度辽将军专治乌桓、东汉时期度辽将军固化为经略北方西北民族的军事机构、度辽将军主要职能为拱卫北方安全三个方面探讨了两汉时期北部边疆治理问题。西北民族大学乌兰考证指出《户县草堂寺碑——阔端令旨（1247 年）》中的“窝鲁朵”并不是在凉州武威，应为今天在肃南裕固族自治县皇城镇的遗址。安徽师范大学赵发从“防”“掠”“布”三个方面探讨了明、察、后金对土默特部的政策。

四、西南边疆研究稳步推进

西南边疆研究共有相关文章 13 篇，以历史研究为主，研究内容涉及西藏及其与周边的边界问题、云南地区的历史与现状问题，此外有西南边疆其他问题和域外的边疆问题。

在西藏专题研究方面。中国边疆研究所孙宏年提交论文指出 2019 年 8 月 5 日印度内政部长阿米特·沙阿在联邦院（上议院）提交的议案，意在将查谟—克什米尔地区一分为二，变为“克什米尔中央直辖区”与“拉达克中央直辖区”。印方这一举动企图单方面改变中印边界西段的现状，严重侵犯我国领土主权完整。孙宏年呼吁学界一定要加强拉达克地区历史及其归属问题的研究。中国边疆研究所张永攀对清末李毓森与“藏哲边界”交涉进行了研究。他指出 1897 年开始，中英均委派了新官员进行“藏哲边界”交涉，中方官员文海、李毓森对“藏哲界务”进行了灵活的勘界策略，不仅迫使英方有所让步，而且缓和了西藏地方与中央的紧张关系。四川大学姚勇利用英国印度事务部所藏西姆拉会议的相关地图档案，对比 1960 年印度外交部公布的《西姆拉条约》附图与“麦克马洪线”地图，对地图的原图、底图，以及中、印学者在相关地图问题上的争议问题进行了考证辨析。中国边疆研究所刘洁在藏东南古藏文地理志《工布苯日神山志》及其相关多份时间跨度近千年的地理志、神山祭祀辞、高僧传记等文献基础上，结合其田野考察材料，考释了古代工布早期历史上的娘波、工布、塔波三小邦，以及元明清时期工布四宗的区域沿革等问题。兰州大学朱丽双指出古藏文政治文化术语 chos 与 gtsug lag 内涵可释作“礼”，意指礼或与礼相关的礼仪、礼法、礼俗、礼制以及天道或天地之道，进而通过对儒家思想核心“礼”的影响分析，认为儒家思想亦曾对吐蕃王朝发生过某些不为今人所知的作用。

在云南的历史与现状研究方面。云南大学陆韧考察并揭示清代滇东南地区边疆治理深化的特征，指出经过有清一代的努力，国家力量抵达最边远的边境地带每寸领土、每户人家，这个过程中边民感受到的不是“皇恩浩荡”，而是国家治理体系（各项制度）由地方官员实施和基层社会组织重构所带来的社会变迁，使晚清近代处于抗法侵略和护国捍边最前沿的边民强烈地感受到有国才有家，强大的国家力量是边民安身立命之本。云南大学廖国强分析了清代云南儒学的兴盛与儒家文化圈的拓展，并对云南儒学的教育体系、儒家文化圈划分做了分析，指出云南儒学的分布格局，较为生动地折射出云南文化多元化、差异化和互嵌式的特点。云南大学罗群运用翔实的资料和数据考察了民国时期云南的垦务行政与边疆治理，指出民国时期云南垦殖受到从中央到地方政府的重视与大力提倡，不仅制定垦殖政策，颁布垦殖法规，而且设立垦殖机构，开办垦殖农场，垦务行政取得了一定成效，极大促进了边疆农业与社会经济的发展。云南师范大学尤伟琼关注了西南陆地边境抵边村寨虚空化现象，具体分析了西南陆地边境抵边村寨的虚与空表现，西南陆地边境抵边村寨虚空化的影响，进而从边民个体、区域发展目标和国家战略实现的协同性角度，提出抵边村寨持续发展建议。昆明学院李艳峰考察了南诏政权在寻传蛮分布区的城镇建设与治理问题。

此外，云南师范大学李有江对泰国近代边疆概念的形成及疆域的形成特点、泰国边界存在的问题、泰国解决边界问题的思路等系列问题进行了分析。广西师范大学刘超建通过对太平思顺道道员易顺鼎与两广总督岑春煊之间数十封的函电往来，评价了二人在边防治理措施上的不同意见。广西民族师范学院黄健毅对我国西南岩画与东盟岩画进行了比较。

五、结语

通过以上对大会论文与发言的梳理，现将本次论坛特征做如下总结。

第一，边疆理论研究进一步深化，助推学科发展。理论研究来源于对实践的总结，又进一步指导实践发展。多年来边疆理论研究作为边疆研究的重要内容取得了突出成绩。近年在构建哲学社会科学学科体系、学术体系与话语体系的推动下，有关边疆研究的“三大体系”建设理论研究成果较为突出，极大地促进了学科发展。本次论坛边疆理论研究方面所提交的论文在以往的研究上进一步深化。从横向研究领域看，既有关于边疆学概念解读、边疆观解构、多民族国家疆域的形成和发展、自然凝聚与文化认同、国家建构、方法论这样的基本理论问题研究，也有边海安全管理体制改革、全球化时代中国边疆政治、边疆治理模式、边疆研究热点总结、民族事务管理职能变迁及法治化这样的具体问题研究，还有历史时期的边疆治理、疆域变迁、少数民族文献整理分析这样的专题分析。从纵向时间角度看，有早至春秋诸侯国疆防问题，也有稍晚唐代的疆域变迁问题，更有当今关于边疆稳定与发展的新思考。

第二，边疆史地研究不断强化，凸显其基础功用。习近平总书记曾多次强调历史研究是一切社会科学的基础，在边疆研究领域边疆史地研究则更能进一步验证这一论断。中国的边疆研究历经了千年积累、百年探索和四十年实践，可以说边疆史地研究一直是我国边疆研究的传统和最重要内容，随着边疆问题不断多样化，边疆研究的外延亦不断扩大，但是中国边疆史研究仍然是我国边疆研究的基础和核心。本次论坛突出表现了史地研究的基础性特征，从文章量上看，史地类占比达70%；从研究内容看，涉及领域宽、时间跨度长。需要指出的是，边疆史地研究关注时间段相对集中在清代和民国时期，关注区域相对集中在新疆、西藏和云南地区。

第三，边疆现实研究稳步推进，并在新形势下有所拓展。自 20 世纪 80 年代以来，中国边疆研究已经突破了史地研究的范围，形成与现实问题有机结合的特点。21 世纪以来边疆地区的稳定与发展、海洋边疆、陆海统筹、周边外交等众多问题又复杂多样，也促使边疆研究与现实密不可分。从本次论坛提交的论文看，无论是边疆理论研究，还是各个区域的边疆问题研究都不同程度地讨论边疆现实问题，涉及边海安全管理体制改革、全球化时代中国边疆政治、边疆民族移徙、民俗文化与产业发展、边界争端、抵边村寨虚空化、边疆稳定与经济发展、边疆地区民族关系等。此外，本次论坛所涉及的东北亚与北极地区区域合作问题，是在“一带一路”与北极开发倡议提出的新形势下边疆现实研究的良好拓展。

第四，边疆研究方法、手段和视角在传统基础上，进一步丰富多样。边疆学作为一个边缘化学科，一直以来在边疆史地研究的基础上不断拓展，加之不同学科背景研究者参与其中，使得目前的边疆研究内容、方法和手段也不断丰富多样。本次论坛论文整体上还是以传统研究方法为主，同时多学科方法介入。首先，以定性的总结、考证、分析研究为主，部分学者涉及定量分析，同时定性研究有学者也使用了量化手段；其次，不同程度使用新的文献资料，或者对以往的研究成果和文献进行质疑和再解读，提出新的看法，诸如使用佛教文献资料、少数民族语言文献资料、往来函电资料，乃至未刊奏折和密函等；再次，出现诸多新的研究方法、视角和方法论的思考，诸如使用计算机对汉籍数字化、借助于神经网络对文本进行数据智能化处理，通过文本的可视化，以及历史地理信息的叠加动态化，去反映历史的面貌；边疆学概念的哲思收敛，及概念集所蕴含的统一场运动猜想；阶级—人民治理是当前中国边疆治理的本质内容阐释；北极疆域概念的提出；对目前边疆史地研究面临来自文化人类学与民族社会学挑战的思考，以及边疆族群发展史研究中历史学与考古学结合新思路的提出；等等。

第五，研究成果关注点一定程度存在不平衡问题。主要表现在长时段、大视野下关于中国边疆研究的理论文章，尤其是“三大体系”建设的探讨成果相对较少；有关海疆问题或海洋史相关专题研究成果鲜有出现；主要成果的研究内容和关注时段相对集中。

边疆的有效治理是国家治理能力的突出表现，也是国家有效治理的根本前提。强化边疆研究为国家的边疆治理体系与治理能力现代化提供智力支持，是边疆学人奋斗的目标。中国边疆学论坛作为我国边疆研究的高端论坛，自 2013 年起至今已经连续举办七届，形成了鲜明特色和学术品牌，并产生了重要的影响力和号召力，成为边疆学研究和边疆学人交流的重要学术平台，在边疆研究学术共同体形成、引领学科发展、促进学术交流与合作等诸多方面发挥了重要作用。

后　记

《守正与创新：中国边疆研究进展初论》这本小册子写作完成，内心忐忑不安。对于边疆研究，我仅是一个刚刚入门者，尤其对边疆学学科理论问题更是认识肤浅，只敢说我一直是一个边疆研究的关注者和学习者，对边疆学学科有着浓厚的兴趣。我对边疆研究问题的关注始于7年前（2014年），在攻读博士学位间隙，对边疆研究的状况有所注意并尝试撰写文章，当时导师苗威教授给了我极大的鼓励，后来在导师的指导下完成了《中国边疆研究的文献计量分析》，发表于《云南师范大学学报（哲学社会科学版）》2015年第1期，《中国边疆史地研究现状分析——基于〈中国边疆史地研究〉（1988—2013年）的计量统计》，发表于《中国边疆史地研究》2015年第3期，两篇文章。文章发表后，学界前辈马大正、周平等先生在其研究和访谈中都不同程度有所提及，这对后学是莫大的鼓舞。此后，我将主要精力倾注到了博士论文的撰写中，但是这一过程中并未停止对边疆研究动态的关注，随时随地登录网站检索浏览边疆研究的最新成果已成为一种习惯。

博士毕业之后，我非常幸运地进入中国社会科学院中国边疆研究所从事博士后研究工作，合作导师是我国边疆研究领域的著名学者李大龙先生。先生多年来在疆域理论、汉唐边疆史、民族史及高句丽史领域有诸多建树，近年来在中国边疆学学科基础理论方面又有独到见解。跟随先生从事相关研究以来，通过长时间的交流、讨论与学习，我对边疆研究的理论知识和研究状况有了更为深刻的认知。同时，在博士后研究期间，中国边疆研究所更是给我了解边疆提供了广阔的平台和丰富的机会，我有机会参加边疆研究各类学术研讨会、参与组织协调边疆学学术会议、担任《中国边疆史地研究》责任编辑、为《中国边疆学年鉴》供稿、与边疆研究前辈学者沟通交流、进行学术会议小组总结、到边疆地区调研学习……在这一过程中我对边疆研究和学科发展有了更为深入的了解，如果说 2014 年我在撰写边疆研究文献计量分析时，只停留在对数据客观分析的理论层面，那么到了博士后阶段则实现了从理论到实践的认知过程。博士后研究结束之后，我进入边疆所东北边疆研究室工作，室主任范恩实研究员（现为中国边疆研究所副所长）带领我们积极从事东北边疆历史与现状研究，同时鼓励我们扩大视野。在此过程中，我继续从事边疆研究的稿件编辑工作，并开始撰写边疆问题学科研究综述，参加"中国边疆学会"筹备等相关工作。随着时间的积累，越来越感觉需要将我国边疆研究状况进行一次系统的梳理，明确我国边疆研究一些基本状况——中国边疆研究成果产出量如何？中国边疆研究在关注哪些问题？哪些人和机构在从事边疆问题的研究？边疆研究成果都发表在了哪里，影响程度如何？当前中国的边疆研究发展到了什么程度，以及未来研究要注意什么？新时代中国边疆学怎样发展？这一系列问题的梳理、分析和总结，显然对当下的中国边疆研究深化和学科发展是有意义的。

2018 年是我国改革开放 40 周年，40 年来我国经济社会发展取得了举世瞩目的成就，不仅改变了中国，而且改革的成果也惠及了世界。中国边疆研究在改革开放的 40 年亦迎来了研究热潮，被称为四十年实践期。在这个重要的时间节点上，也需要对我国边疆研究现状进行系统的梳理和总结。

带着以上的想法，2019 年 5 月博士后出站后，我结合以往的研究，开始梳理写作框架，但是由于数据库收录文献存在一定的延迟，到

2020年才开始正式写作，其间由于刚刚入职，并参与一些行政工作，导致写作断断续续，直到2021年中期才基本完成全书的写作，随后又进行多次修改。整个书稿写作过程中，我利用了目前学术研究的主流数据库进行大量的数据检索，进而人工统计分析。非常感恩能生在这个伟大的时代，人类积攒的大量知识、信息都实实在在地提供给我们，我们可以尽情地去享用。本书所用的数据库便是如此。同时也感谢40年来从事边疆研究的一代代学者们，他们的辛勤付出和智慧凝聚，产出了一大批有关研究成果，为本书提供了足量的分析样本。感谢我的博导苗威先生，是她将我带进了边疆问题研究的学术殿堂，指导、鼓励我尝试相关研究，本书的出版也得益于她相关研究经费的资助；我的博士后合作导师李大龙先生则在边疆和疆域问题研究上对我给予直接指导，并给我提供了更大平台和更多机会，让我得以对边疆有了更深刻的认识。他们的人格魅力、学术智慧，更是让我受益终生。

书稿草成，无论是研究方法、统计数据，还是分析结果、思考认知等，尤其是关于中国边疆学科发展思考方面，肯定存在很多不足，作为后学，没有足够的能力去分析当前的边疆研究，更难对学科发展展开探讨，只是基于数据与当前学科发展背景和趋势提了一些粗浅的认识而已。尤其要强调的是，书中一些标准的确定，作者群体、研究机构、学术阵地、经典文献的明确，都是依据中国边疆研究特殊性，并将定量与定性分析相结合，多重要素综合考量的结果。相关情况正文中都有说明。另外，书稿章节中涉及代表学者、代表成果的梳理，尽管已经进行校对，但一些成果的出版或发表时间、卷期难免还存在个别错误，恳望凡是读到这本小册子的读者多包涵、多批评。但愿它能够为相关人员了解我国边疆研究状况提供些许帮助，更希望它能为我国边疆研究深化和学科发展提供微薄助力。

本书的写作和出版，得到了中国边疆研究所所领导邢广程所长和刘晖春书记的直接关怀和指导，并吸取了他们的一些具体意见，结合其意见笔者对书稿进行了较大的修改和完善，在此深表感谢。当然，书稿责任自负。自博士后算起，来到中国边疆研究所工作至今已经有五年时间，五年来我一直受益于边疆所高端的研究平台、严谨的学术氛围和舒适的学习环境。感谢所领导和所有老师们在我工作和学习过程中给予我的关怀和帮助。

感谢齐鲁书社刘强老师。刘老师认真负责，多次沟通校对修改意见，出版社其他老师也提出不少改进建议，在此一并致谢。

总之，感恩生长在这个伟大时代，感恩祖国和社会，感恩家人和师友。

朱　尖

2021 年 12 月 28 日于北京

2022 年 2 月 20 日改定